东南法学学术文库

本书受2015年教育部人文社会科学研究项目“解释性适用：国际人权法国内适用的新趋势研究”(15YJC820081)和江苏高校“青蓝工程”资助。

解释性适用
——国际人权法国内适用的新趋势研究

张雪莲 著

法律出版社
LAW PRESS · CHINA

总　序

“大学之道，在明德，在亲民，在止于至善”——“止于至善”四字，正是百年名校东南大学的校训。在历史上，东南大学曾经赢得“北大以文史哲著称、东大以科学名世”之美誉。而今，她正秉承校训精神，不断追求，锐意进取，力图突破以往在理工科方面所取得的卓越形象，而朝着以工为特色、多学科协调发展的综合性大学方向奋力前行。1995 年，东南大学恢复法学专业、成立法律系；2006 年 9 月，东南大学在原法律系的基础上重建法学院。通过创办法学院并大力发展其他人文学科，东南大学正不断体现着集中华人文精神与希腊科学精神为一体的“止于至善”的校训之理念，不达“至善”境界，永不止步。

东南大学法学院虽然恢复重建时日尚短，然而，东大法学却已历经百年淳厚学术传统之浸润。东大法学肇始于民国时期 1928 年 7 月成立的中央大学法学院，首任院长为民国时期著名法学家谢冠生教授。中大法学院人文荟萃，名流云集，为东南法学一时之冠。学界、政界著名人物韩忠谟、钱端升、杨兆龙、梅仲协、史尚宽、刘克镌、曾劭勋、黄正铭、金国鼎、范馨香、韩德培等，或曾任职于中央大学法学院，或就学于中央大学法学院，缔造了东南大学法学曾经的辉煌。

感念先贤中大法学精神，激励当下东大法学学人。当今中国，政治昌明，民生安定；经济腾飞，法治发达。东大法学如何在此盛世之下为中国的法治建设添薪加火，对当下中国法治与经济建设中的重大法律课题作出创造性回应,是今日东大法学学人所面临的历史使命。"东南大学法学学术文库"作为肩负这一历史使命而推出的一套法律丛书,以为社会贡献一批有分量的法学作品为己任,以促进法学的繁荣发展为目的,勉力为我国法制现代化建设尽绵薄之力。

通过出版"东南大学法学学术文库",亦使社会各界加深对东大法学的了解。当今中国法学出版物急剧增多,各法学院专业院校纷纷推出了体现自身学术风格的法学丛书。然而,这只表明今日社会文明之昌明和法律文化发展之鼎盛,而不代表法学理论著作的社会需求已经饱和。事实上,与飞速发展的我国政治经济生活相比,我国法学理论研究成果的质量与数量都有待提升。金陵古城作为位于当今中国经济最为发达、市场最为广阔、活力最为强盛的长江三角洲中心之腹地,也要求生于斯长于斯的东大法学在法治经济强劲发展的当下时代发出自己的声音。"东大法学文库"可谓应时而生!众多法学著述的存在不但使"东大法学文库"的出版平添了百舸争流的竞争意味,也象征着中国法学事业的锦绣篇章又添繁花。通过出版法学文库,使东大法学的学术风貌能够以一种整体的、持续的方式呈现给大家,使社会各界加深对东南大学法学的了解,使以科学名世的东南大学在法科领域再现奇葩!通过出版文库的方式,也答谢所有曾经关心和支持过东大法学发展的前辈和朋友!毕竟,无论是东大法学学人还是东大法学院本身,都需要社会和学界各方面的关爱和帮助!

本套丛书的选题涉及法哲学与法理学、宪法与行政法、民法与商法、经济法、刑法、诉讼法、国际法等法学各个领域。选题范围面向东南大学法学院全体教师征集稿源,重点出版优秀的法学博士学位论文、省部级以上的课题结项成果以及具有创见性的专题论著。本文库坚持以质取文,拒绝平庸之作,确保文库的高品位、高质量。凡纳入文库出版的著作必须由作者本人提出书面申请,经由编委会就专著内容、学术规范等各方面意见综合确定。我们希望,本套丛书能够成为东大法学高层次理论成果得以稳定持续成长的一方园地,成为集中展现东大法学学术传统与今日法学原创力学术作品的窗口！

“百年难得百家评，郁郁文哉动石城。虎踞龙蟠今胜昔，千秋学术在金陵。”期望“东大法学学术文库”的出版能够成为东大法学事业恢复重建的标志，并能延续东大法学的人文传统，超越过往，引领新时代的法治精神！

《东南大学法学学术文库》编委会

2007 年 6 月 26 日

目录 Contents

绪　论

一、研究背景

“二战”以后，随着人权的国际化发展，国际人权法成为国际法的一个重要分支，形成了包括国际人权条约，国际人权习惯法与联合国、区域人权机构的宣言和决议等在内的庞大体系。这些国际人权文件是否能在国内法院适用以及如何适用的问题，成为各国法院面临的共同问题。

截至 2018 年年底，我国共批准或加入了 26 项国际人权公约，其中包括 6 项联合国核心人权公约。关于这些公约在国内法律体系中的地位和司法适用问题，虽然我国宪法和法律并没有做出明确规定，但是学者们基本已经达成了以下共识：首先，国际人权公约在我国是不能直接适用的，我国实施国际人权公约的主要方式是“转化”，即将国际人权公约的内容转化为国内立法后实施；其次，在司法层面，当事人不能直接援引国际人权公约主张权利，法院也不能以人权公约条款作为裁判的依据。那么，在这种背景下可能会产生一些新的问题，如已经被转化为国内法的国际人权公约是否就失去了在国内法院适用的意义？没有被转化为国内法的国际人权公约是否意味着完全没有在国内法院适用的可能性？

长期以来，关于国际法在国内法律体系中的地位一直存在一元论和二元论之分，虽然不断受到挑战，但这种区分仍然是国际法与国内法关系的主要理论，国际人权法作为国际法的一部分,在受到一元论和二元论理论影响的同时,也由于其独特的调整对象和调整范围在实践中出现了一些新的动向。

与传统国际法主要调整国家与国家之间的关系不同,国际人权法主要调整一国政府与本国公民之间的关系,它们在国内层面适用时不可避免地会同调整政府与公民之间关系的国内法——主要是宪法和人权方面的国内立法——产生竞合甚至冲突。这时,国际人权法在国内的直接适用无论是在一元论国家还是在二元论国家都会面临比较大的障碍,大部分国家的法院都不愿意利用国际人权标准作为裁判的规则,尤其是在这些国际人权标准与国内行政或立法行为不一致的时候。因此,一些更加灵活的适用方法开始出现,解释性适用就是其中应用最广泛的一种。这种方法以国内法为基础,通过援引国际人权法解释国内法的方式,实现国际人权法在国内的适用。当然,不同国家的国内法院据以解释国内法的解释技术不尽相同,它们或者将国际人权法作为法院判决的指导,或者作为支持判决的辅助机制,或者对国内立法作与国际人权法相一致的解释。

2013 年以后,我国法院在一些案例中也开始利用国际人权法来解释国内立法,在适用国际人权法方面出现了解释性适用的趋势。在国际人权法无法在我国法院直接适用的情况下,解释性适用或许可以为我国法院适用国际人权法提供一个新的思路,突破国际人权法在我国国内司法适用的“瓶颈”,既有助于提升我国政府积极履行国际义务的国际形象,也可以拓宽我国公民实际享有权利的范围和渠道。

二、研究思路和主要内容

本书以“解释性适用”为研究对象。首先对“解释性适用”产生的背景进行考察,以论证其作为国际人权法国内适用新趋势的必然性。其次,在明确其含义和特征的基础上,从大量不同国家和地区的司法判例中,总结出法院采行“解释性适用”的理论基础和具体方法。最后,立足于我国的具体国情,从立法和司法两个层面分析“解释性适用”作为解决我国法院适用国际人权法难题的可行路径的潜力。全书共分为五章,各章的主要内容和核心观点如下。

第一章　解释性适用的产生。本章旨在展示解释性适用产生的背景和过程。为了说明解释性适用产生的背景,本书以人权的国际化和司法的全球化作为切入点,阐明国内法院是国际人权法实施的重要主体,直接适用和间接适用是国内法院适用国际人权法的两种主要方式。接下来分别从一元论国家和二元论国家两个角度,说明直接适用的困境和解释性适用的兴起及其适用的广阔空间。最后,从民主合法性和方法论两方面分析了反对者对解释性适用方法的质疑和支持者的回应,并进而以法治原理、普遍性原理和内省原理为例,阐释国内法院解释性适用国际人权法的基础。

第二章　作为解释资源的国际人权文件。本章旨在说明可以被国内法院作为解释资源加以援引的国际人权文件的广泛性。首先从各国司法实践中总结出,国际人权公约(无论是否批准、是否转化、是否具有自动执行性)、国际习惯人权法和国际法辅助资料[包括宣言和决议、联合国条约机构的一般性意见、国际人权(准)司法机构的判决和意见等]都可以作为解释国内法的工具。接下来,本章分别选取了《世界人权宣言》、国际人权两公约(《公民权利和政治权利国际公约》和《经济、社会和文化权利国际公约》)以及《欧洲人权公约》和欧洲人权法院的判例法作为典型文件,分别分析了不同类型国际人权文件在国内法解释中的地位和作用。

第三章　解释性适用的具体方法。本章重点讨论各国法院在援引国际人权法解释国内法时采用的具体方法。本章的研究不以某一具体国家为对象,而是希望从总体上对解释性适用的方法进行类型化分析。为此,本章以法院所持立场的不同将法院的具体解释方法分为两类,并分别进行讨论。第一类是立足于国内价值的"支持国内法"的解释方法,其中又细分为"价值增进型"解释方法、"价值确认型"解释方法和语境解释方法,它们的共同点是在国内价值和国际价值的比较和权衡中更倾向于国内价值,国内法院始终坚持国内价值的优先性和基础性,援引国际人权法的目的只是更好地解释国内法;第二类是立足于国际价值的"一致性解释"方法,在分析了一致性解释方法的产生背景后,根据解释对象的不同,分别讨论了用以解释国内普通立法的一致性解释方法和用以解释国内宪法的一致性解释方法。

第四章 国内法院对国际人权法的解释。本章重点讨论国内法院在援引国际人权法时如何解释国际人权法。首先,作为国际法的一部分,国际人权公约必须按照《维也纳条约法公约》(以下简称《条约法公约》)规定的解释规则进行解释,在对《条约法公约》的解释规则进行简要介绍后,本章重点阐述了各种解释方法在人权公约解释中的运用。其次,国内法院在解释国际人权公约时除了遵循《条约法公约》规定的一般解释规则,也会以人权公约监督机构的解释作为补充资源,其中最常被使用的是联合国人权条约机构的"一般性意见"。最后,国内的政治、法律和文化环境等因素也会对国际人权法的解释产生影响,并会以各种不同方式被引入国际人权法的解释之中,其中包括国内法律原则的影响、国内特殊解释规则的影响以及国内行政和立法机关观点的影响等。

第五章 我国采用解释性适用方法的潜力。本章重点讨论在我国采用解释性适用方法的必要性和可能性。我国已经批准或加入了26项国际人权公约,这些公约在我国国内法律体系中的地位和在法院的适用方式正在引起越来越多的关注。本章首先分析了国际法在我国的地位和适用方式,并认同国际人权法在我国主要通过转化方式实施、法院不能以国际人权法作为裁判依据的初步结论。接下来考察了我国法院近年来审理的援引国际人权法的案例,从对这些案例的分析中发现法院对于适用国际人权法的回避态度和间接适用的趋势,并进而对我国法院采用解释性适用方法间接适用国际人权法提出建议,在国际人权法的国内法律地位尚不明确、法院无法直接适用国际人权法的情况下,解释性适用不失为一种可以采纳的灵活做法。

三、研究方法

本书以马克思主义基本原理和当代中国特色社会主义理论为指导,特别是以党和国家的人权理论和政策为指导,在具体研究过程中采用了以下研究方法。

1. 案例方法。本书对解释性适用的理论基础、具体解释方法以及我国法院解释国际人权法的方法的分析都是建立在大量司法判例之上的,因此案例分析方法是本书的主要研究方法。具体而言,本书中的案例主要包括各国国内法院的判例,欧洲人权法院、美洲人权法院、非洲人权法院的判例和联合国人权条约机构受理的个人申诉案件,这些案例是本书分析问题的重要基础。

2. 规范方法。本书中规范分析的方法主要适用在三个方面:其一,在涉及特定国家国际法与国内法关系时,对该国宪法文本的分析;其二,在讨论国际人权法的解释方法时对《条约法公约》的一般解释规则所做的规范分析;其三,对国际人权公约、条约机构的一般性意见所做的规范分析。

3. 比较方法。比较研究是在两个方向上展开:一是在界定国际法和国内法之间的关系时,对一元论国家和二元论国家的做法进行比较分析;二是在讨论国内法院具体解释技术时,对不同国家的案例和推理进行比较分析。

4. 归纳方法。通过对不同国家国内法院的具体案例的分析,总结和提炼出国内法院采用解释性适用方法的理论基础和具体解释方法。

第一章　解释性适用的产生

第一节　国际人权法的国内司法适用

随着人权的国际化发展,国际人权法成为国际法的一个重要分支,无论是在国际层面还是区域层面都出现了为数众多的国际人权文件,这些国际人权文件在各国国内的适用主要受到国内法律制度的影响,并在实践中形成了直接适用和间接适用两种方式。

一、人权的国际化

人权国际化是“一个过程和状态,这一过程和状态的内容包括:从主权国家独立的设定和操作人权制度转向国家之间协同议定和执行人权制度;在跨越国家、超越国家、非国家的角度维护人权、监督人权;以及与此相联系的人权的思想、意识、观念和学说的跨国交流与融合”。[①] 人权的国际化在催生大量国际人权文件和国际人权监督机制的同时,也对国内人权保护产生了重要影响。

(一)人权国际化的必要性

虽然在不同国家和地区,人权法发展的速度和强度不同,但是它的总体发展方向还是很明显的:一方面,自 18 世纪法国和美国革命后,人权成为大多数国家国内宪法的一部分;另

---

① 何志鹏:《人权全球化基本理论研究》,科学出版社 2008 年版,第 52 页。

一方面，第二次世界大战以后，人权出现在被广泛接受的国际公约中。在这两个保护途径中，人权的国内保护始终被认为是第一位的，当普通公民因人权受到侵害需要寻求救济时，他们更愿意求助于国内法和国内法院，因为与国际法相比，国内法和国内法院更容易接近、更熟悉本国环境、具有更大的合法性，也更容易被本国公民接受，国际社会在人权保护中的首要责任不是制定和实施规则，而是协助改革国内法和国内法院，使之更有利于人权保障。在国内法和国内法院能有效保护人权的理想状态下，国际人权法和监督机制是不必要的。

但是，这种理想状态并不容易达到，或者因为缺乏充足的国内立法，或者因为无效的国内实施机制，国内法和国内法院并不总是能有效地保护人权，在这种情况下，国际社会的外部协助和压力就显得力不从心。正是基于上述考虑，第二次世界大战以后国际社会才开始大规模地发展国际人权法，期望在国内保护机制失败时可以通过国际机制发挥保护人权的作用。如果是国内法不存在或不充足，国内法官和普通公民可以引用国际人权法；如果是国内保护机制存在缺陷，公民可以利用国际救济机制，总之，国内保护机制虽然是最基本的，但却不是完全排他性的。从理论上讲，个人或群体不是必须依靠本国的政府和司法机关，他们可以诉诸国际监督机构和个人诉愿程序，当然，现有的个人诉愿程序大多是以各缔约国政府的事先同意为前提，而且一般都承认国际监督的辅助性质。①

此外，国际法在传统上高于国内法，可以迫使国内法与之保持一致，一个国际人权法体系的存在对各国政府均构成一种压力，国内立法的内容和国内保护机制不可避免地受到国际人权法的影响，通过改革和完善国内

---

① 联合国人权条约机构和非洲人权法院的个人诉愿程序都是任择性的，欧洲人权法院和美洲人权委员会的个人申诉程序是强制性的，它们都接受辅助性原则。欧洲人权法院在辅助性原则的基础上发展出了“自由裁量余地”原则，缔约国负责解释和实施公约的机关，如立法和司法机关有权决定为履行公约义务采取的措施，而欧洲人权法院则对这些措施的目的和必要性进行监督。在公约条款存在不止一种合理解释的情况下，欧洲人权法院通常会尊重各缔约国最高法院的解释而尽量避免介入缔约国国内的微观决策和管理。联合国人权条约机构虽然没有接受“自由裁量余地”原则，但是它们作出的一般性意见、结论性意见和个人申诉意见都是没有法律拘束力的。当然，国际监督的辅助性对国内法院提出了更高要求，一方面国内法院应遵循法治原则，另一方面国内法院应认真对待国际人权保护义务。

法,国际人权法使国内保护机制更加有效,这也是国际人权法对人权保护作出的最大贡献,毕竟完善的国内救济程序远比完善的国际诉愿程序更加有效。

(二)人权国际化的体现

“二战”以前,国际社会曾经开展过一些范围比较狭窄的人权保护活动,并在这些保护活动中制定了一些人权保护的规则,如在签订《凡尔赛条约》时一些双边条约里规定了保护少数人群体权利、废除奴隶制和国际劳工保护。“二战”以后,以人权写进《联合国宪章》和《世界人权宣言》为起点,人权问题开始全面进入国际法领域,人权保护呈现出国际化趋势,这种趋势主要体现在人权法规则的国际化和人权救济的国际化两个方面。

1. 人权法规则的国际化

在《联合国宪章》和《世界人权宣言》的基础上,制定了大量的国际人权公约,其中既包括全球性人权公约,也包括区域性人权公约。全球性人权公约主要指以九个联合国核心人权公约为主体的人权公约体系,这九个核心人权公约是《公民权利和政治权利国际公约》、《经济、社会和文化权利国际公约》、《消除一切形式种族歧视公约》、《消除对妇女一切形式歧视公约》、《儿童权利公约》、《禁止酷刑和其他残忍、不人道或有辱人格的待遇或处罚公约》(以下简称《禁止酷刑公约》)、《保护所有移徙工人及其家庭成员权利国际公约》、《残疾人权利公约》、《保护所有人免遭强迫失踪国际公约》。此外,适用于战争和武装冲突中的人权规则和国际劳工组织制定的国际劳工标准也被视为是国际人权法的一部分,前者如《日内瓦四公约》及其三项附加议定书,后者最主要的是国际劳工组织的八项核心公约,包括《结社自由和保护组织权利公约》《组织权利和集体谈判权利原则的实施公约》《最低工作年龄公约》《强迫或强制劳动公约》《废除强迫劳动公约》《同工同酬权及禁止就业和从业歧视公约》《(就业和职业)歧视公约》《禁止和立即行动消除最恶劣形式的童工劳动公约》。区域性人权公约包括欧洲、美洲和非洲的区域性人权公约,主要有《欧洲人权公约》及其议定书、《欧洲社会宪章》、《欧洲防止酷刑公约》、《欧洲保护少数民族框架公约》、《美洲人权公约》、《美洲人权公约关于经济、社会和文化权利领域的附加议定书》(《圣萨尔瓦多议定书》)和《非洲人权和民族权宪章》等。

除了已经制定的人权公约,国际和区域层面还存在大量宣示性文件,如《世界人权宣言》《儿童权利宣言》《残疾人权利宣言》《美洲人的权利和义务宣言》等,它们虽然没有明确规定强制性的权利和义务,但也是促进人权法规则国际化的努力的一部分,儿童权利和残疾人权利保护国际化的进程已经证实了这一点。以残疾人权利为例,联合国大会通过的《禁止一切无视残疾人的社会条件的决议》《弱智人权利宣言》《智力迟钝者权利宣言》《残疾人权利宣言》提高了国际社会对残疾人权利保护的认知,使残疾人权利保护问题逐步进入国际人权法的视野,为《残疾人权利公约》的制定奠定了坚实的基础。此外,发展权的发展也有力地说明了联合国决议和宣言在促进人权法规则国际化中的作用。虽然在发展权领域尚未制定有法律约束力的人权公约,但是1948年的《世界人权宣言》、1969年《社会进步与发展宣言》、1977年通过的《关于人权新概念的决议案》、1979年通过的《关于发展权的决议》和1986年通过的《发展权利宣言》等联合国的决议和宣言对于发展权作为一项人权获得国际认可,并在未来制定发展权的国际规则都有重要意义,尤其是《发展权利宣言》的通过"作为战后发展权的标志性成果,为发展权的实现提供了规范共识与制度架构,为发展权从应然人权向法定人权和实然人权迈进奠定了法律基础"。①

2. 人权救济的国际化

为了监督公约实施、落实公约权利,联合国的九个核心人权公约均建立了相应的执行机构,即各种人权委员会,它们分别是:(1)根据《公民权利和政治权利国际公约》第28条设立的人权事务委员会(CCPR);(2)经社理事会设立的经济、社会及文化权利委员会(CESCR);(3)根据《消除一切形式种族歧视国际公约》第8条设立的消除种族歧视委员会(CERD);(4)根据《消除对妇女一切形式歧视公约》第17条设立的消除对妇女歧视委员会(CEDAW);(5)根据《儿童权利公约》第43条设立的儿童权利委员会(CRC);(6)根据《禁止酷刑公约》第17条设立的禁止酷刑委员会(CAT);

① 汪习根:《"二战"后发展权的兴起与实现》,载《人权》2015年第4期。

(7)根据《保护所有移徙工人及其家庭成员权利国际公约》第72条设立的保护所有移徙工人及其家庭成员权利委员会(CMW);(8)根据《残疾人权利公约》第34条设立的残疾人权利委员会(CRPD);(9)根据《保护所有人免遭强迫失踪国际公约》第26条设立的强迫失踪问题委员会(CED)。

这些条约机构的主要职能是监督缔约国履行公约的情况,它们除了要求缔约国定期提交履约报告和发表一般性意见外,还可以有条件地为个人提供权利救济,这一程序被称为"人个来文"(communications)或"人个申诉"(individual complaints),即当个人的某一公约权利受到缔约国侵犯时,他可以向相应的条约机构提出正式申诉,条约机构有权在审议个人申诉后作出"最后意见"(final views),并将最后意见告知有关缔约国和个人。条约机构的个人申诉程序有以下特点:其一,这一程序的适用是以缔约国的事先同意为条件的,取得缔约国同意的方式有两种:一种是缔约国根据公约的相应条款作出同意的声明,如《消除一切形式种族歧视国际公约》第14条规定:"缔约国得随时声明承认委员会有权接受并审查在其管辖下自称为该缔约国侵犯本公约所载任何权利行为受害者的个人或个人联名提出的来文。来文所指为未曾发表此种声明的缔约国时,委员会不得接受。"作出类似规定的还有《禁止酷刑公约》和《保护所有人免遭强迫失踪国际公约》。[①] 另一种是缔约国批准或加入设定个人申诉程序的任择议定书,包括《公民权利和政治权利国际公约》第一任择议定书、《消除对妇女一切形式歧视公约》任择议定书、《残疾人权利公约》任择议定书、《经济、社会和文化权利国际公约》任择议定书和《儿童权利公约》关于设定来文程序的任择议定书。其二,无论是上述哪种方式,缔约国只要接受了个人申诉程序,来自缔约国的个人就获得了寻求国际救济的机会,为了防止与国内救济机制相冲突,各公约或任择议定书无一例外地采纳了用尽国内救济的

① 《禁止酷刑公约》第22条规定:"本公约缔约国可在任何时候根据本条,声明承认委员会有权接受和审议在该国管辖下声称因该缔约国违反本公约条款而受害的个人或其代表所送交的来文。如来文涉及未曾作出这种声明的缔约国,则委员会不应予以接受。"《保护所有人免遭强迫失踪国际公约》第31条规定:"缔约国可在批准本公约时,或在之后的任何时候宣布,承认委员会有权接受和审议受该国管辖、声称是该缔约国违反本公约规定之受害人本人或其代理提出的来文。委员会不得受理来自未作此宣布之缔约国的来文。"

原则,即条约机构在受理一项个人申诉前,必须确定申诉者已经用尽了国内可用的补救办法或者国内补救办法的应用被不合理地拖延。其三,条约机构作为准司法机构,它的最后意见并不具有正式的法律拘束力,“对缔约国而言,是否执行委员会的意见完全在国家的自由裁量范围之内”。[①]

除了全球性的人权救济机制外,区域人权机构在人权救济国际化方面也发挥着重要作用,而且与联合国条约机构的个人申诉程序相比,区域人权机构的个人申诉程序“对个人权利更具有补救性,更高水平地实现了个人的国际诉权”。[②] 欧洲人权法院的个人申诉程序以《欧洲人权公约》第十一议定书为基础,该议定书赋予个人独立的诉讼地位,规定个人、非政府组织和个人组成的团体如果认为公约保障的权利受到任一缔约国的侵害,在用尽国内救济的前提下均有资格向欧洲人权法院提出申诉,而且欧洲人权法院的管辖权是强制性的,不以缔约国发表事先声明或批准任择议定书为条件。欧洲人权法院作出的判决是终审判决,由欧洲理事会部长委员会负责监督判决的执行。[③]

美洲和非洲的个人申诉程序是在借鉴欧洲人权法院个人申诉程序的基础上,结合各自区域的特点发展起来的。《美洲人权公约》规定美洲人权委员会对个人申诉案件具有强制性管辖权,“任何人或一群人,或经美洲国家组织一个或几个成员国合法承认的任何非政府的实体,均可向委员会递交内容包括谴责或控诉某一缔约国破坏本公约的请愿书”。委员会可以就事实和结论向缔约国递交报告,并可以在报告中提出建议和意见,这种建议和意见不具有法律拘束力。和美洲人权委员会不同,美洲人权法院对

---

① 邓华:《人权国际司法保护及其限度——基于对“蒂默诉荷兰”案的反思》,载《南京大学法律评论》2016 年春季卷。

② 孙安洛:《人权个人申诉机制区域性与全球性的考察——兼对联合国人权机构改革的建议》,载《河南司法警官职业学院学报》2015 年第 4 期。

③ 此外,《规定集体申诉制度的欧洲社会宪章附加议定书》设置了任择性质的集体申诉程序。根据《附加议定书》第 1 条的规定,有权提交集体申诉的组织包括:(1)1961 年宪章第 27 条第 2 款所指的国际雇主组织和工会组织;(2)在欧洲理事会享有咨商地位的国际非政府组织,以及为此目的而被政府委员会列入名单的组织;(3)申诉所针对的缔约国管辖范围内的雇主和工会的有代表性的国内组织。此外,根据附加议定书第 2 条的规定,任何缔约国可在向欧洲理事会秘书长提出的声明中宣布授权国内非政府组织提交针对它的申诉。参见郭曰君、杜倩:《论欧洲理事会的经济和社会权利的集体申诉制度》,载《广州大学学报》(社会科学版)2012 年第 1 期。

缔约国的管辖权是非强制性的，而且也不能直接受理个人申诉，但是这并不妨碍人权法院为受害人提供救济，因为一方面，"在由美洲人权委员会提交的案件的审理程序中，尽管只有委员会和当事者被视为对立的双方，法院也允许受害人的律师出庭对委员会进行协助。在某种程度上，受害人或者其法定代理人在法院也得到了间接的代表"。[①] 另一方面，《美洲人权公约》规定：如果法院发现本公约所保护的一项权利或自由受到侵犯，法院应裁决将保证受害一方享有其被侵犯的这种权利或自由。在适当时，法院还应裁决，造成侵犯此种权利或自由的措施或局势而产生的后果将得到补救，并应对受害一方给予公平的赔偿。美洲人权法院作出的判决是终局性的，作为当事国的缔约国有义务服从法院判决，法院在向美洲国家组织大会提交的年度工作报告中应特别详细说明有的国家未服从该法院判决的那些案件，并提出有关的建议。

和联合国条约机构一样，非洲人权法院对个人申诉的管辖权也是任择性的，在缔约国事先作出管辖权声明的前提下，在非洲人权委员会中具有观察员地位的非政府组织和个人有权向非洲人权法院提起针对该国的诉讼，法院的判决是终局性的，缔约国承诺遵守其作为当事人的判决，保证在法院限定的时间内执行判决，部长委员会负责监督法院判决的执行(见表 1.1)。

表 1.1　联合国/区域个人申诉机制比较

机构	受理个人申诉	管辖权性质	判决/意见的法律拘束力	监督判决执行
联合国人权条约机构	有权	任择性	无	无
欧洲人权法院	有权	强制性	有	部长委员会
美洲人权委员会	有权	强制性	无	无
美洲人权法院	无权	无	有	法院向美洲国家组织大会提交报告
非洲人权法院	有权	任择性	有	部长委员会

① 谷盛开：《人权国际保护的司法维度——以美洲人权法院的诉讼管辖实践为例》，载《法治论丛》2005 年第 5 期。

（三）人权国际化对国内人权保护的影响

随着人权的国际化，在人权保护领域形成了国际法和国内法的双重保护机制，虽然国际人权条约将具体实施方式的选择留给了不同的国内法律体系，但是国际人权法的出现还是改变了国内法，尤其是宪法的解释和实施。两种人权保护机制的并存，不可避免地会在个人基本权利的解释和保护方面相互影响，引起合作或者冲突。首先，两种不同的保护机制可能存在分歧，或者同一项权利在国际法和国内法中的规范表述不同，或者同一项权利在两种保护机制下的解释相互冲突，或者两种体制下权利保护的制度安排不同，无论是哪种情况，两种保护机制都会对权利解释产生竞争性影响。其次，两种不同保护机制之间存在的分歧可能反映出某一保护机制存在规范上的不足，或者是与国内宪法相比较展现出国际法存在的不足，或者是与国际人权法相比较展现出国内权利保护的缺陷。

如前文所述，国际人权法除了直接为个人提供权利保护外，最重要的目的是对各国国内保护机制中的不足之处提出质疑，使国内法及其解释与之保持一致。在这方面国际人权条约监督机制发挥了重要作用，经过半个多世纪的发展，国际人权条约机构已经成为国际舞台上的一个重要力量，这些超国家的司法和准司法机构享有对缔约国实施条约的义务进行监督的权力，在监督过程中，这些条约机构越来越倾向于审查国内立法与人权条约的一致性，越来越明显地指出缔约国对条约的侵犯。[①] 人权条约机构的发展和对监督性裁决的重视为人权条约的国内实施提出了更高要求，面对国际人权法的挑战，各国政府采取了不同的应对措施。

其一，在宪法中明确规定国际人权法在国内法律体系中的地位。有的国家规定国际人权法有高于国内普通立法甚至高于本国宪法的法律效力，前者如《巴西宪法》规定，有关人权的国际条约和公约，如经国会两院分别投票，并由两院议员各 3/5 以上通过，其效力相当于宪法修正案。后者如《罗马尼亚宪法》规定，当罗马尼亚参加的人权公约、条约和国内法不一致

---

① 参见余贺伟：《论联合国人权条约机构对国内法治的促进——基于法治动力理论的分析与考察》，载《武大国际法评论》2017 年第 2 期。

时,国际法优先,除非宪法或国内法的规定更为有利。有的国家则规定在解释国内法时应当或者可以参考国际人权法,前者如西班牙宪法要求本宪法所承认的基本权利及各项自由将根据《世界人权宣言》和西班牙所批准的其他相关国际条约和协议进行解释。① 后者如图瓦卢宪法规定法院在决定一项法律或行为是否合理正当时,可以考虑关于人权的国际公约、宣言、建议和司法决定。② 对于那些在民主方面经验不足的国家,它们在制定宪法时将宪法权利与更成熟的国际人权法体系相联结,既可以借鉴国际人权法作为先例,也可以减少对权利的压制性解释。而对于那些宪政发展比较成熟的国家,加入国际人权体系也可以增强个人权利法律保护方面的合作,促进权利解释的一致性。

其二,将国际人权法的条款合并入本国宪法。有的国家采用整体合并的方式,如布隆迪宪法承认《世界人权宣言》《公民权利和政治权利国际公约》《经济、社会和文化权利国际公约》《非洲人权和民族权宪章》《消除对妇女一切形式歧视公约》《儿童权利公约》所宣布和保障的权利和义务是布隆迪共和国宪法不可缺少的组成部分,③又如苏丹宪法规定所有国际人权条约、公约、协议和苏丹共和国批准的文书中规定的人权和自由都属于本人权法案的组成部分。④ 而更多的国家则采用了选择性合并的方式,这类国家没有合并某一公约的所有条款,也没有使用与公约条款完全相同的措辞,但其宪法条款和国际人权公约之间的关联性是显而易见的。例如,加拿大《权利和自由宪章》的许多条款都能在《公民权利和政治权利国际公约》中找到渊源,其中最典型的一个条款就是宪章第 1 条的"权利限制条款",即"宪章开列的所有权利和自由,只服从在自由民主社会中能够确凿证明正当的并且由法律规定的合理限制",这一表述在原来的加拿大人权

---

① 《西班牙宪法》第 10 条第 2 款,有类似规定的国家还有摩尔多瓦、葡萄牙、塞尔维亚、阿塞拜疆、东帝汶、马尔代夫、埃塞俄比亚、贝宁、佛得角、莫桑比克、南非、塞舌尔、玻利维亚、哥伦比亚、墨西哥。

② 参见《图瓦卢宪法》第 15 条,有类似规定的国家还有巴布亚新几内亚。

③ 《布隆迪宪法》第 19 条第 1 款。

④ 《苏丹宪法》第 27 条第 3 款,作出类似规定的国家还有安道尔、波黑、圣马力诺、蒙古国、刚果(布)、吉布提、南苏丹、巴西、多米尼加、厄瓜多尔、圭亚那、尼加拉瓜、危地马拉、委内瑞拉。

法案和美国宪法中都没有出现，其中“民主社会”和“法律规定”的措辞深受公约第 21 条和第 22 条的影响。[①] 除此之外，具体权利中也有众多受公约影响的例子，如《权利和自由宪章》第 11 条规定“除非经由一个独立的、无偏倚的法庭进行公正的和公开的审讯而被认定为有罪，任何受刑事控告者均有权被视为无罪”，虽然无罪推定的原则在加拿大法律中存在已久，但是“独立的、无偏倚的法庭”和“公正的和公开的审讯”则直接源于公约第 14 条第 1 款。又如在宪章起草的过程中，将第 15 条关于禁止性差别事由的规定从封闭式改为开放式也是为了与公约第 26 条[②]的规定保持一致。

其三，发挥国内法院在实施国际人权法中的作用。一些国家的法院，尤其是宪法法院在解释宪法权利时开始自觉地考虑国际人权法，例如，德国联邦宪法法院要求下级法院在解释《德国基本法》的时候参考欧洲人权公约的解释和欧洲人权法院的判决，[③]加拿大最高法院在解释《权利和自由宪章》时更是广泛参考国际人权法，而无论它们是否对加拿大具有法律上的拘束力。国内法院对国际人权法的援引和参考，既是各国对人权法国际化挑战的回应，也构成了司法全球化的一部分。

二、司法的全球化

安玛丽·斯劳特(Anne - Marie Slaughter)教授认为，国际法中的结构条款、商业的全球化以及许多刚起步的民主国家对于司法训练的需要共同

---

① 两者的不同之处在于：宪章第 1 条的限制条款适用于宪章中的所有权利，而公约中的限制条款则只适用于相应的权利，例如公约第 21 条规定“和平集会的权利应被承认。对此项权利的行使不得加以限制，除去按照法律以及在民主社会中为维护国家安全或公共安全、公共秩序，保护公共卫生或道德或他人的权利和自由的需要而加的限制。”

② 加拿大《权利和自由宪章》第 15 条规定：“1. 每一个人在法律面前和法律之下一律平等，并且享有平等的法律保护和平等的权益，不受歧视，特别是不受基于种族、民族出身或者种族出身、肤色、宗教、性别、年龄或者身心缺陷的歧视。2. 第一款的规定并不排斥旨在改善处境不利的个人或者集体，包括由于种族、民族出身或者种族出身、肤色、宗教、性别、年龄、或者身心缺陷而处境不利的个人或者集体的条件而规定的法律、规划或者活动。”《公民权利和政治权利国际公约》第 26 条规定：“所有的人在法律前平等，并有权受法律的平等保护，无所歧视。在这方面，法律应禁止任何歧视并保证所有的人得到平等的和有效的保护，以免受基于种族、肤色、性别、语言、宗教、政治或其他见解、国籍或社会出身、财产、出生或其他身份等任何理由的歧视。”

③ 参见刘晗：《宪法全球化中的逆流：美国司法审查中的外国法问题》，载《清华法学》2014 年第 2 期。

促成了司法的全球化,司法全球化是一个多样化的司法互动作用的过程,“这种作用可以超越边境,也可发生在边境之上或之内,并在那些涉及国内法和国际法的案例中交流思想、相互合作”。她把构成司法全球化的司法交互作用归纳为五个不同的类型,分别是在欧盟中国家法院和欧洲法院之间的关系、欧洲人权法院和国家法院之间的互动、在跨国诉讼中出现的“司法和睦”(judicial comity)、宪法的取长补短(constitutional cross-fertilization)、世界范围内法官面对面的交谈(face-to-face meetings)。[①] 从国内法的角度来看,司法全球化主要体现在国内法院越来越多地参考、引用国际法和外国法,具体到人权法领域则主要体现在国内法院在审理与人权相关的案件时会引用习惯人权法、国际人权公约、人权条约机构的一般性意见、国际人权裁判机构的裁决、外国相关人权法和外国法院的相关判例作为参考,当然国内法院通常会进行认真权衡,选择那些值得信任、有助于解决当前问题的资源。

(一)国内法院参考和引用国际人权法资源

人权的国际化发展产生了数量可观的国际人权法规则和国际人权机构的裁决,体现在这些国际人权法中的法律政策和原则不仅影响国际对话、促进习惯国际法的演进,也会向国内法院渗透,影响国内法院对国内法的发现和解释。国内法院参考和引用国际人权法资源,对国内法和国际人权法的发展都有积极的促进作用。首先,通过援引国际人权法,国内法院可以从中获得合法性并为自己的决定提供支持。这既源于国际人权法所体现的合意,也源于国际人权法与国内宪法的“同质性”。国际人权法与国内宪法规范在本质上的相似性,使它拥有了与国内宪法裁判和行政法裁判的相关性,也使国内法院愿意利用它的规则来进行司法审查并加强在困难决定中的判断。在大量案件中,国内法院都有意识地利用国际人权法作为优化国内法律、政策和行政实践的途径。

① 参见[美]安玛丽·斯劳特:《司法全球化:论世界范围内法院对话的兴起》,石明磊译,张千帆校,载《南京大学法律评论》2003 年春季卷。Also see Anne-Marie Slaughter, “Judicial Globalization”, *Virginia Journal of International Law* 40, 2000, p. 1104.

其次，国内法院援引国际人权法有利于国际人权法的发展。一方面，国内法院对国际人权法的适用有助于增强人们对国际人权法作为“一个真正的法律体系”的认可。实际上，国际人权法越是被作为法律而不是道德规范，它的适用就越具有合法性，在这方面，国内法院的作用是很重要的，毕竟迄今为止国际人权法仍然缺乏有效的国际实施机制。国内法院通过主动自愿地援引国际人权法规则甚至国际人权机构的判决和意见，增强了国际人权法的合法性和有效性，因为援引行为本身就意味着国内法院对这些人权文件以及它们所代表的权威的尊重或接受。此外，国内法院对国际人权法的解释还可以丰富和充实国际人权法的含义，增强国际人权法的活力。

最后，国内法院参考或引用国际人权法有助于一国政府自愿遵守国际人权法。在解释为什么国家会遵守国际法时，哈罗尔德·克欧(Harold Hongju Koh)教授将学者们的分析总结为三种不同的理论：一是国家自身利益理论，即当国际法有助于国家的短期或长期利益时，国家倾向于服从国际法；二是规则合法性理论，即国家遵守国际法是基于规则本身的合法性以及规则所体现的分配正义；三是结构主义理论，这种理论认为国际法规则和标准在国家认同的形成中扮演关键角色，是国际法规则和标准决定着谁是参与者、什么规则必须遵守。克欧在这三种理论的基础上，提出了“跨国法律过程”理论，强调要实现国际法规则的自觉遵守，除了利益、公正和认同之外，还应当考虑如何将国家偶然的、勉强的遵守转化为习惯性服从，而这有赖于跨国法律过程中的互动以及国际标准向国内法的转化，因为这种转化使国际标准在一定程度上进入国内法律体系，国家在遵守国内法的同时也遵守了国际法规则。[①] 国内法院参考和引用国际人权法作为国际人权法向国内法转化的一种方式，也起到了同样的作用，而且国内法院对国际人权法的适用会对政府形成一种压力机制，成为政府在决定是否遵守国际人权法规则时需要考虑的重要相关因素。

---

① See Harold Hongju Koh, “Why do Nations Obey International Law?”, *Yale Law Journal* 106, 1997, p. 2646.

国际人权法向国内法院的渗透亦可从国际法和国内法两个层面加以分析。首先,在国际法层面,国际人权公约中包含了一些要求国内法院实施和适用公约条款的规定,如《公民权利和政治权利国际公约》第2条要求缔约国“发展司法补救的可能性”;《经济、社会和文化权利国际公约》虽未对此作出明确规定,但在经济、社会和文化权利委员会的第9号一般性意见中指出,行政补救程序的最终司法上诉权有时是必要的,而且有一些义务,如不歧视的义务(绝不限于这一义务),为了满足公约的需要,对其提供某种形式的司法补救似乎是必须的。换言之,每当没有司法机构的作用便不能充分实施公约所载权利时,司法补救措施是必要的。[①] 除了这些一般性规定,经济、社会和文化权利委员会还在关于提交国家报告的指导原则中,要求各国说明是否可在法院、其他法庭或行政当局面前引述公约条款,或法院、其他法庭或行政当局直接实施公约条款,并特别要求各缔约国详细说明在国内法院引用公约规定的重要判例。[②]

一些专门性人权公约中也有类似的规定,如《消除一切形式种族歧视国际公约》第6条要求“缔约国应保证在其管辖范围内,人人均能经由国内主管法庭及其他国家机关对违反本公约侵害其人权及基本自由的任何种族歧视行为,获得有效保护与救济,并有权就因此种歧视而遭受的任何损失向此等法庭请求公允充分的赔偿或补偿”。《禁止酷刑公约》第2条规定:“每一缔约国应采取有效的立法、行政、司法或其他措施,防止在其管辖的任何领土内出现酷刑的行为。”

其次,在国内法层面,一些国家在国内宪法体制中将国际人权法与其他国际法相区分,赋予国际人权法以特殊的宪法地位,甚至有一些国家在宪法中明确要求参考国际人权法。当然,不同国家的具体规定可能是不同的,一些国家只是有选择性地提到某一个或几个国际人权文件,如许多非洲国家都在宪法序言中提到尊重《联合国宪章》《世界人权宣言》《非洲人权和民族权宪章》,而一些欧洲国家则会在宪法中特别提到《欧洲人权公

① 经济、社会和文化权利委员会:《第9号一般性意见:〈公约〉在国内的适用》,第9段。

② See UN Doc. E/C.12/1998/24, paras. 9, 12.

约》,如《阿尔巴尼亚宪法》第 17 条规定,对宪法权利的限制在任何情况下,不得超过《欧洲人权公约》所规定的限制。《波黑宪法》第 2 条规定:在《欧洲人权公约》及其议定书里阐明的权利和自由应当直接在波斯尼亚和黑塞哥维那适用,并优先于所有其他法律。英国的《人权法案》要求不列颠地区的法院在解释和使用该法案的时候须考虑欧洲人权法院的判决、决定和欧洲人权委员会根据《欧洲人权公约》第 31 条所采纳的报告中提出的意见。奥地利议会也只是单独赋予《欧洲人权条约》以宪法性地位。

而大多数国家在宪法中提到国际人权法时,都倾向于采用更宽泛的概念,如《南非宪法》第 39 条第 1 款规定,南非的任何法院和裁判所在解释权利法案时都必须考虑国际法,其中最重要的当然是国际人权法。又如 1978 年《西班牙宪法》第 10 条第 2 款规定:获得宪法承认的与基本人权和自由相关的标准,应按照与《世界人权宣言》和其他西班牙批准的国际条约和协议相一致的原则加以解释。据此,凡是西班牙批准的人权条约,如欧洲人权公约和国际人权两公约都获得了宪法地位,随之而来的是西班牙的法院在解释宪法条款时,也越来越多地参考这些人权公约的文本以及相关人权条约机构的案例法,其中被参考最多的当属欧洲人权法院的法理。① 受西班牙宪法的影响,大量拉丁美洲国家赋予人权条约以宪法性地位,如《委内瑞拉宪法》第 23 条规定:委内瑞拉执行和批准的人权条约、协定或公约具有宪法地位,效力优先于国内法。《哥伦比亚宪法》第 93 条规定:宪法所赋予的权利和义务,应根据哥伦比亚批准的人权方面的国际条约予以解释。又如哥斯达黎加 1989 年修改宪法时在最高法院内设立了一个宪法法庭,为实施宪法修正案而制定的立法承认宪法法庭有权确保政府遵守国际义务,有权在受人权公约保护的权利受到侵害时发出人身保护和其他权利保护令状。此后,宪法法庭取消了一些与美洲人权公约和其他人权公约不一致的国内立法,在解释宪法时也大量引用美洲国家间人权法院的案例法。

---

① 此处使用的"法理"一词对应的是英文中的 jurisprudence,其含义不是有关法律的理论,而是特定主体,如联合国人权条约机构和欧洲人权法院等区域人权机构对人权条约条款所作的解释,前者主要体现在人权条约机构的一般性意见、结论性意见和个人申诉意见中,后者主要体现在区域人权法院的判决和咨询性意见中。

在亚洲国家,各国宪法强调和遵守国际人权法的趋势也非常明显,“一些国家赋予国际人权法以比其他国际法更高的法律地位,甚至规定国际人权条约的条款优先于宪法基本权利条款。例如,阿塞拜疆共和国宪法规定,‘本宪法所列举的人与公民的权利和自由按照阿塞拜疆共和国是缔约一方的国际条约的规定予以实施’。据此条款,国际人权条约具有直接适用性;当宪法所列权利与国际人权条约的规定不同时,当然是优先适用国际人权条约的规定。另有土耳其、蒙古国、塔吉克斯坦、亚美尼亚、吉尔吉斯斯坦等几个国家也规定了在人权领域国际法的优先适用性。此外,东帝汶和马尔代夫则规定,宪法所列举的基本权利应当按照与《世界人权宣言》或者已经缔结的国际人权条约相一致的方式予以解释。换言之,宪法基本权利的意涵应以国际人权法的规定为准。这实际上也是对国际人权法优先地位的肯定”。①

最后,即使宪法未明确要求参考国际人权法,但国内法院审理案件时查阅、参考甚至引用国际人权法的现象在不同国家均不同程度存在,在加拿大、以色列、德国、哥伦比亚、秘鲁等国的最高法院或宪法法院,援引国际人权法更是较普遍的现象。如加拿大最高法院从 1982 年宪法颁布开始,就承认各种不同形式的国际法资源在解释《权利和自由宪章》时是相关的和有帮助的,它不仅利用国际法来解释权利的内容和含义,也利用国际法为权利限制的理由提供参考信息。又如在以色列,法院也经常援引未合并甚至未批准的国际人权法以增强宪法权利的含义,在一起涉及残疾人权利的案件中,几位耶路撒冷居民向地方法院提起诉讼,寻求阻止他们的残疾人邻居驾驶汽车并将车停在离他们的家很近的地方,因为对于没有残疾的普通人而言这种驾车和停车的方式是不被允许的。地方法院援引 1975 年《联合国残疾人权利宣言》第 3 条、1993 年《联合国残疾人机会均等标准规则》第 24 条和第 25 条驳回了他们的诉讼请求,法院认为这些人权文件为政府施加了维护残疾人人性尊严和权利的义务。② 在另一起与受教育权

---

① 戴瑞君:《认真对待国际法——基于对亚洲各国宪法文本的考察》,载《国际法研究》2016 年第 4 期。

② Miriam Livni v. Salim Shabo, Civil Case (Jerusalem) 9582/99 (Magistrate. 2005).

有关的案件中，最高法院援引《世界人权宣言》第26条、《经济、社会和文化权利国际公约》第13条、《儿童权利公约》第28条、第29条和该国未批准加入的《欧洲人权公约》第2条来支持父母为他们的子女选择学校的权利，并认为在父母为子女选择私立学校时政府有义务承担一定的费用。[①]

（二）国内法院参考和引用外国人权法资源

如果说战后国际人权法的发展拓宽了国际法和国内法互动的领域，那么建立在权利基础上的宪法在各国的广泛接受则增加了将外国法作为比较法适用的机会。国内法院援引外国法是司法全球化发展的一个重要表现，但是与国际人权法相比，外国法（其他国家的法律和实践）在国内宪法上得到认可的程度要小很多，只有屈指可数的几个国家在宪法中赋予外国法以参考地位，具体的表述方式有两类，一类是仅规定可以参考外国法，如《马拉维宪法》第11条规定：在解释本宪法的条款时，法院应当适当参照国际公法规范以及相关的外国判例法。《南非宪法》第39条规定：在解释权利法案时，法院、法庭应当考虑国际法并且可以考虑外国法。另一类是在规定可以参考外国法的同时说明参考外国法的目的或外国法的范围，如《塞舌尔宪法》第48条规定：法院在解释本章规定时应对下列事项给予公正注意：4.其他民主国家或民族的宪法，以及该国或该民族的法院依照其宪法所作的判决。《巴布亚新几内亚宪法》第39条规定：为了证明任一法律、事务或其他事项在尊重人类权利和尊严的民主社会是否合理，法院可以参考：……（七）其他国家的法律、惯例、司法决定和意见。马绍尔群岛共和国宪法还明确规定了外国法的效力，它在第3条规定：在解释和适用本宪法时，法院应参考和马绍尔群岛共和国宪法类似的其他国家的法院的相关判决，但是不受此判决的约束；并且，在参照外国法院的判决时，法院应当使其适应共和国的需要，并要从总体上考虑本宪法和共和国不断变化的环境。

与外国法在宪法上的地位相适应，外国法在国内法院的作用也要小很多。国内法院在援引国际人权法时，既可以把它作为解释国内法的工具，

---

① Poriya Elite v. Minister of Education, HCJ 4363/00 (Supreme. 2002).

也可以作为案件裁判的依据,但是国内法院一般不会以外国法作为裁判的规则,外国法更多的是被作为国内法的解释资源加以援引。

虽然对于如何选择外国法以及外国法在国内裁决中的权衡等问题仍存在较大分歧,①国内法院在判决中援引外国法在很多国家已经成为一个常见现象,其中一个比较常见的领域是宪法解释,即国家的最高法院或宪法法院在解释宪法时援引外国法作为参考。例如,加拿大最高法院就经常在宪章解释中引用外国法院的判例,尤其是经常长篇大论地讨论美国法;南非宪法法院也时常引用外国法律资源;意大利、爱尔兰等欧洲国家的法院也是如此。在一些经历了宪政转型的东欧国家,引用美国宪法判例和其他国家的宪法判例更是建设宪政和民主的重要举措。② 就连一向以排斥外部法律资源著称的美国,最高法院的法官们也开始在判决书中援引外国法和判例解释宪法,③美国前任首席大法官伦奎斯特这样解释这一转变过程:“在近一个半世纪的时间里,只有美国的法院享有违宪审查的权力,因此没有其他国家的先例可供参考。‘二战’后很多新的宪法法院被创设,这些法院很自然地参考美国最高法院的判决以发展它们自己的法律。但

---

① 随着国内法院对外国法援引的增多,隐藏在背后的两个问题逐渐凸显出来:一是哪些外国法资源应当被使用,二是它们应当如何被使用。法官和学者也都认识到应当为如何选择外国法提供一个可以反复适用的指导原则,但是并没有达成共识。如被各国法院广泛采用的普遍性要求,会因其“普遍性”涉及的范围以及对外国法和实践进行深入调查存在实际困难而受到质疑。See Michael D. Ramsey, “International Materials and Domestic Rights: Reflections on Atkins and Lawrence”, *American Journal of International Law* 98, 2004, pp. 75 – 76. 又如虽然所有法院都要求被援引的外国法应当与所处理的当前案件具有“相似性”,但是关于“相似性”的判断也存在不同观点,有人侧重于案件事实的相似性,有人则要求在案件事实之外还应当考察法律原则、制度和价值等是否具有相似性。See Fatma E. Marouf, “The Role of Foreign Authorities in U. S. Asylum Adjudication”, *New York University Journal of International Law and Politics* 45, 2013, pp. 454 – 455.

② 参见刘晗:《宪法全球化中的逆流:美国司法审查中的外国法问题》,载《清华法学》2014年第2期。

③ 当然,反对的观点也一直存在,马克·图施奈(Mark Tushnet)将对援引外国法和外国判例的批判归纳为四类:第一类是基于理论的批判,包括基于原旨主义(originalism)的批判、基于实用主义理论(pragmatic theory)的批判和基于权威(authority-based)的批判;第二类是不相关性批判(irrelevance criticisms);第三类是表现主义者的批判(expressivist criticisms);第四类是质量控制批判(quality-control criticisms)。See Mark Tushnet, “When is Knowing Less Better Than Knowing More? Unpacking the Controversy over Supreme Court Reference to Non-U. S. Law”, *Minnesoda. Law Review* 90, 2006, pp. 1278 – 1302.

是现在,宪法已经牢固地在如此多的国家生根,美国法院也开始在自己的宪法解释过程中参考其他宪法法院的决定。”①奥康纳法官则进一步说明了外国法在国内法院的地位,她认为“尽管国际法和其他国家的法律对于美国法院的决定几乎没有约束力,但是其他国家法院和国际社会的决定有时应该在美国法院构成有说服力的权威,而且我们也可以从其他杰出的法官那里学到处理同样困难问题的方法”。②

在援引外国法解释本国宪法时,法院需要考虑在什么情况下需要援引外国法,克欧教授在对美国最高法院判例进行研究后,总结出法院在以下三种情况下会援引外国法:③一是有相似的规则,即其他国家与美国有相似的法律规则,如秩序自由的概念就不是美国独有的,在其他法律体系中也存在;二是有相似的经验,如果外国法院在可比较的环境下适用与美国宪法标准具有可比性的标准,那么即使两者的政治和结构不同,外国法院的经验仍然可以为共同法律问题提供不同的解决方法;三是共同的标准,这也是最常被法院使用的理由,当法院认为宪法中的概念,如“正当法律程序”“不合理的搜查和逮捕”“残酷和非常的惩罚”等是国际社会都认可的、具有普遍性的标准时,它们通常会愿意参考其他相关国家的法律和实践。例如,在 Trop 案中,法院认为“残酷和非常的惩罚”这一概念应当按照演进的标准进行解读,而这个演进标准不仅要求法院参考不断成熟中的美国经验,也包括外国的实践和经验。④ 又如在 *Enmund v. Florida* 案中,法院在评估重罪谋杀罪的合宪性时注意到“重罪谋杀罪的原则在英国和印度已经被废除,在加拿大和一些其他英联邦国家也受到严格限制,在欧洲大陆国

---

① William H. Rehnquist, “Constitutional Courts—Comparative Remarks,” in Paul Kirchhof and Donald P. Kommers eds., *Germany And Its Basic Law: Past, Present and Future—A German-American Symposium*, Baden-Baden, Nomo, 1993, pp. 411 – 412.

② Sandra Day O’Connor, “Keynote Address before the Ninety-Sixty Annual Meeting of the American Society of International Law”, *Proceedings of the American Society of International Law at Its Annual Meeting* 96, 2002, pp. 348 – 350.

③ See Harold Hongju Koh, “International Law as Part of Our Law”, *The American Journal of International Law* 98, 2004, p. 43.

④ Trop v. Dulles, 356 U. S. 86(1958).

家则没有这一规定”。[①] 在 Thompson v. Oklahoma 案中，法院在确定15周岁以下青少年死刑问题的文明社会的标准时，参考了苏联和西欧主要国家关于未成年人禁用死刑的法律和实践。[②]

除了作为解释宪法的工具外，外国法在国内法院发挥作用的另一个领域是实施性法律的解释。实施性法律是缔约国政府为履行人权条约义务而制定的国内立法，这类法律根植于它们所实施的国际条约，直接合并条约的关键条款，并采用条约的术语或表述。正是由于实施性法律与国际条约之间的这种特殊关系，很多国家的法院都承认在解释实施性法律时可以采用条约解释的规则，正如澳大利亚布伦南（Brennan）法官所说："如果一项立法将公约或其条款转化进这项立法是为了将公约作为国内法的一部分加以实施，那么被转化的文本在国内法中应当拥有与其在国际条约中同样的含义。为了明确该文本的含义，可适用于条约解释的规则也必须同样适用于被转化为国内法的文本。”[③]根据《维也纳条约法公约》第33条第3款（b）项和第32条的解释规则，其他缔约国的解释可以作为“嗣后实践”或“补充资料”在条约解释中发挥作用，如果把这一解释规则适用于实施性法律的解释，那么国内法院援引外国法的做法就有了可靠的法律基础。

国内法院在适用实施性法律时适当考虑其他缔约国对条约条款的解释，有利于促进条约在不同国家的统一适用，减少国际法的碎片化。以《关于难民地位的公约》为例，公约在界定“难民”时使用了“社会团体”这一术语，爱尔兰法院在解释本国的难民法时，援引了同为公约缔约国的美国、加拿大和英国的相关案例，并作出了与之相一致的解释，英国法院在定义社会团体时也曾长期受到美国 Acosta 定义[④]的影响。虽然不同国家对同一条约术语或

---

① Enmund v. Florida, 458 U.S. 782 (1982).

② Thompson v. Oklahoma, 487 U.S. 815 (1988).

③ Applicant A. v. Minister of Immigration and Ethnic Affairs, [1997] 190 CLR. 225, pp. 230 – 231.

④ 在 Acosta 案中，美国移民上诉委员会将“迫害”解释为是对个人加诸的一种伤害或损害，将迫害的起因归结于受迫害一方因特定的种族、宗教信仰、民族或者国籍而从属于某一特定的社会团体。

条款的解释不可能总是一致的,他国的实践也不可能为本国法院提供直接的答案,但是通过比较和对话至少可以在一定程度上减少相互冲突的解释,发现法律发展的总体趋势,为本国法院提供有价值的信息作为参考,这也是国内法院愿意援引外国法的主要动力。

三、国内法院适用国际人权法的方式

在人权国际化和司法全球化的背景下,无论是出于有效实施国际人权法的考虑,还是基于提高国内人权保护水平的需要,国内法院都会在司法实践中越来越多地考虑国际人权法。但是在具体的司法实践中,国内法院并不能像适用国内法那样简单地适用国际人权法,因为在不同的国内法律体系中,国际人权法在国内法中的地位是不同的,这直接影响了国内法院适用国际人权法的能力和方式。同时,国际人权法虽然要求获得国内法院适用,但并不决定具体的适用方式,每个国家有权根据各自的法律传统自由选择约束本国公民和政府的适用方式。

(一)国际法与国内法关系的一般学说

一元论与二元论是不同国内法体系下确定国际法与国内法关系的两种传统理论,前者认为国际法一经产生(如国际习惯法)或批准(如国际公约)即可立即合并(incorporation)到国内法律体系,成为国内法律体系的一部分,即国际法与国内法同为国内法律体系的不同部分。至于合并后国际法在国内法律体系中的规范地位,不同国家则有不同的规定,有些国家给予国际公约优先于国内法律但低于国内宪法的地位,如法国和意大利;[①]有些国家规定国际公约与国内法律同一位阶,如德国;也有极少数国家,如荷兰规定国际公约具有优于国内宪法的地位。[②] 后者则强调国际法与国内法的不同,认为

---

① 如《法国宪法》第55条规定:"依法批准或者认可的条约或者协定,自公布后即具有高于各种法律的权威。"《意大利宪法》第10条规定:"意大利的法律制度应符合公认的国际法规范。外籍人的法律地位,根据国际法规和国际条约由法律规定。"这一条款承认关于外籍人的公约优于相关国内法。

② 《荷兰宪法》第91条第3款规定:"任何与宪法相抵触或导致抵触的国际条约条款,须有议会两院至少2/3多数的赞成方可通过。"第94条规定:"王国现行的法律规范如果与具有普遍约束力的条约规定或国际机构的决定相抵触,不予适用。"

国际法与国内法是规范不同事项的相互独立的法律体系,国际法必须以制定国内立法的方式转换(transformation)为国内法律后才能进入国内法律体系,只是国际法经国内法转换后已经失去了国际法的属性,此后国家机关适用的将是国内法而不是国际法。

在这两种不同理论的影响下,国际人权法在国内法律体系和司法适用中的地位是完全不同的。受一元论影响的国家主要有民法法系传统的国家、伊斯兰国家和一些欧洲和中亚的苏联国家,包括法国、德国、荷兰、日本等。在这些国家,国际人权法是国内法律体系的一部分,至少在理论上,是“具备国内法律功能之国际法”,[①]可以直接被援引作为诉讼和权利救济的基础。[②] 受二元论影响的国家主要是普通法传统的国家和斯堪的纳维亚国家,如英国、澳大利亚、新西兰、印度、瑞典、挪威等,在这些国家,国际人权法与国内法是两套并行的法律制度。在二元法律体制下,未经转换的国际人权公约只具有“非自动执行”的地位,国内公民无法直接依据它们提起诉讼,法院的法官也无法直接适用这些国际法规则,也就是说,只有在立法机关制定了国内法律,将国际人权法律规范纳入国内法律体系之后,它们才可以在司法上得到适用。

(二)直接适用与间接适用

由上述分析可知,在不同的法律体系下,国内法院适用国际人权法的具体方式是不同的,大体可以归纳为两类:直接司法适用(direct judicial application)和间接司法适用(indirect judicial application),前者是指被适用的人权条款本身可以为特定案件提供作出裁决的规则,国内法院可以援引该人权条款作为裁判的独立的和自主的依据;后者则相反,为特定案件的裁决提供规则的是国内法而不是国际人权条款,国内法院在审理案件时并不直接以国际人权法作为裁判依据,而是通过一定的解释技术将国际人权标准渗透到国内法中,以国内法为媒介实现在国内法

① 林沛君:《人权公约汇入国内法律体系所面临之课题——以实践儿童权利公约之国际经验为借镜》,载《台湾中正大学法学集刊》2016 年第 52 期。

② 实际上,即使在一元论国家,也并不是所有的国际人权规范都具有自动执行的效力,一些不具有自动执行效力的人权规范仍然无法在国内法院得到直接适用。

院的间接适用。

虽然直接适用的方式更有利于发挥国际人权法在国内的效力,但是大部分国家的法院都不愿意利用国际标准作为裁判的规则,尤其是在这些国际标准与国内行政或立法行为不一致的时候。为此,法院会采用不同方法减少国际标准的直接适用,例如对于国内宪法中包含的国际法合并入国内法律体系的条款,法院更倾向于作狭义解释,以减少依据国际法干预本国政府政策的可能性。又如法院在解释国际法条款时会寻求政府部门的指导,以防影响本国政府的利益。此外,法院也会使用一些"回避原则",如政治问题原则、原告资格限制、可裁判性原则等,以使本国政府免受基于国际法的司法审查。①

与直接适用相比,间接适用更加灵活,表现形式也更加多样,②解释性适用就是其中应用最广泛的一种,不同国家的国内法院采用的解释技术不尽相同,或者作为法院判决的指导,或者作为支持判决的辅助机制。奥斯纳特·格雷迪·施瓦茨(Osnat Grady Schwartz)将间接适用的解释技术总结为以下六项:(1)使用国际法填补国内法的空白。(2)采用"一致性"解释原则,这一原则与相容性推定原则相似,都假定国内法院必须根据政府承担的国际义务来解释国内立法。(3)以国际法为基础的行政审查原则,要求将人权价值施加于行政程序,以保证政府遵守在国际公约中的承诺。(4)合理期待原则,这一原则认为缔约国政府批准国际公约的行为为个人创造了一种政府应当优先考虑公约内容的合理期待。如在澳大利亚的Teoh案③中,法院废除了一项驱逐出境的行政命令,认为澳大利亚批准《儿童权利公约》的行为创造了合理期待,即政府在作出一项影响儿童的行政

---

① See Eyal Benvenisti, "Judicial Misgivings Regarding the Application of International Law: An Analysis of Attitudes of National Courts", *European Journal of International Law* 4, 1993, p. 161.

② 除了解释性适用外,间接适用还包括国内法院虽未明确指向国际法但在实际上适用了国际人权标准的情形,如适用为实施国际义务而制定的国内法;按照与国际义务相一致的方式解释国内法;实施先于国际法存在、但却在实质上反映了国际标准的国内法,从而导致无意识中适用了国际法等。See Antonios Tzanakopoulos, "Domestic Courts in International Law: The International Judicial Function of National Courts", *Loyola of Los Angeles International and Comparative Law Review* 34, 2011, p. 143.

③ Minister for Ethnic and Immigration Affairs v. Ah Hin Teoh, [1995] 183 CLR 273 (HCA).

决定时(在本案中是驱逐儿童的父亲),应当优先考虑儿童的最大利益。(5)普通法上的"合法性原则",认为只有清晰明确的立法才能剥夺一项基本权利,亦即只要立法不是清晰明确的,就应当尽可能地做有利于基本权利的解释,其中的基本权利包括国际法中的权利。(6)合法影响原则,这一原则承认与国际法相一致的普通法的发展。①

从上述列举的解释技术可以发现,作为一种间接适用方式,解释性适用的最大特点在于法院最终据以作出裁决的是国内法,而不是国际法,国际法在解释过程中所起到的只是辅助作用。同时,解释性适用中采取的解释技术模糊了传统国际法基于条约和习惯的分类,在国际法中占据一个灰色地带,即除了基于条约和习惯的法律拘束力而产生的国内司法适用外,未批准的公约、已批准未合并的公约、国际组织的决议和宣言、国际人权法院和条约机构的判决和意见等都可以因其具有说服力(persuasvie authority)②的价值而在国内法院获得适用,解释性适用为各种软法资源进入国内法提供了媒介和桥梁。

---

① Osnat Grady Schwartz, "International Law and National Courts: Between Mutual Empowerment and Mutual Weakening", *Cardozo Journal of International and Comparative Law* 23, 2015, p. 615.

② 关于说服力的权威来源有两种不同的观点,一种观点严格区分说服力和拘束力(binding authority),拘束力的权威是独立于内容的,一项具有拘束力的文件,其权威不是来自它的内容而是来自于它的地位,无论是否同意其内容,法律参与者都必须服从于该权威;而说服力的权威则产生于自身的价值,即法律参与者没有服从的义务,他们之所以愿意依靠这些资源仅仅是因为被其实质内容说服。参见 C. Flanders,"Toward a Theory of Persuasive Authority", *Oklahoma Law Review* 62, 2009, p. 62。另一种观点不同意这种两分法,认为在很多情况下法院援引没有拘束力的文件,并不是因为它们的实质内容,而是和援引有拘束力的文件一样,是因为它们的地位,有拘束力的权威和没有拘束力的权威之间并不存在严格的界限和等级。此外,没有拘束力的文件之间并不存在等级,其权威性会随着时间发生改变,因此需要关注的是法官和律师为什么以及如何使用这些资源来支持他们的法律分析。参见 Amy J. Griffin,"Dethroning the Hierarchy of Authority", *Oregon Law Review* 97, 2018, pp. 51 – 108。就本书涉及的内容而言,第二种观点似乎更为可取,一方面,在实践中国内法院援引无拘束力的国际人权文件既有对于实质内容的认可,也有对其地位的考虑,如《世界人权宣言》和联合国人权条约机构对人权条约的解释;另一方面,无拘束力的国际人权文件的权威性处于变化之中,如《美洲人的权利和义务宣言》在通过时仅是无拘束力的会议决议,但通过长期的法律实践,该宣言的法律地位有所变化,现在已经被公认为规范性文件。参见谷盛开:《〈美洲人的权利和义务宣言〉及其法律地位的演化》,载《人权》2005 年第 6 期。

第二节 解释性适用的兴起

从理论上讲,直接适用方式更有利于发挥国际人权法在国内的影响,更有利于公民利用国际人权法维护自身权益,也可以节省适用成本,是国际人权法在国内适用的最佳途径,但是这种方式无论在一元论国家还是在二元论国家都存在一定的困难和障碍,这也是导致解释性适用这种间接适用方法在各国兴起的一个重要原因。

一、解释性适用在二元论国家的兴起

(一)班加罗尔原则(Bangalore Principles)

在过去的两个世纪中,整个英联邦在对待国际条约方面都采用一种严格的二元论方法,拒绝承认没有通过立法方式合并进国内法的国际条约具有法律效力,这种做法根源于权力分立的考虑。在英国和其他英联邦国家,大部分国际条约的批准是行政部门的特权,通过赋予国际条约以非自动执行的地位,二元体制有助于确保议会保有对已批准的国际条约在国内实施的基本权力,从而对行政部门的条约权力进行控制。此外,二元论的形成也受到十七八世纪早期实证主义哲学的影响。实证主义拒绝建立在自然法原则基础上的古老的一元论观点,否定存在一个完整、统一的法律体系;相反,它特别强调国家主权,认为国内法和国际公法(包括条约和习惯)分别在各自领域平行的运行,国内法院审理涉外事务时应依据国内规则,而不是国际规则。① 实证主义法学派创始人奥斯丁认为国际法规则并不是准确意义上的法,它们属于实际存在的社会道德规则,由一般舆论设定或强制实施,②国际法所施加的义务只是一种积极的国际道德义务,国

---

① 参见[英]边沁:《道德与立法原理导论》,时殷弘译,商务印书馆2000年版,第363页。

② 参见[英]约翰·奥斯丁:《法理学的范围》(中译本第2版),刘星译,北京大学出版社2013年版,第182~183页。

际法规则只有在通过立法合并进入国内法后才能在国内法院适用。

二元法律体制为国际人权法在国内法院的直接适用设置了障碍，一方面，很明显，没有被合并进国内法的国际人权公约根本无法得到法院的适用；另一方面，国际人权法向国内法的转化也并不总是一帆风顺的，拒绝转化的理由多种多样。例如在解释《公民权利和政治权利国际公约》为什么没有被转化为国内法时，英国、加拿大和澳大利亚认为公约所有的条款都已经被反映在本国的国内法和宪法中了，因此无须另外对公约条款进行转化；爱尔兰认为如果国内法院不能采纳和人权事务委员会同样的解释，将公约合并进国内法是不利的；新西兰认为公约的合并存在政治上的困难；还有一些国家认为《欧洲人权公约》已经对它们具有约束力，因此不需要另一个同样的文件。[①] 这些理由在其他国际人权文件的转化问题上也同样存在。

为了消解二元论对国际人权法国内适用的不利影响，法官们开始探索更加灵活的方法，他们逐渐放弃对条约所做的已合并和未合并的严格的二元划分，不再认为未合并的条约没有任何国内法律效力；相反，他们在发展一种宽泛的解释性合并技术，以便于他们可以在立法机关未制定实施性立法的情况下，能够像一元论国家的法官一样实施国际人权条约中的权利。当然，在这一过程中，法官之间的跨国司法对话是必不可少的，法官们通过对话发展新的解释技术，并从对话交流中获取正当性。[②] 在这些对话中，最有影响的是“班加罗尔会议”。

1988 年到 1998 年，人权法律保护国际中心和英联邦秘书处[③]共同组织了一系列法官座谈会，吸引了来自英国、印度、美国、加拿大、澳大利亚等 37 个普通法国家的法官参加。这些座谈会重点讨论了普通法国家的法官

---

① See Christopher Harlan, “The Status of the International Covenant on Civil and Political Rights (ICCPR) in the Domestic Law of State Parties: An Initial Global Survey Through UN Human Rights Committee Documents”, *Human Rights Quarterly* 22, 2000, pp. 187 – 260.

② 跨国司法对话可以分为两类：一类是通过举办会议开展的面对面对话，另一类是通过案例法展开的对话，即法官们在案例中相互讨论彼此的观点。

③ “人权法律保护国际中心”（INTERIGHTS）是一个人权非政府组织，已于 2014 年终止；英联邦是一个代表 53 个联邦成员国的政府间组织。

应如何利用尚未合并入国内法的国际人权条约，并以声明的形式表明自己的观点，这些声明被称为“班加罗尔原则”，其中最著名的是1988年的声明和1998年的声明，[①]这两项声明对国内法院援引国际人权法解释国内法的权限作了完全不同的阐释。

1988年的声明对这一问题持相对保守的态度，它在首先强调二元法律体制对法院的影响的基础上，承认如果国内宪法、立法或普通法存在不确定性或模糊性问题时，法官可以寻求国际法一般原则的指导，并从这些资源中辨别并宣布相关的国内法规则是什么，但是当国内法明确与国际义务不一致时，国内法院有义务实施国内法。该声明最大的特点是强调法院应保持对国内政策需要和期待的敏感性，“当国际人权文件中包含的标准值得被更广泛地承认并被法院适用时，国内法律、传统、环境和需要应当得到充分考虑”。也就是说，国内法院的法官在发挥他们作为国际人权法与国内法的中介者的角色的同时，应主要以国内法律体系的需求为根基。[②]而1998年的声明则更加激进，它认为国际条约不应仅仅被援引来处理国内法存在的不明确和模糊性问题；相反，“司法机关的主要任务是以与国际人权法典和习惯人权法相一致的方式解释和适用国内宪法和立法，并按照国际人权法所体现的价值和原则去发展普通法。……即使人权条约没有被批准或没有被合并入国内法，它们仍然能为立法者、政府官员和法院提供重要指导”。[③]

班加罗尔原则经过十年的发展，逐步从保守走向激进，其中包含了对待国内标准和国际标准的不同态度。1988年的声明在承认人权标准普遍性的同时，将国内法和国际法同等地视为人权标准的权威性资源，认为“基

---

① 其他声明还有1989年的哈拉雷宣言（Harare Declaration on Human Rights）、1990年的班珠尔确认书（Banjul Affirmation）、1991年的阿布贾确认书（Abuja Confirmation）、1992年的巴利奥尔声明（Balliol Statement）、1993年的布隆方丹声明（Bloemfontein Statement）和1996年的乔治敦结论（Georgetown Conclusions）。

② See Judicial Colloquium on The Domestic Application of International Human Rights Norms, “Bangalore Principles”, 1988, para. x.

③ See Lord Lester of Herne Hill QC, “The Challenge of Bangalore: Making Human Rights a Practical Reality”, *Commonwealth Law Bulletin* 25, 1999, pp. 47 – 64.

本的权利和自由是所有人所固有的,并且体现在全世界的宪法和法律体系以及国际人权文件中”。与1988年声明不同,1998年的声明更强调国内法与国际法的不同,并赋予国际法以更高的规范位阶,虽然也承认全世界的宪法的法律体系都包含人权标准,但却认为所有的人权标准都应以国际人权标准为根基。此外,两个声明中对国内法院的定位也是不同的,1988年的声明只要求法官在培养基本人权和自由的普遍尊重方面做出特殊贡献,十年后法官则被要求在人权目标的实现中发挥更核心的作用,并在国际法和国内法之间发挥协调功能。

班加罗尔原则突破了二元论的束缚,为国际人权法在国内法院的适用开辟了一条新的道路,那就是即使它们不具有国内法律效力,但它们仍然可以被援引用来协助解释国内法。只是按照保守和激进的不同进路,国内法院在具体的司法实践中采用的具体解释方法会有所不同。相对温和保守的“价值增进型”解释方法更容易得到各方面的支持,而极端激进的“一致性”解释方法,尤其是对国内宪法作与国际人权法相一致的解释的方法,则受了到更多的批评和挑战。

(二)案例法的发展

解释性适用在二元论国家的发展并没有停留在一系列会议上,班加罗尔原则通过与会法官和支持者的传播得到了越来越多的认可,并在司法实践中被广泛使用从而形成了一系列有重要影响的案例法,这些案例法明确地显示出法官希望摆脱二元论束缚、争取通过国内法院实施国际人权义务的意愿。

在澳大利亚,最能清晰地体现出这种发展的是布伦南法官在Mabo案①中的评论。Mabo案是澳大利亚的一个里程碑式的案件,该案第一次承认澳大利亚的土著人拥有原住民地权。在论证原住民地权的过程中,布伦南法官就国际人权法对普通法的影响进行论证,他认为无论早期为拒绝承认土著人的土地权利和利益提供了多少正当性,这种不公正和歧视性的原则都无法再获得认可,在这方面,国际社会的期待和当前澳大利亚人民

① Mabo v. Queensland [No. 2], [1992] 175 CLR 1.

的价值是一致的。澳大利亚加入了关于授予个人申诉权利的《公民权利和政治权利国际公约任择议定书》,使公约和它包含的国际标准对普通法产生了有力影响。普通法并不需要与国际法保持一致,但是国际法是普通法发展的一个合法和重要的影响因素,尤其是当国际法宣称存在普遍人权的时候。在公民权利和政治权利保护中,一项建立在不公正的歧视基础上的普通法原则应当被重新考虑,这样的原则既违反了国际标准,也不符合普通法的基本价值。

新西兰的 Tavita 案[①]是新西兰上诉法院将《公民权利和政治权利国际公约》适用于新西兰移民立法的标志性案例。在该案中,Tavita 面临被驱逐,但是他的孩子将留在新西兰,他向法院主张,《公民权利和政治权利国际公约》和《儿童权利公约》都要求移民部长在实施《新西兰移民法》中的自由裁量权时考虑儿童最大利益,但是移民部长基于传统上对于二元论的理解,主张他没有义务考虑这些公约条款,因为两个公约都没有通过立法合并入国内法。新西兰上诉法院拒绝了政府的主张,宣称无论人权条约是否具有国内法律地位,行政决定的作出者都有义务考虑人权条约的义务,强调司法机关的职责是根据人权的普遍性解释和适用国内宪法、普通立法和普通法,并据此要求移民当局重新考虑它的决定,同时要求在做出决定时应考虑相关国际人权文件的规定。新西兰上诉法院在 Tavita 案中的推理和判决深受班加罗尔原则的影响,并在判决书中援引巴利奥尔声明和布隆方丹声明支持自己的观点,完全抛弃了法院在此前移民案件中对人权条约所持的二元论立场。

该案不仅在新西兰是有重大影响的案例,也被加拿大、澳大利亚、英国等普通法国家的法院广泛引用。如在加拿大的 Baker 案中,法院在援引《儿童权利公约》解释加拿大移民法时引用了 Tavita 案,主张即使公约还没有在国内通过立法实施,也不能在国内直接适用,但是公约中体现的价值能够为国内移民法的解释提供语境上的信息。[②] 又如在澳大利亚最具

---

① Tavita v. Minister of Immigration, [1994] 2 N. Z. L. R. (CA).

② See Baker v. Canada (Minister of Citizenship and Immigration), [1999] 2 SCR 817.

争议的 Teoh 案中,法院同样引用了 Tavita 案,主张人权条约只要被行政机关批准就产生一种"合法期待",行政决定的作出者应当以与人权条约义务相一致的方式行使法律规定的自由裁量权。①

新西兰、澳大利亚、加拿大这三个国家均有法官是援引国际人权法解释国内法的积极倡导者,在司法实践中积累了大量案例,其他国家如英国、印度、爱尔兰、尼日利亚、坦桑尼亚等国也在不同程度上修正了传统的二元论,积极发展国际人权法在国内适用的解释技术。虽然各国案例法发展的轨迹各不相同,但有一个不容忽视的共同特点,那就是它们都在一定程度上得益于法官之间的司法对话,在大部分案例的司法意见中都能看到对其他国家司法决定的讨论和分析,这样做既可以从中获得相关条款解释的"国际观点",也可以从其他国家法院援引国际人权法的实践中获得支持,以对抗来自传统二元论的反对和抵制。

二、解释性方法在一元论国家的适用空间

有人认为,一元论比二元论具有更大的优势,是治愈国际人权法被忽视、无法转化或无实效的良方,因为如果一个国家已经接受了一项人权公约,而本国国内法妨碍了某项自由,那么当它的公民被本国政府指控违反国内法时,该公民就可以在本国法院援引这项公约并要求法官适用公约规定决定国内法是无效的,而无须等待转化国际法的国内立法。② 虽然这一点在理论上是毋庸置疑的,但在司法实践中,公民和法官要想直接适用国际人权法,仅仅依靠一元论的传统是远远不够的,直接适用的范围还取决于所涉及的国际人权规则的性质。实际上,国际人权规则获得法院直接适用的程度是非常有限的,这就为解释性适用提供了广阔的空间。

首先,能得到各国宪法承认并可以合并入国内法律体系的国际人权文件种类非常有限。大部分国家宪法只提到条约在国内法律体系中的地位,对于宪法没有特别提到的其他国际人权文件,法院通常不会直接适用,而

---

① Minister for Ethnic and Immigration Affairs v. Ah Hin Teoh,[1995] 183 CLR 273(HCA).

② Filip Spagnoli,"The Globalization of Human Rights Law: Why Do Human Rights Need International Law?",*Texas Wesleyan Law Review* 14,2008,p. 332.

是把它们当作解释国内法的附属资源。例如,在俄罗斯,国际条约和普遍接受的国际法律原则与标准是国内法律体系的一部分,法院可以自动适用。其他的国际法资源,如联合国决议、国际法院的裁决、人权条约机构的决定和建议,虽然对俄罗斯没有法律约束力,不能被作为法院裁决的依据,但是法院尤其是宪法法院经常会援引这些资源解释宪法条文。

其次,在一元论国家中也存在一些无法得到"直接适用"的非自动执行条约或非自动执行条款,其非自动执行性主要体现在这些条约或相关条款不能作为诉讼的直接基础,当事人据以提起诉讼的基础应当是国内宪法和制定法,但是这些条约或条款可以成为解释有争议的国内立法的重要指导。

以美国为例,美国虽然是一个普通法传统的国家,但在对待国际法的问题上,从建国之初就采取了和其他普通法国家不同的方法,美国宪法第6条明确规定:"本宪法和依本宪法所制定的合众国法律,以及根据合众国的权力已缔结或将缔结的一切条约,都是全国的最高法律;每个州的法官都应受其约束,即使州的宪法和法律中有与之相抵触的内容。"这一条款表明美国已缔结的国际条约在国内法中都享有自动执行的地位,但是在实践中,大部分美国学者都认为美国实际上采取的是一种一元论与二元论相结合的混合模式,即一些条约是自动执行条约,而另一些条约则是非自动执行条约。

20世纪中叶以后,美国几乎对所有它所批准的国际人权公约都做出了非自动执行的宣告(non-self-executing declarations),[①]如1992年在批准《公民权利和政治权利国际公约》时宣布第1章到第27章的条款是非自动

① 关于非自动执行宣告的含义,有两种不同的理解:一是完全排除非自动执行的人权条款在国内法院的直接适用;二是非自动执行宣告禁止利用人权条款为个人创造新的诉讼理由。当个人在法院以非自动执行的人权条款为依据主张权利时,两种含义下的结果是一样的,这样的权利主张不会被法院接受。但是在政府提起的民事或刑事诉讼中,被告以非自动执行的人权条款作为抗辩的依据,在两种含义下的结果则是不同的,前者含义下被告的权利主张不会被接受,而在后者含义下被告的主张则可以被法院接受。See David Sloss,"The Domestication of International Human Rights:Non-Self-Executing Declarations and Human Rights Treaties", *Yale Journal of International Law* 24,1999,pp. 151 - 152.

执行条款,1994 年在批准《禁止酷刑公约》时宣布公约第 1 章到第 16 章的条款是非自动执行条款,在批准《消除一切形式种族歧视国际公约》时宣布该公约是非自动执行公约。非自动执行宣告的目的在于将本来根据宪法可以自动执行的条约转化为不可自动执行的条约,其正当性在于美国政府认为为履行人权公约义务而自动执行公约条款或制定执行性立法都是没有必要的,因为与公约义务相比,美国现有立法足以为人权提供更好的保护。与此同时,美国法院也采取了和美国政府一致的立场,很少直接适用人权公约条款。但是,国际人权法对美国法院也不是完全没有影响的,非自动执行宣告并不妨碍美国法院在解释国内法时从公约中寻求指导,一方面,非自动执行宣言仅仅意味着在缺乏实施性立法的情况下,当事人不能将公约作为私人诉讼的基础,但并不影响法院在其他情形下实施公约的能力;另一方面,非自动执行宣言只对公约在联邦层面的实施产生影响,在各州层面,根据宪法的最高性条款,即使非自动执行公约也有法律效力,各州法院负有实施这些公约的宪法义务。[①]

在司法实践中,联邦法院和州法院都有援引人权公约解释国内法的判例,联邦最高法院援引人权公约的典型案例有格鲁特尔案、[②]劳伦斯案、[③]罗珀案[④]和哈姆丹案,[⑤]在这些案件中法院援引的条款不限于已批准的条约,还包括已批准未签署的条约、未批准或不可能批准的条约和国际人权司法机构的判例。如在劳伦斯案中,为了反驳伯格法官在鲍尔斯案[⑥]中的观点(在整个西方文明国家,同性恋性行为一直都受到国家干预),联邦最高法院援引了欧洲人权法院的一个判例,这个判例与鲍尔斯案和劳伦斯案相似,在该案中,一名北爱尔兰男子主张同性恋者之间自愿的性行为,但是

---

① Margaret Thomas, "'Rogue States' within American Borders: Remedying State Noncompliance with the International Covenant on Civil and Political Rights", *California Law Review* 90, 2002, p. 209.

② Grutter v. Bollinger, 539 U. S. 306(2003).

③ Lawrence v. texas, 539 U. S. 558(2003).

④ Roper v. Simmons, 543 U. S. 551(2005).

⑤ Hamdan v. Rumsfeld, 548 U. S. 557(2006).

⑥ Bowers v. Hardwick, 478 U. S. 186(1986).

北爱尔兰法律禁止这种行为，欧洲人权法院根据《欧洲人权公约》裁决禁止同性恋性行为的法律是无效的。由于当时欧洲理事会有 21 个成员国，所以联邦最高法院据此认为伯格法官关于“整个西方文明国家”的假设是不成立的。又如在罗珀案中，最高法院援引了几个国际人权公约来推翻允许执行青少年死刑的法律，其中《公民权利和政治权利国际公约》虽然已被美国批准，但美国政府在批准时宣布该公约为非自动执行公约且对涉及青少年死刑的条款做出了保留，对于法院而言公约并不构成在法律上具有可执行效力的义务，但是法院仍然承认公约提供了国际社会反对青少年死刑的重要证据。除了联邦层面，一些州的上诉法院和高等法院也采用了类似的做法，如俄勒冈州最高法院援引《公民权利和政治权利国际公约》《世界人权宣言》和《欧洲人权公约》解释州宪法中关于监狱待遇的条款，①康涅狄格州最高法院依靠《世界人权宣言》第 25 条第 1 款，主张州宪法包含了一项提供最低生活水准的义务。②

在绝大多数情况下，法院在判断一项人权公约是否可以直接适用时，通常不是将该公约作为一个整体加以评估，而是根据某一具体案件所涉及的相关条款的性质进行判断。在具体判断标准的设置方面，通常会考量某一条款的目的、内容以及其中包含的权利义务的性质，如日本学界通说认为只有同时满足以下三个条件时，某一特定公约条款才能在法院得到直接适用：(1)从公约之规定及其起草过程来看，没有否认该公约之特定规定不能直接适用者；(2)依公约之规定，就特定事项之事实关系，已明确规定当事者间之权利义务关系时；(3)就该事项适用公约规定时，未与本国宪法或其他法律规定发生国内法冲突者。③ 在司法实践中，根据这些条件，《经济、社会和文化权利国际公约》中包含的要求缔约国“采取适当步骤”保障权利逐渐实现的条款，如第 6 条第 2 款、第 11 条、第 12 条，通常都会因为没有对特定当事人之间的权利义务作出明确规定而被认为是不能在

---

① See Sterling v. Cupp, 625 P. 2d 123 (Or. 1981).

② Moore v. Ganim, 660 A. 2d 742 (Conn. 1995).

③ 朱朝亮：《浅谈国内法与国际人权法冲突之法律适用及解释法则》(上)，载《检协会讯》2004 年第 100 期。

法院直接适用的。甚至《公民权利和政治权利国际公约》中的条款也可能因不满足上述条件而被拒绝直接适用，如东京高等法院就以《公民权利和政治权利国际公约》第9条的社会安全权条款没有赋予个人即刻性实在权利为由，否定了其直接适用性，并驳回了当事人依此提出的社会保险诉求。[①]

波兰法院在多数案件中都会以宪法第91条第1款关于"自动执行条约"的规定来界定直接适用的标准：其一，形式标准，即条约被正式批准并在《法令报》上公布；其二，实质标准，即条约条款具有完备性，其实施不需要任何额外的实施性立法。[②] 罗尼·亚伯拉罕在谈到法国宪法时也指出，原则上国际人权公约是可以在国内法院直接适用的，但是这一原则有两个例外，而这两个例外涉及绝大多数的案件：其一，公约中包含的仅仅为缔约国政府施加义务和提出建议的条款；其二，公约包含的规则因缺乏具体适用措施而无法适用。基于这两个例外，《经济、社会和文化权利国际公约》和《欧洲社会宪章》的大部分条款经过法院的慎重分析，被认为"对个人没有直接的影响，不能被援引用以支持废除被挑战的法规"，同样的情况也发生在《儿童权利公约》中与社会保障、社会保险、充足生活水准有关的权利中。[③] 荷兰的做法与法国相似，《经济、社会和文化权利国际公约》的多数条款被界定为"非自动执行"条款而无法被法院直接适用，但是这些条款在解释与之相关的国内立法时，可以被作为解释资源加以利用。

在对条约的自动执行性进行判断时，各国通常采用的是客观标准，即从条约条款的内容和性质方面进行分析，但在一些特殊情况下也会考虑缔约者的主观意图，最典型的案例是美国1952年的藤井诉加利福尼亚州案。[④] 该案原告是一位依据美国移民法无法取得公民身份的日本侨民，他

---

① 万鄂湘主编：《国际法与国内法关系研究》，北京大学出版社2011年版，第275页。

② 波兰宪法第91条第1款规定："经国会批准的国际法意义上的条约在波兰共和国《法令报》（公报）公布后将成为波兰国内法的组成部分，并得直接适用，除非该国际条约的适用须经法律的实施。"

③ See Dinah Shelton, ed., *International Law and Domestic Legal Systems: Incorportion, Transformation, and Persuasion*. Oxford, Oxford University Press, 2011, pp. 229 - 234.

④ See Sei Fujii v. State of California, *California Reports: Second Series* 38, 1952, p. 718.

在加利福尼亚州购置的土地被收归州有,依据是该州的侨民土地法。法院对原告援引的《联合国宪章》序言和第55条、第56条进行了分析,在承认宪章是公约的前提下,指出条约不会自动取代与之不一致的国内法,除非条约条款是可自动执行的,并引用马歇尔大法官的话划定自动执行与非自动执行的边界,马歇尔法官认为,如果条约在没有任何国内立法辅助的情况下能自行运作,那么该条约就会被视为等同于立法机关制定的法案。在决定一个条约是不是自动执行条约时,法院还求助于体现在条约文本中的缔约国意图,也就是说,缔约国在制定公约时的意图就是制定可以自行在法院实施的规则。很显然,在本案中,法院采用了主观和客观相结合的方法来确认条约的自动执行性质。

最后,对于那些可以"直接适用"的公约条款,法院有时也会援引它们协助解释国内法。在日本,经批准的国际条约是国内法的一部分,并可在法院直接适用。但是,一般而言,国际法的"间接适用",也就是利用国际法加强或支持国内法的解释,似乎比直接适用更受欢迎,也更容易被法院接受。日本法院的主流观点是尽量避免公约条款的"自主解释",而更倾向于将它们归为宪法解释的一部分,公约解释从属于宪法解释,目的在于增强宪法解释的说服力。近年来,这类案件的数量也呈现出上升的趋势,国际人权两公约、《消除一切形式种族歧视国际公约》和《儿童权利公约》都曾经被法院用来作为解释国内法的资源。① 波兰法院在援引国际法解释国内法时发展出了一项被称为"友好解释"(friendly interpretation)的原则,即为了避免冲突,法院在解释包括宪法在内的波兰法律时,应当以一种和国际法保持友好的方式进行,尽量与国际法的精神保持一致。②

① See Abe Kohki, "Implementation of Universal Human Rights Standards in Japan: An Interface of National and International Law," in Rainer Arnold, ed., *The Universalism of Human Rights*, Netherlands, Springer, 2013. pp. 132 – 135.

② See Dinah Shelton, ed., *International Law and Domestic Legal Systems: Incorportion, Transformation and Persuasion*, Oxford, Oxford University Press, 2011. pp. 376 – 379, 490 – 492.

第三节　解释性适用的质疑与回应

虽然解释性适用已经被许多国家的法院采用并得到了一定程度的认可,但还远远没有成为一种普遍性的司法实践。由于国际人权法主要调整一国政府与其国民之间的关系,因此国内法院通过援引国际人权法解释本国宪法和法律,从而将大量国际人权法资源引入国内司法裁判的做法,不可避免地会引发各种争议和质疑,本节重点分析各种质疑以及采用解释性适用的法官在实践中做出的回应。

对解释性适用的质疑主要存在于两个层面:一是在制度层面,认为援引国际人权法解释本国法的做法与既有的制度相矛盾;二是在方法论层面,认为如果没有更明确的标准,会导致法官对国际法的任意的、选择性的援引。具体而言,学者和法官的质疑主要集中在民主合法性和方法论两个方面。

一、民主合法性的质疑

关于民主合法性的质疑主要来自国内法院援引国际人权法所引起的与本国民主制度之间的矛盾,具体体现在以下两个方面:

其一,援引国际人权法可能会引起司法权的膨胀。当然,不同国家因其法律传统和宪政制度的不同,人们对司法权膨胀关注的角度也可能是不同的,例如在实行二元论的英国、新西兰、加拿大等国家,作为传统二元论的基础,通过立法合并国际条约在立法机关审查和监督行政权方面发挥着重要作用,法官如果要在司法实践中引入未合并的国际人权法,首先就面临着走“司法后门”的质疑,加拿大 Baker 案中持反对意见的法官就明确指出,在判决书中援引人权条约能够间接达到通过直接方式无法达到的目的,也就是说,援引的行为使国际人权义务在成为议会民主意愿前就获得了在国内法律体系中的地位,[1]从而引发人们对司法

① See Baker v. Canada(Minister of Citizenship and Immigration),[1999] 2 SCR 817. pp. 865 – 866.

权膨胀的担忧。但是这种担忧在一元论国家并不突出，因为一元论国家立法机关通常被包含在条约批准程序中，而且一元论国家的国际人权条约一经批准就成为国内法律体系的组成部分，因此对司法权膨胀的担忧可能主要存在于适用非自动执行条约或非自动执行条款的场合。

此外，法院在援引国际人权文件时的广泛性和任意性也会引来司法权膨胀的质疑。2005 年，罗伯茨大法官在他的任职听证会上明确表达了他对最高法院援引非美国法的担忧，他认为法院在援引非美国法时可以进行择优挑选，挑选那些符合他们喜好的非美国法，而忽略那些相反的非美国法，这种做法一方面允许法官以判例的权威为借口加入他们个人的喜好，另一方面扩大作为宪法解释基础的资源的范围实际上扩大了法官的裁量权。马克·图施奈（Mark Tushnet）不同意罗伯茨法官的意见，他认为宪法本身的模糊性使法官在解释宪法时拥有相当大的自由裁量权，在这种情况下，援引非美国法所带来的法官裁量权的增加是十分微小的。而且，国际法作为一种抽象的命题和客观的标准，援引国际标准来解释模糊的宪法条款只会对法官产生更大的约束，而不是相反。① 吉拉德·纽曼（Gerald L. Neuman）也认为“国际法和外国法作为解释的辅助工具可能会增加作为司法裁量的资源的范围，但是禁止这些资源的使用并不会阻止司法积极主义”。②

其二，援引国际人权法可能引起“反民主多数”。虽然随着全球化的发展，传统的主权观念有了很大改变，但是在司法权边界日益模糊的情况下，“国内”与“国际”之间的区别反而显得更为重要。人们对国内法院利用国际人权法，尤其是未经合并的人权公约或其他软法资源宣布国内立法无效，进而推翻体现在国内立法中的人民意愿的行为表现出极大的担忧，阿尔福德（Roger P. Alford）把这种现象称为“国际反多数主义难题”。他

---

① See Mark Tushnet, “When is Knowing Less Better Than Knowing More? Unpacking the Controversy over Supreme Court Reference to Non-U. S. Law”, *Minnesoda Law Review* 90, 2006, p. 1281.

② Gerald L. Neuman, “The Use of International Law in Constitutional Interpretation”, *American Journal of International Law* 98, 2004, pp. 82 – 90.

认为体现在国际人权文件中的国际共识是国际多数观点的反映,有时这种国际标准与体现国内多数观点的国内标准是一致的,但有时两者之间则可能存在冲突,当国际标准无法通过国内民主程序成为国内标准时,国际标准的支持者会转而求助于司法合并途径,最常被采用的司法合并途径是将国际标准引入宪法解释,进而推翻与国际标准不一致的国内立法。为了避免这种情况的发生,阿尔福德提出在处理国际标准与国内标准之间冲突时应遵循这样一个原则,即在没有通过民主程序内化为我们社会的标准之前,国际标准不能通过司法途径进入我们的宪法,否则反多数主义的国际标准将会作为我们社会的标准被赋予宪法解释的相关性,并最终导致"国际反多数主义难题"。①

对于上述担忧和质疑,学者们也提出了一些消解的建议,这些建议主要侧重于法院在合并国际人权法中的定位和所采取的解释技术。例如沃特斯(Melissa A. Waters)教授在分析了二元论国家法院所面临的民主合法性问题后,提出了"方向上二元论、技术上一元论"的解决方案,根据这一方案,法院首先应当让自己深深地扎根于国内法律体系,因为国内法院的合法性是来自宪法文本,而不是来自国际司法社会这种模糊的概念,因此它们应当忠诚于国内法律资源而不是国际人权条约。在解释技术上,沃特斯认为法院应从国内法律体系出发,根据个案的需要合法地利用解释技术寻求国际资源的帮助,在选择适当的解释技术前应对拟适用的国际人权文件的国内价值进行评估,国际人权文件的国内价值越高,法院将该文件合并进本国法的空间就越大。② 总之,沃特斯希望将法院和解释技术的使用定位在国内法律体系之上,以此来减少适用国际人权

---

① See Roger P. Alford, "Misusing International Sources to Interpret the Constitution", *The American Journal of International Law* 98, 2004, pp. 57, 58 - 62.

② See Melissa A. Waters, "Creeping Monism: The Judicial Trend Toward Interpretive Incorporation of Human Rights Treaties", *Columbia Law Review* 107, 2007, pp. 701 - 702. 沃特斯认为在评估一项人权条约的国内价值时,立法机关和行政机关的意图是两个值得特别考虑的因素,如该人权条约是否已被批准、行政机关签署条约时是否做了保留、在缺乏实施性立法的情况下政策制定者是否采取特别的措施表明对该条约的强烈支持,另外对国内立法历史的检查也可能提供评估的视角,例如在立法报告或听证中不断提及条约义务则可以证明立法机关对条约的持续支持。

法对国内民主的侵害。

纽曼的思路与沃特斯基本一致,他认为在解释性适用的背景下,民主合法性的担忧是不必要的,他从国际法在解释性适用中发挥作用的方式来论证自己的观点。他认为法院将国际人权条约作为解释工具的做法表面上看似乎会引起条约对宪法权利的侵犯,但实际上条约制定者不会推翻宪法标准,也不会命令本国法院改变对宪法条款的解释;相反,条约对宪法的影响是间接的,它们和普通国内立法一样,会对法院解释宪法时的制度和规范环境产生影响。也就是说,国际条约和由国际条约而产生的案例法只是解释宪法含义的复杂机制中的一个因素,它们只是为法院考虑当前宪法条款的含义提供可供参考的数据,法院在使用国际条约和相关案例法时有权对它们进行审查。在这个意义上,并不存在国际法会控制本国宪法解释的危险。①

二、方法论的质疑

除了民主合法性外,对解释性适用的质疑更多地集中在方法论的正当性上,即国内法院援引国际法和外国法的时机、在众多的国际法和外国法中如何选择适用于当前特定案件的法律以及选择的标准等问题,因为这些问题不仅与上文提到的民主合法性相关,也会引起人们基于法治原则的质疑。如果国内法院在援引国际人权法时可以进行随意选择,那么就会破坏法治关于适用清晰一致的法律的要求,也削弱了法律的确定性和可预测性。一方面,如果没有适当的方法论,法院在解决争议之前就不可能查阅所有可适用的国际法,而只能将自己的决定建立在不完全或偏颇的信息之上;另一方面,如果没有方法论为法官提供筛选工具,法官就无法评估某一项国际人权法规则是否是适当的,很可能在案件中援引了不适当或不相关的信息,这不仅会导致错误的判决,也可能引起判决间的不一致。② 因此,

① Gerald L. Neuman, "The Use of International Law in Constitutional Interpretation", *American Journal of International Law* 98, 2004, pp. 82 – 90.

② See Roger P. Alford, "Misusing International Sources to Interpret the Constitution", *American Journal of International Law* 98, 2004, pp. 57, 64 – 65.

即便是支持援引国际法和外国法的学者和法官,也对没有明确标准而进行选择性援引的做法感到担忧,例如美国学者拜斯(Cindy G. Buys)认为,根据主权和自然法理论美国最高法院援引国际法是完全正当的,但是她也承认"对于法院何时可以援引国际法缺乏明确指导或标准的批评是有效的"。①

美国联邦最高法院的斯卡利亚大法官对于法院援引国际法和外国法的批评主要集中在方法论上,因此有学者认为他的批评也可以被看作如何正确援引国际法和外国法的方法论指导。② 在罗珀案③中,斯卡利亚法官提出了他关注的几个问题:其一,他区分已批准的国际人权文件和未批准的国际人权文件,如果没有额外的考虑,法院参考未批准或已批准但附保留的国际人权文件是没有说服力的,在罗珀案中斯卡利亚法官批评了援引未批准的《儿童权利公约》和已保留的《公民权利和政治权利国际公约》条款的做法。相反,他认为美国已批准的公约和虽然保留但不适用于当前问题的公约条款在宪法解释中是有说服力的。其二,法院在参考国际人权文件和国外法律资源时应解释背后的选择标准并对被参考的文件和资源进行连贯一致的解释,否则难免会有为了支撑预想的观点而在国际法和外国法中任意选择的嫌疑。其三,在参考外国宪法法院的观点时,应考虑该法院所处的政治环境、独立性、透明度。其四,当被参考的外国宪法法院或国际人权文件的观点与其他国家或文件的观点不一致时,不应武断地认为它就是错误的,毕竟并不是每一个宪法体系都必须与世界上其他的宪法体系保持一致,任何与民主和自由的传统相一致的观点都是可以接受的。其五,参考外部资源应当考虑文化上的差异,斯卡利亚法官认为即使是参考英国法也是有问题的,因为英国已经接受了欧洲人权法院的法理,而欧洲人权法院的法官在法律、政治和社会文化方面与美国有很大不同。

---

① Cindy G. Buys,"Burying Our Constitution in the Sand? Evaluating the Ostrich Response to the Use of International and Foreign Law in U. S. Constitutional Interpretation", *BYU Journal of Public Law* 21, 2007, p. 50.

② See Basil Markesinis and Jorg Fedtke, *Judicial Recourse to Foreign Law: A New Source of Inspiration?* Abingdon, Routledge, 2006, p. 61.

③ See Roper v. Simmons, 543 U. S. 551(2005).

斯卡利亚法官关于方法论的关注在其他国家的司法实践中也有体现。南非宪法法院在宪法解释中大量援引国际人权法和外国法,因为这种做法有坚实的宪法基础,因此学者和法官会更多地关注如何识别和克服方法论方面的挑战。例如,专门研究南非问题的学者安德里亚·洛里尼(Andrea Lollini)将法院援引国际法和外国法的情形区分为两类,一类是增强既有解释的证明力;另一类是以国际法和外国法为切入点并将它们与本国法相联结。他认为第二种类型存在更大的方法论问题,因为从外部法律资源中直接、自动地获得国内法规范的含义,在某些情况下可能会沦为使实际上已经存在于法官心中的解释合法化的一种形式。除此之外,洛里尼认为更重要的一个方法论问题是在本国案例和国外案例之间有时并不存在真正的相似性,也不存在严肃的比较,具体体现在法官在一些案例中仅仅是援引其他法院的判例或国际法规则,但并不做任何解释和分析,其目的仅是为自己分析的合理性找到更有力的支撑。①

洛里尼对于"相似性"的担心被图施奈称为是对援引国际法和外国法最强有力的批评。② 支持援引国际法和外国法的主要理由是国际法和外国法在解释本国法时能够提供有帮助的信息,这是因为本国法官与其他国家的法官面临着相同或相似的问题,本国法官总能从其他法官对于相同或相似问题的处理中获取有益的信息。③ 批评者则认为这个理由是不成立的,实际上根本不存在各国法官共同面临的相同或相似问题,本国法和国际人权法或外国法之间不仅存在法律语言上的差异,它们所赖以存在的复杂的社会、政治、文化和历史背景也是不同的,而这点常常被本国法官所忽略。④

---

① See Andrea Lollini, "Legal Argumentation Based on Foreign Law: An Example from Case Law of the South African Constitutional Court", *Utrecht Law Review* 3, 2007, p. 66.

② 图施奈认为:"对援引非美国法最强有力的批评实际上是这样的援引可能是错误的"。See Mark Tushnet, "When is Knowing Less Better Than Knowing More? Unpacking the Controversy over Supreme Court Reference to Non-U. S. Law", *Minnesoda Law Review* 90, 2006, p. 1294.

③ See Kenneth Anderson, "Foreign Law and the U. S. Constitution", *Policy Review* 131, 2005, pp. 39 - 41. 美国最高法院布雷耶大法官也持同样观点,他相信存在一些各国需要共同面对的法律问题,当面对这样的问题时美国能从国际法中获得帮助。

④ See Richard A. Posner, "Foreword: A Political Court", *Harvard Law Review* 119, 2005, p. 86.

针对上述关于方法论的批评,支持引用国际法和外国法的法官和学者的回应大体可以分为三类。第一类承认批评的合理之处,但并不认可方法论的问题是否定使用国际法的正当理由。有的学者认为援引国际法时存在的随意选择问题可以通过采用公平的、适当的引用方法得到解决,例如布雷耶大法官建议法官们在援引国际法时,既要援引自己喜欢的资源也要援引不喜欢的资源,只要这些资源与案件相关。① 有的学者将援引国际法与援引先例进行类比,认为法官在援引先例时也存在随意选择的问题,但是并没有因此而完全拒绝援引先例,同样国际法也不能仅仅因为可能被滥用就被完全拒绝使用。②

第二类是直接提出方法论上的建议,例如雷克斯·格兰斯(Rex D. Glensy)从三个角度对法官是否以及如何援引国际法提出了建议。首先,他认为虽然国际法有了极大发展,但它并不规范所有的问题,因此国内法院在决定是否援引国际人权法时应辨别当前案件的争议问题是否包含国际法因素以及判决结果是否有国际影响。其次,他认为不是所有的国际法规则都有同样的地位,国内法院在决定被援引的国际人权法规则的说服力大小时应当考虑这一因素,即国内法院应当分辨某项国际人权文件是反映了确定的国际法规则、有争议的国际法规则还是正在出现的国际法规则。确定的国际法规则,如禁止酷刑等拥有最高水平的国际支持,因此国内法院一般情况下应当承认它们具有更高的说服力。有争议的国际法规则拥有多数国际主体的支持,但是其反对者的数量也是不容忽视的,它们通常是国际社会激烈争执的对象,国内法院不应当给予它们比确定的国际法规则更高的说服效力。正在出现的国际法规则获得的承认最少,仅仅有少数国家承认它们的国际法地位,它们在国内法院的说服力较低,反而是国内法院对它们的援引会有助于这些规则的创设和发展。最后,格兰斯主张国

---

① See Norman Dorsen, "The Relevance of Foreign Legal Materials in U. S. Constitutional Cases: A Conversation Between Justice Antonin Scalia and Justice Stephen Breyer", *International Journal of Constitutional Law* 3, 2005, p. 523.

② See Jeremy Waldron, "Foreign Law and the Modern Ius Gentium", *Harvard Law Review* 119, 2005, pp. 130 – 131.

内法院在援引国际法时应当考虑本国政府在被援引的国际法中的地位，如是否签署、是否批准等。[①]

第三类是在承认批评的同时另外为援引国际法寻找合理性依据。例如针对前述关于"相似性"的质疑，支持者就认为即便不存在相同或相似问题，法官参考国际人权法和外国法的做法也是无害的；相反，参考国际人权法和外国法可以为本国法的解释提供一些潜在的利益，虽然这种利益可能只是经验性的。法官参考国际人权法或外国法仅仅是将它们作为一种思考的资源或者是作为一种教育工具，通过参考国际人权法和外国法可以了解法律的发展趋势、发现处理问题的新方法、刺激对不同解决方法的思考。[②] 当本国法院面对一个新出现的人权问题时，可以比较国际法院、区域法院或外国法院以前的处理方法和对某一特定人权法规则的解释，例如在 State v. Makwanyane and Another 案[③]中，南非宪法法院认为，在分析当前案件时参考其他国家法院和国际人权机构关于死刑案件的判决是有价值的，因为它们分析了支持和反对死刑的各种主张，并且展示出其他法院是如何处理这个棘手的问题的。无论这些法院的处理方式如何，这种比较都可以帮助阐明一项在其他法律体系正在适用的人权法规则或其他法院的做法是否适用于本国，帮助本国法官选择最适合的解决方法，防止作出轻率的判断，甚至可以帮助法官发展本国法。

实际上，这种对国际人权法和外国法的"信息性使用"(informational use)是存在于支持者和反对者之间的一种妥协方案。该方案的代表人物本韦努托(Benvenuto)认为对国际法的援引，只有以获取信息为目的而不是以之作为法官裁判基础时才是适当的，他将信息性使用和说服性权威进行了区分，认为在将国际法作为信息资源和作为说服性权威之间存在一条明显的界限，前者的目的在于获取有价值的事实或知识，国际法被作为比

---

① See Rex D. Glensy, "The Use of International Law in U. S. Constitutional Adjudication", *Emory International Law Review* 25, 2011, pp. 249 – 266.

② See Cindy G. Buys, "Burying Our Constitution in the Sand? Evaluating the Ostrich Response to the Use of International and Foreign Law in U. S. Constitutional Interpretation", *BYU Journal of Public Law* 21, 2007, p. 54.

③ See State v. Makwanyane and Another, 1995(3) SA 391(CC).

较资源或用以展示某一特定规则的适用结果,而后者情形下的国际法是对法院裁判的额外支持或确认。他认为只有这样界定援引国际法的功能才能被支持者和反对者双方都接受,因为对于支持者而言,国内法院有机会从国际法中获得帮助,而对于反对者而言,信息性使用可以保证法官不会使用国际法来推翻国内法,也就不会违背本国人民的民主意愿。①

三、解释性适用的基础

虽然存在上述争议和质疑,但是实践表明解释性适用在各国法院的存在已经是不争的事实,支持者除了从正面回应各种质疑,还在司法实践中为解释性适用提供新的理论基础,Reem Bahdi 将国内法院援引国际人权法的理由总结为五个原理,它们分别是法治原理、普遍性原理、内省原理、相互性原理、全球化下的自觉原理,②这五个原理从不同角度为解释性适用提供了正当性,法院在这些原理的使用方面并不特别倚重某一个,更多的时候是重叠使用,在这五个原理中最常被使用也更具有说服力的是法治原理、普遍性原理和内省原理。

(一)法治原理

虽然法治有着丰富的含义,但是当法官使用法治原理为援引国际人权法提供正当性时,更多地强调的是法律的可预见性和确定性,即缔约国对条约的批准构成了有法律意义的行为,国内法院有义务促使本国政府遵守它们的法律承诺。也就是说,在法治原理下,国家遵守条约的义务不是来自条约的内容,而是政府在批准条约时做出了承诺这一事实,与此相适应,

---

① See Osmar J. Benvenuto, "Reevaluating the Debate Surrounding the Supreme Court's Use of Foreign Precedent", *Fordham Law Review* 74, 2006, pp. 2755 – 2758.

② See Reem Bahdi, " Golbalization of Judgment: Transjudicialism and The Five Faces of International Law in Domestic Courts", *The George Washington International Law Review* 34, 2002, p. 3. 此外,雷克斯·格兰斯对美国法院在宪法解释中使用国际人权法的理由,也做了类似的分析,他认为共有7项理由可以解释法院援引国际人权法的行为:(1)全球化引起了国内法院对外部资源的重视;(2)相似的问题、相似的背景和相似的文本;(3)跨国法律体系合作的需求;(4)司法对话;(5)提高国内法院裁判的说服力;(6)增加对美国法的自我反思;(7)出于提高国际威望的考虑。See Rex D. Glensy, "The Use of International Law in U. S. Constitutional Adjudication", *Emory International Law Review* 25, 2011, pp. 212 – 234.

法官分析问题的焦点也主要集中在“批准”与否上。

法治原理被实行二元论的英联邦国家的法院所广泛采用，因为在这些国家条约由行政机关批准，如果要想成为本国法律的一部分还必须通过议会立法加以合并，在经过议会合并前这些条约并不能在本国法院适用，为了突破这一限制，二元论国家的法官引入法治原理，强调条约批准在法律上的重要意义，认为批准本身是“政府同意”的一种积极表达，只要本国政府通过批准某一特定人权条约的方式表达它愿意遵循国际人权法的意愿，那么它就应当坚持自己的承诺，批准人权条约不仅是政府向国际社会的一种声明，同时也会产生一种合法期待，即批准国的决策者在做出任何决定时都应与它所批准的条约保持一致，法院也可以凭借法治原理对政府是否履行国际人权承诺进行审查。如新西兰上诉法院认为新西兰批准国际人权文件不是装饰性的，法院应确保新西兰政府履行对《公民权利和政治权利国际公约》的承诺。印度最高法院也认为印度必须实施国际人权法，因为批准产生期待，法院强调被批准的国际人权文件向印度政府施加了重新审查本国立法的义务，法官有义务保证国际人权文件的义务不被忽略。同样的立场在加拿大、澳大利亚、南非等国法院的司法推理中均能看到，南非宪法法院在格鲁特姆案①中将法治原理的运用提升到一个新的水平，法院为了阐明南非在国际人权法上的义务，除了援引《经济、社会和文化权利国际公约》的文本，还援引了经济、社会和文化权利委员会的一般性意见，使南非对国际人权法的尊重和承认从条约文本扩展到条约机构的解释。

（二）普遍性原理

同法治原理一样被各国法院广泛使用的另一个正当性理由是普遍性原理，与法治原理将援引国际人权法的正当性放在政府的法律承诺之上不同，普遍性原理强调国际人权标准所体现的个人的固有尊严和平等价值，并假设这些价值具有超越时间、空间和文化限制的普遍性。

根据普遍性原理，法官有义务承认并促进这些普遍价值，同时人权标

---

① See Government of the Republic of South Africa and Others v. Grootboom and Others, 2001 (1) SA 46 (CC).

准的普遍性也为法官援引国际人权法提供了正当性,而且法官在援引国际人权法时无须考虑人权条约是否已被批准,未批准的人权条约只要包含普遍性的人权价值,法官都可以基于普遍性原理加以援引。加拿大最高法院在 Suresh 案中阐释了普遍性原理与法治原理的区别,法院认为:"严格地说,除非国际公约的标准已经被合并进加拿大法律,否则它们对加拿大没有拘束力,但是在探寻加拿大宪法含义的过程中法院可以从国际法中获得信息。这时我们关注的不是加拿大根据国际公约负担的国际义务,而是基本公正的原则,我们参考国际法的目的是将国际法作为这些原则的证明而不是受国际法的控制。"①

将普遍性原理作为援引国际人权法的理由存在一个预设的前提,即国际人权法体现了普遍价值,法官在使用这一原理时通常会认为这是不证自明的,例如新西兰上诉法院为了说明不与父母分离是儿童享有的一项普遍人权直接援引了《儿童权利公约》的条款,但并没有解释为什么《儿童权利公约》体现了普遍的人权价值。当然法官如果认为必要也会为这一预设提供解释,最常被采用的解释是人权条约中体现的人权标准得到了国际社会成员的广泛认同,例如南非宪法法院在论证鞭打青少年人构成残酷和不人道待遇时,承认残酷和不人道待遇为国际人权文件和众多国家的立法所禁止,其中共同的原因在于对个人尊严的尊重,在此基础上法院认为禁止残酷和不人道待遇已经成为一种普遍价值。② 同样的方法也被美国、澳大利亚、加拿大等国法院采用。另一种解释的方式是承认人权条约中包含的人权标准是自然法的体现,它们界定了人性的本质,在任何情况下都不能克减,法院有适用这些标准的义务。

(三)自省原理

国内法院援引国际人权法还有另外一个理由,就是通过援引国际人权法促进自我反思和内省。根据自省原理,法官援引国际人权法的目的在于发现国内法律秩序中固有的价值,也就是说,援引国际人权法只是促进自

① Suresh v. Canada(Minister of Citizenship and Immigration),[2002]1 S. C. R. 3.

② See S. v. Williams,1995(7)BCLR 861(CC).

省和反思的一个过程，并没有将新的价值引入国内法。自省原理的这一立场决定了法院在利用该原理时的两个特点，首先，条约是否被批准或者是否有法律拘束力都不是需要重点考虑的问题，因为法官援引国际人权法是因为它们反映了国内标准以及它们对国内法的重要性，而不是因为它们为政府施加了义务，批准条约的行为固然可以说明条约中包含的人权标准反映了国内标准，并可以作为国际人权标准可以推动国内法律秩序的证据，未批准的条约中也一样可能体现国内法的固有价值。与法治原理和普遍性原理相比，自省原理为法官提供了更大的自由空间，法官可以自由选择接受或拒绝参考某一国际人权标准。

其次，由于自省原理认为参考国际人权法的目的在于发现和反思国内法，因此法官通常不会对国际人权规范的文本进行详细解读和分析，甚至有时都不会指向特定的公约条款或国际法规则，他们更多时候采用一种目的解释的方法，从中发现一般的国际法原则并在相互承认这些原则的基础上在国际法和国内法之间建立起一致性。例如在著名的 Baker 案①中，争议的问题涉及非法移民的子女具有本国国籍时政府能否驱逐这些非法移民，加拿大最高法院在援引《儿童权利公约》时没有具体分析该公约是否涵盖了该问题；相反，法院强调公约在一般意义上促进儿童最大利益，而加拿大政府接受这一原则的重要性，正是这种公约和国内法在价值上的一致性为法院援引公约提供了正当性。

南非宪法法院在一些案例的推理中也采用了同样的解释方法，在 Khalfan khamis Mohamed 案②中，两名美国大使馆轰炸案的犯罪嫌疑人被南非当局逮捕并被移送给美国接受审判，如果被判决有罪他们将面临死刑，而南非是没有死刑的。两人上诉至南非宪法法院，主张南非当局的驱逐行为构成了残忍和不人道待遇，但是南非当局认为他们是被“驱逐”到美国，因此不能主张享有适用于“引渡”的程序权利。宪法法院驳回了南非当局的主张，承认驱逐是一种残忍待遇，在推理过程中法院参考了《禁止

---

① See Baker v. Canada(Minister of Citizenship and Immigration),[1999] 2 SCR 817.

② See Khalfan khamis Mohamed v. President of the Republic of South Africa,2001(7)B. C. L. R. 685(CC).

酷刑公约》第 3 条的规定,即“如有充分理由相信任何人在另一国家将有遭受酷刑的危险时,任何缔约国不得将该人驱逐、推回或引渡至该国”。实际上在本案中参考这一条款有些牵强,因为公约第 3 条只是在涉及酷刑的情形下禁止区分驱逐和引渡,而没有明确提及残忍和不人道待遇,但是法院并没有囿于文本的细节,因为法院参考公约的目的仅仅是为了从公约中寻求一般原则性的指导,公约在本案中发挥作用的方式不是作为有拘束力的权威,而仅仅是作为一种有说服力的资源,在这种情况下公约文本的精确性不具有直接的相关性。

此外,因自省原理并不要求国内法必须与国际法保持一致,有时国际人权法与国内法之间的差异对于发现和界定国内法的价值也是有帮助的,只是在这种情况下法官通常会在比较之后得出国际标准所体现的价值无法在国内法中被发现的结论,并会以此为理由拒绝国际标准的适用。尼泊尔最高法院早期审理的一起案件比较有代表性,尼泊尔当时的法律规定女儿只有在年满 35 周岁且未婚的情况下才有权继承父亲的财产,法院观察到大量国际人权文件都规定法律面前男女平等并拥有同等的法律能力,但是法院认为这些国际人权文件体现的价值与尼泊尔的宗法社会不一致,因此拒绝适用这些国际人权文件。

小　结

在人权国际化和司法全球化的背景下,国内法院在司法实践中越来越多地考虑国际人权法。在具体的司法实践中,国内法院适用国际人权法的方式主要有直接适用和间接适用两种。在这两种适用方式中,直接适用在一元论国家和二元论国家都存在一定的困难和障碍,而解释性适用这种间接适用方法则受到各国法院的青睐。一方面,为了消解二元论对国际人权法国内适用的不利影响,二元论国家的法官们开始探索更加灵活的方法,为国际人权法在国内法院的适用开辟了一条新的道路,那就是即使它们不具有国内法律效力,但它们仍然可以被援引用来协助解释国内法。另一方面,在一元论国家国际人权规则获得法院直接适用的程度是非常有限的,这就为解释性适用提供了广阔的空间。

虽然解释性适用已经被许多国家的法院采用并得到了一定程度的认可,但还远远没有成为一种普遍性的司法实践。对于国内法院将大量国际人权规范引入国内司法裁判的做法存在以下两个方面的质疑:一是民主合法性的质疑,即担心援引国际人权法可能会引起司法权的膨胀或引起“反民主多数”;二是方法论的质疑,即国内法院援引国际法和外国法的时机、在众多的国际法和外国法中如何选择适用于当前特定案件的法律以及选择的标准等问题。为了回应上述质疑,采用解释性适用方法的国内法院法官提出了不同的原理作为正当性基础,其中最常被使用也最具有说服力的是法治原理、普遍性原理和内省原理。

第二章　作为解释资源的国际人权文件

第一节　国际人权文件的广泛性

因为在解释性适用中，国际人权法只是作为一种辅助性的解释工具，因此国内法院对于国际人权法在国内法律体系中的地位以及作为解释资源的国际人权法的类型通常没有严格的要求。加拿大最高法院的实践最能体现解释性适用的广泛适应性，虽然法院有时会区分对本国有法律约束力的条约和对本国没有法律约束力的条约、宣言、决议和判例，但是法院一般认为“所有不同类型的国际人权法资源——宣言、公约、条约、国际组织的司法和准司法决定、习惯标准——在解释宪章条款时都是相关的和有说服力的资源”。① 1999 年的 Baker 案是加拿大接受国际人权法的典型案例。在该案中，L'Heureux-Dubé 法官代表多数意见认为，虽然国际条约和公约在合并入国内法之前不是加拿大法律的一部分，但是国际人权法中体现的价值，可以为制定法的解释和司法审查提供语境上的帮助。在解释宪章时，法院援引了已被批准的《儿童权利公约》和没有约束力的《世界人权宣言》和《儿童权利宣言》，但没有作实质性的区分，而是一并指出：“公约和其他国际文件的原则强调了儿童保护的特殊重要性，并且特别考虑

① Reference Republic Service Employee Relations Act (Alta), [1987] 1 S. C. R. 313, 348 (Dickson, J., dissenting).

了他们的利益、需要和权利。”[①]南非宪法法院也持类似的立场，它在 S. v. Makwanyane and Anor 案中指出：“国际公法包括有约束力的法律和无约束力的法律，它们都可以被用来作为解释人权法案的工具，不仅国际公约和习惯国际法为理解人权法案提供了一个框架，一些国际机构——如联合国人权委员会、美洲人权委员会、美洲人权法院、欧洲人权委员会、欧洲人权法院以及国际劳工组织等——的决定也可以为人权法案特定条款的正确解释提供指导。”[②]

从各国的司法实践来看，可以作为解释资源的国际人权文件范围广泛，主要包括以下几类：一是国际人权条约；二是国际人权习惯法；三是各种国际人权法辅助资料。

一、国际人权条约

国际人权条约是国际人权法最主要的渊源，也是国内法院最常援引的对象。一方面，与其他形式的国际法相比，条约的实质规则更容易确定，条约代表了最可靠的国际法内容，对于国内法院而言，从人权条约中获得国际法规则是一种比较安全的方式；另一方面，相对于国际习惯和其他软法资源，国内法院的法官对条约更熟悉，也更容易接受体现在条约中的国际人权规则。国内法院在援引国际人权条约作为解释资源时通常会采用比较开放的态度。

首先，无论国际人权条约是否得到本国的批准，无论本国是否是人权条约的缔约国，国内法院都可以在审理案件时对人权条约加以引用，尤其是法院在基于普遍性原理和自省原理而引用国际人权条约时，因为在这两种情况下，“无论该国是否已经批准或签署某人权条约，条约都证明了被大多数国家所接受的具体的人权标准”，[③]当然，这并不妨碍法院赋予被批准的条约以更强的权威性和说服力。只是在将人权条约作为有说服力的权威或者仅仅作为获取信息的资源时，与本国是否批准和签署条约相比，法官更关心的可能是

---

① Baker v. Canada(Minister of Citizenship and Immigration)[1999] 2 SCR 817.

② S. v. Makwanyane and Anor, 1995(3) SA 391(CC), para. 35.

③ Tamela R. Hughlett, “International Law: The Use of International Law as a Guide to Interpretation of the United States Constitution”, *Oklahoma Law Review* 45, 1992, p. 183.

被援引的人权文件的合法性(legitimacy),而这种合法性通常可以从法典化程度、批准条约的国家数量和国家的一般实践中得到证明,正如美国哈南法官(John M. Harlan Ⅱ)在早期的一个案件中提到的,“某一特定国际法领域的法典化程度和合意程度越高,司法机关参考它做出决定的正当性就越高”。[①]

其次,无论国际人权条约是否已经被采纳、纳入或转化[②]为国内法,都可以作为法院解释本国法的资源。

最后,解释性适用对人权条约的可自动执行性质没有特别要求,无论是自动执行条约还是非自动执行条约,都可以作为国内法院解释国内法的工具,这点与直接适用不同。关于自动执行条约与非自动执行条约的区分,约翰·马歇尔大法官在 Foster 案[③]中的表述被广泛使用,他认为那些将自身条款的实施交给司法机关,能被法院直接适用的条约是自动执行条约,而那些将自身条款的实施交给政府的政治分支,并且必须通过立法才能为司法机关提供裁决规则的条约是非自动执行条约。可见,只有自动执行条约可以在法院得到直接适用,非自动执行条约则被排除在直接适用之外,但是这并不影响非自动执行条约在法院的间接适用,例如美国在对《公民权利和政治权利国际公约》做出非自动执行宣告时,曾向人权事务委员会做出特别说明,即这些非自动执行宣告并不排除公约的间接司法适用,也“不禁止美国法院在解释国内法时从公约中寻求指导”。[④]

---

① Banco Nacional de Cuba v. Sabbatino,376 U. S. 398,428(1964).

② 联合国有关在反恐行动中保护人权问题的特别报告员马丁·谢宁(Martin Scheinin)根据国际法的新发展,将国际条约和国内法的关系归纳为 5 种模式:(1)采纳(Adoption):国际条约在批准或通过其他方式在国际法上被接受后,直接成为国内法的一个部分,无须通过另外的立法程序;(2)纳入(Incorporation):在国内执行国际条约,需要通过国内的一项法律来实现,但该项法律一般并不重复条约规定的内容,而仅仅简单说某项条约已经成为该国的国内法;(3)转化(Transformation):条约中的具体条款本身并不在国内法上具有法律地位,而是要通过修改国内法来实现;(4)消极转化(Passive Transformation):消极转化的例子有《欧洲人权公约》,欧洲国家并不是通过修改某一法律在国内执行《欧洲人权公约》,而是通过消极转化的方式来执行;(5)提及(Reference):国内法中包括关于适用有关条约的条款。转引自北京大学法学院、人权与人道法研究中心编:《国际人权法概论》,网络教材 2017 年版,第 302 页,载北京大学人权与人道法研究中心:http://www.hrol.org/uploads/soft/humanrights.pdf,最后访问日期:2019 年 4 月 29 日。

③ Foster v. Neilson,27 U. S. (2 Pet.)253(1829).

④ HCR,“Concluding Observations of the Human Rights Committee:United States of America”, *U. N. Doc. CCPR/C/79/Add.* 50 ,1995,para. 276.

二、国际人权习惯法

一般认为，一个国家仅仅在两种情况下会接受国际法的约束：其一是该国通过批准国际公约的方式明确同意被公约中的规则所约束；其二是能够通过广泛的国家实践证明某种国际法上的习惯规则存在。与前者相比，后者因缺少明确界定权利和义务的规范性文件而具有更大的不确定性。很多法律体系都会区分国际条约法和国际习惯法在国内法中的不同地位和对国内法的不同影响，例如在普通法国家，除非具有自动执行性质或者已经被合并入国内法，否则条约是不具有国内法律效力的，但是至少在理论上国际习惯法可能会自动成为国内普通法的一部分。与此相反，在一些大陆法系国家正式批准的条约会被合并入国内法，但是国际习惯一般不会被援引来推翻国内宪法或制定法。关于人权领域存在哪些习惯法一直存在较大争议，其中《世界人权宣言》以及其中所包含的规则的国际人权习惯法地位获得了较多的认可。

三、国际人权法辅助资料

作为解释工具的国际人权法资源并不以国际人权公约和人权习惯法为限，大量的国际人权法辅助资料也是法院经常参考的对象，这些辅助资料既包括国际组织的宣言、决议，也包括国际人权司法和准司法机构的判决和意见。

1. 宣言和决议

联合国和区域人权机构的宣言和决议都可能成为法院援引的对象，前者如《世界人权宣言》《儿童权利宣言》《维也纳宣言和行动纲领》《残疾人权利宣言》《发展权利宣言》《联合国少年司法最低限度标准规则》等，后者如《美洲人的权利和义务宣言》，这些人权文件虽然“不具有法律约束力，但是具有强大的道义力量，而且这些文件所确立的原则、标准等有可能获得普遍接受而成为国际人权习惯法，并可能进一步被纳入国际人权法中”。①

---

① 北京大学法学院人权与人道法研究中心：《国际人权法概论》，载 http://www.hrol.org/uploads/soft/humanrights.pdf，最后访问日期：2019 年 4 月 28 日。

2. 联合国人权条约机构的一般性意见(general comments)

这些一般性意见是条约机构对条约条款所作出的解释,国内法院通常会将其作为解释相关人权条约的权威性解释加以引用。

3. 国际人权(准)司法机构的判决和意见(views)

联合国条约机构除了发布一般性意见外,还会有条件地接受来自成员国公民的个人来文并对来文提出意见,区域性人权司法机构也会对人权案件作出判决,这些判决和意见是确定国际法规则的辅助手段,它们对国际法规则的贡献有两种不同的形式:其一是它们能“形成一套使用多种语言表达方式构建的连贯完整的国际法规则文本”,其二是它们“有时派生出国际法规则,这种规则是在先前认可的法律渊源中被暗示、但未被声明过的”。[①] 在众多的司法裁决和意见中,人权事务委员会针对个人来文的意见和欧洲人权法院的判决经常被国内法院引用。

当然,这些具有不同法律属性的文件在协助解释国内法时的权威性可能会有所不同,由于篇幅所限,本节将选取几个有代表性的文件加以说明,即在国际人权发展史上具有重要地位的《世界人权宣言》、作为核心国际人权公约代表的《公民权利和政治权利国际公约》和《经济、社会和文化权利国际公约》、作为区域人权法代表的《欧洲人权公约》和欧洲人权法院判例法。

第二节　世界人权宣言

《联合国宪章》第 1 条将“增进并激励对于全体人类之人权及基本自由之尊重”作为联合国宗旨之一,但是实际上宪章本身“并没有考虑到人权的内容或者在发生侵权行为时联合国可能采取的步骤。相反,参与起草宪章的代表们认为经济及社会理事会应当担负起保护人权的责任”。[②]

---

① [美]卡尔·威尔曼:《人权的道德维度》,肖君拥译,商务印书馆 2018 年版,第 131 ~ 132 页。

② [美]查尔斯·贝兹:《人权的理念》,高景柱译,江苏人民出版社 2018 年版,第 19 页。

1946年经济及社会理事会以《联合国宪章》第13条第1款[①]和第68条[②]的规定为依据设立了人权委员会,作为处理一切有关人权事项的主要机构,并负责建议和起草与人权有关的国际文书。人权委员会成立后在人权法律体系建设中最重要的一项工作就是起草《世界人权宣言》,该宣言于1948年12月10日提交联合国大会表决并获通过。在出席的56个成员国(当时联合国共有58个成员国,2个国家未出席)中,48票赞成,8票弃权。

一、《世界人权宣言》的内容

《世界人权宣言》是第一个在国际领域内系统地提出保护和尊重各项人权的国际法律文件,是"所有人民和所有国家努力实现的共同标准"。[③]《世界人权宣言》共30个条文,涵盖了众多的公民、政治、经济、社会和文化权利。

表2.1 《世界人权宣言》主要条款

分类	条款	主要内容
人权的一般性原则	序言	发布宣言的目的
	第1条	人权的共同基础:生而自由、尊严平等
	第2条	一般性不歧视条款
公民权利和政治权利	第3条	生命、自由和人身安全
	第4条	免于被使为奴隶的自由
	第5条	禁止酷刑与虐待
	第6条	"被承认在法律前的人格"的权利
	第7条	"享受法律平等保护"的权利

---

① 《联合国宪章》第13条第1款规定:"大会应发动研究,并作成建议以促进经济、社会、文化、教育及卫生各部门之国际合作,且不分种族、性别、语言或宗教,助成全体人类之人权及基本自由之实现。"

② 《联合国宪章》第68条规定:"经济及社会理事会应设立经济与社会部门及以提倡人权为目的之各种委员会,并得设立于行使职务所必需之其他委员会。"

③ 《世界人权宣言》序言规定:"发布这一世界人权宣言,作为所有人民和所有国家努力实现的共同标准,以期每一个人和社会机构经常铭念本宣言,努力通过教诲和教育促进对权利和自由的尊重,并通过国家的和国际的渐进措施,使这些权利和自由在各会员国本身人民及在其管辖下领土的人民中得到普遍和有效的承认和遵行。"

续表

分类	条款	主要内容
公民权利和政治权利	第 8 条	“获得有效补救”的权利
	第 9 条	“免于任意逮捕、拘禁或放逐”的权利
	第 10 条	公正审判权
	第 11 条	无罪推定、辩护权、公开审判权、法不溯及既往
	第 12 条	“私生活、家庭、住宅和通信不受任意干涉”的权利
	第 13 条	迁徙自由、居住自由、迁出权、迁入权
	第 14 条	“寻求和享受庇护以避免迫害”的权利
	第 15 条	享有国籍和国籍不被任意剥夺的权利
	第 16 条	婚嫁权、成立家庭的权利、家庭受国家和社会保护的权利
	第 17 条	财产权
	第 18 条	思想、良心和宗教自由
	第 19 条	主张和发表意见的自由
	第 20 条	和平集会和结社的自由
	第 21 条	参加本国公务的权利、普遍平等的选举权
经济、社会和文化权利	第 22 条	经济、社会文化权利的总括条款;社会保障权
	第 23 条	工作权、同工同酬权、公正报酬权、组织和参加工会的权利
	第 24 条	休息和闲暇的权利
	第 25 条	生活水准权
	第 26 条	受教育的权利
	第 27 条	自由参加社会文化生活的权利
权利保障条款	第 28 条	有权要求一种社会的和国际的秩序
义务和限制条款	第 29 条	人人对社会负有义务;权利和自由只受法律限制
禁止权利滥用条款	第 30 条	权利不得被滥用

虽然后来在《世界人权宣言》的基础上制定了国际人权两公约[《经济、社会和文化权利国际公约》(A 公约)、《公民权利和政治权利国际公约》(B 公约)]以及其他的核心人权公约,许多国家也加入或批准了这些

公约，但是这并没有削弱《世界人权宣言》的重要性。因为一方面并不是所有国家都加入了上述主要人权公约，以国际人权两公约为例，一些国家只批准了 A 公约但没批准 B 公约，如中国、希腊、爱尔兰，一些国家只批准了 B 公约但没批准 A 公约，如美国、博茨瓦纳，也有一些国家两个公约都没批准，如新加坡、南苏丹、不丹、古巴、卢瓦图、马来西亚。[①] 相比之下，《世界人权宣言》作为全球性人权标准的主要资源获得了更广泛的承认和接受，几乎每一项与人权相关的国际人权文件都在序言中提到了《世界人权宣言》，《世界人权宣言》条款也被复制到众多的人权公约、国内宪法和人权立法之中，[②]而且国际法院和国内法院在证明人权的国际习惯法地位时，也更愿意援引《世界人权宣言》而不是公约条款。另一方面在人权领域，一个国家接受了国际条约义务并不必然意味着这些义务对这个国家有约束力，在某些法律体系中，一般法律原则或习惯国际法可能比非自动执行性条约具有更高的地位，也更容易被实施，例如在奥地利，公认的国际法准则是联邦法律的有效组成部分，[③]这其中并不包含条约法。

二、《世界人权宣言》的法律地位

由于《世界人权宣言》是联合国大会通过的，因此其法律地位一直备

① 截至 2015 年 3 月 30 日，联合国核心人权条约的批准和签署情况如下：(1)《公民权利和政治权利国际公约》：168 个国家批准，7 个国家签署，22 个国家未行动；(2)《经济、社会和文化权利国际公约》：164 个国家批准，5 个国家签署，28 个国家未行动；(3)《消除一切形式种族歧视国际公约》：179 个国家批准，4 个国家签署，14 个国家未行动；(4)《消除对妇女一切形式歧视公约》：188 个国家批准，2 个国家签署，7 个国家未行动；(5)《禁止酷刑和其他残忍、不人道或有辱人格的待遇或处罚公约》：157 个国家批准，9 个国家签署，31 个国家未行动；(6)《儿童权利公约》：194 个国家批准，2 个国家签署，1 个国家未行动；(7)《保护所有移徙工人及其家庭成员权利国际公约》：54 个国家批准，13 个国家签署，131 个国家未行动；(8)《残疾人权利公约》：153 个国家批准，30 个国家签署，15 个国家未行动；(9)《保护所有人免遭强迫失踪国际公约》：59 个国家批准，49 个国家签署，89 个国家未行动。数据来源于联合国人权高级专员办事处网：https://www.ohchr.org/CH/HRBodies/Pages/TreatyBodies.aspx，最后访问日期：2019 年 4 月 29 日。

② 如《禁止酷刑国际公约》《公民权利和政治权利国际公约》《经济、社会和文化权利国际公约》分别复制和扩充了《世界人权宣言》中的禁止酷刑条款、公民和政治权利条款、经济社会权利条款；《加拿大权利和自由宪章》《加拿大人权法》和加拿大一些省的人权立法都有许多条款直接来源于《世界人权宣言》。

③ 《奥地利宪法》第 9 条。

受质疑，许多学者和法官都认为《世界人权宣言》仅仅是“宣言”，不是法律文件，它只能为政府提供道德指引，却不具有任何法律上的拘束力。[①] 但是，随着《世界人权宣言》越来越多地被国际人权文书和决议、各国宪法和立法所引述，它在国际人权法体系中的地位已经远远超出了一般的联合国大会决议甚至其他宣言，[②]越来越多的西方学者认为《世界人权宣言》中的大部分权利（即使不是全部）已经取得了国际习惯法的地位，对一切国家都具有拘束力，某些违反《世界人权宣言》的行为是违反国际法的。[③] 我国学者在界定《世界人权宣言》法律地位时通常从三个方面展开：《世界人权宣言》是《联合国宪章》的权威性解释；《世界人权宣言》的多数条款构成国际习惯法；《世界人权宣言》的许多规定构成一般法律原则，其中前两个方面引起的争议最大。

（一）《世界人权宣言》作为《联合国宪章》的权威性解释

支持这一观点的学者主要从两个方面论述《世界人权宣言》的这一地位：其一，《世界人权宣言》制定的目的是阐述和解释《联合国宪章》中保护的基本权利和自由，主要的论据是《世界人权宣言》序言中的三段话，即联合国大会“鉴于各联合国国家的人民已在《联合国宪章》中重申对基本人权、人格尊严和价值以及男女平等权利的信念，并决心促成较大自由中的社会进步和生活水平的改善”“鉴于各会员国业已誓愿同联合国合作以促进对人权和基本自由的普遍尊重和遵行”“鉴于对这些权利和自由达成共识对于这个誓愿的充分实现至关重要”而发布这一《世界人权宣言》，而且其中最后一段话“从上下文看，尤其表明《世界人权宣言》旨在对《联合国宪章》的人权条款规定的‘这些权利和自由’加以解释”。[④] 其二是得到了

---

① See Jacob Dolinger, “The Failure of The Universal Declaration of Human Rights”, *University of Miami Inter-American Law Review* 47, 2016, pp. 183 – 184; Kathleen Renée Cronin-Furman, “60 Years of The Universal Declaration of Human Rights: Towards an Individual Responsibility to Protect”, *American University International Law Review* 25, 2010, pp. 178 – 179.

② 参见[瑞典]格德门德尔·阿尔弗雷德松、[挪]阿斯布佐恩·艾德编：《〈世界人权宣言〉：努力实现的共同标准》，中国人权研究会组织翻译，四川人民出版社1999年版，第7～8页。

③ 参见[美]路易斯·亨金：《权利的时代》，信春鹰等译，知识出版社1997年版，第25页。

④ 赵建文：《国际人权法的基石》，载《法学研究》1999年第2期。

中外许多学者的认可，如英国学者列文（Rehman）从《联合国宪章》作为《世界人权宣言》的起草依据和《世界人权宣言》起草过程中各国代表的观点得出结论，认为《世界人权宣言》是《联合国宪章》的权威性解释。我国学者孙平华教授也认为"《世界人权宣言》无论是从法律依据上来看，还是从其自身的诞生过程来看，还是从它的序言部分的文本来分析，还是从中外专家学者的论述中剖析，都可以得出这样一个结论：《世界人权宣言》为《联合国宪章》人权条款提供了权威性解释"。[①]

对于上述观点持反对意见的学者则提出了针锋相对的主张，首先从《世界人权宣言》本身所用的语言来看，虽然序言中提到"联合国人民已在宪章中重申对于基本人权、人格尊严与价值"之尊重，但却没有明确解释《联合国宪章》的意思。其次，虽然许多学者和一些国家认为《世界人权宣言》是对《联合国宪章》的解释，但也仅仅是"认为"而已，即使所有联合国会员国都认为《世界人权宣言》对他们有约束力并采取了"一致的实践"，如果认为这种实践构成对《联合国宪章》的解释，那么这种解释的基础也并不是《世界人权宣言》，而是当事国"一致的实践"本身。[②]

虽然存在上述争议，但是在联合国的人权实践中，尤其是在联合国大会决议和安理会决议中也确实曾经将《世界人权宣言》作为《联合国宪章》的权威性解释。一方面，《联合国宪章》只包含了两个关于基本人权和自由的条款，即第55条（"联合国应促进全体人类之人权及基本自由之普遍尊重与遵守，不分种族、性别、语言或宗教"）和第56条（"各会员国担允采取共同及个别行动与本组织合作，以达成第五十五条所载之宗旨"），这两个条款虽然为联合国和各会员国施加了尊重和保护人权的义务，但却没有详细的人权保护清单，其实施有赖于这两个条款的具体化。另一方面，"在《世界人权宣言》通过之后将近30年的时间内没有任何类似的有拘束力的国际人权文件出台，遇到要适用《联合国宪章》人权条款时，只能用《世界人权宣言》来解释"。[③]

---

① 孙平华：《〈世界人权宣言〉研究》，北京大学出版社2012年版，第193页。

② 参见白桂梅：《〈世界人权宣言〉在国际人权法上的地位和作用》，载《中外法学》1998年第6期。

③ 白桂梅：《〈世界人权宣言〉在国际人权法上的地位和作用》，载《中外法学》1998年第6期。

(二)《世界人权宣言》的国际习惯法地位

除了作为《联合国宪章》的解释文件,《世界人权宣言》本身也被承认构成国际习惯法,从而对所有国家具有普遍约束力。学者们在承认《世界人权宣言》具有国际习惯法地位时采用的主要依据是《世界人权宣言》被广泛援引和重申,如《世界人权宣言》被联合国大会反复确认、被国际组织或国际会议重申、被国际法院和国内法院援引、被作为国际人权公约的基础和被国内法采纳等,都可以作为《世界人权宣言》的规定获得习惯国际法效力的证据。①

《世界人权宣言》的国际习惯法地位也受到一些学者的质疑。反对者的主要依据是《国际法院规约》关于国际习惯法的界定。《国际法院规约》第 38 条规定国际习惯法是"作为通例之证明而经接受为法律者",其中包含了成为国际习惯法的两个必备要素:一是客观要素,即广泛、一致、反复的国家实践;二是主观要素,即这种国家实践被接受为法律,形成法律确念。反对者认为《世界人权宣言》并不满足这两个要件,首先,联合国会员国以投赞成票的方式通过《世界人权宣言》不能被视为共同法律确念的表达;其次,《世界人权宣言》被广泛援引或被国内立法重申并不能构成国家在遵守《世界人权宣言》方面的实践,因为只有实实在在地遵守宣言内容才是真正的国家实践。②

为了排除上述障碍,也为了解决国际习惯法所面临的认同危机,一种新的关于国际习惯法的观念被提出并被适用在国际人权领域。这种观念认为,在人权领域,不一致的国家实践并不会成为认定某一国际习惯法的障碍,习惯的认定可以建立在联合国大会决议和其他国际组织的声明之上,只要这种决议和声明能表明国际社会对某一价值的明确承认。例如,在普遍定期审查机制中,人权委员会在对某一国家进行审查时不仅会依据本国已经批准的国际人权文件,而且会参考《联合国宪章》和《世界人权宣

---

① 参见赵建文:《国际人权法的基石》,载《法学研究》1999 年第 2 期;孙平华:《〈世界人权宣言〉研究》,北京大学出版社 2012 年版,第 194 ~ 195 页。

② 参见白桂梅:《〈世界人权宣言〉在国际人权法上的地位和作用》,载《中外法学》1998 年第 6 期。

言》,这种做法至少暗示了国际社会的一种期待,即所有国家都应遵守体现在《世界人权宣言》中的一些基本权利标准,而不管它们批准了哪些人权公约。[①] 这一新观念的核心是在认定"国家实践"时,用政府或政府间的权威性声明取代了传统意义上的"行为",彻底颠覆了《国际法院规约》第38条关于国际习惯法的界定,但是在国际人权领域仍有众多学者支持这一新观念并以此证明《世界人权宣言》的国际习惯法地位,如在纪念联合国成立50周年之际,联合国前秘书长加利强调指出,"某些以建议的形式提出的联合国的人权标准已经获得了如此高的权威以至于被广泛地认为构成或加强了习惯国际法规则。特别是《世界人权宣言》中的某些标准,据说已经获得这样的权威"。[②]

这种新观念在司法实践中得到了一定程度的认可,一位学者在对国际法院(International Court of Justice,ICJ)与人权相关的意见进行分析后认为,近年来,国际法院在认定国家实践和法律确信时,采用了不同程度的证明要求,有时要求必须有明确证明,有时只要求有推论性证明即可,一个趋势是国家实践(尤其是不一致的或相反的国家实践)的重要性被削弱,相反,联合国大会和其他国际组织的决议则被赋予了规范性的重要地位,在人权领域证明国际习惯法的存在要比在其他国际法领域更容易。[③]

在国家层面最有代表性的是美国著名的费拉蒂加案(Filartiga)案,[④] 在该案的裁决中,美国第二巡回上诉法院在认定禁止酷刑构成国际习惯法时并没有基于国家实践,而是基于《联合国宪章》、联合国大会通过的《世界人权宣言》和《保护人人不受酷刑和其他残忍、不人道或有辱人格待遇或处罚宣言》以及相关人权条约和法学家的学说,"由于其在识别习惯国

---

① Olivier De Schutter, *International human rights law*, Cambridge, Cambridge University Press, 2010, pp. 50 – 51.

② See Boutros Boutros-Ghali, "The United Nations and Human Rights: 1945 – 1995", *United Nations Blue Book Series* 7, 1995, p. 7. 转引自白桂梅:《〈世界人权宣言〉在国际人权法上的地位和作用》,载《中外法学》1998年第6期。

③ See Theodor Meron, *Human Rights And Humanitarian Norms As Customary Law*, Oxford, Clarendon Press, 1989, p. 113.

④ Filartiga v. Pena-Irala, 630 F. 2d 876 (2d Cir. 1980).

际法时避开了对国家实践的紧密依赖并转而求诸非严格意义上的法律渊源(如未经批准的条约及联合国大会决议),‘费拉蒂加案’裁决被认为改变了传统的实践主义方法”。[①] 美国法学会组织编写的《对外关系法重述》(第三次)中也采纳了这种新的国际习惯法观念,主张构成人权习惯法的“实践”包括:实际上普遍遵守联合国宪章及其人权条款;实际上普遍和频繁地重申接受《世界人权宣言》,即使仅仅限于原则上;政府实际上普遍参加国际协定的准备和采纳,无论这些国际协定是承认普遍的人权原则还是特定的权利;欧洲、拉丁美洲和非洲等地域性组织的成员国接受人权原则;成员国对宣布、承认、援引和适用国际人权原则作为国际法的联合国决议的普遍支持;政府采取行动使国内法律和实践与国际主体宣布的标准和原则保持一致,并通过直接或援引的方式将人权条款合并入国内宪法和法律;在国内政策、外交实践、国际组织活动和行动中引用人权原则;针对侵犯国际人权法的某些实践采取外交沟通或采取行动。《对外关系法重述》(第三次)中列举的上述“实践”极大地扩充了“国家实践”的范围,降低了“国家实践”的认定难度,也为证明《世界人权宣言》的国际习惯法地位提供了便利。

除了被视为国际习惯法,《世界人权宣言》有时也被看作一般法律原则,例如国际法院在提到《世界人权宣言》第 9 条规定的禁止任意逮捕、拘禁和放逐的权利时宣称:“错误地剥夺人们的自由并使他们受到身体限制,本身就与《联合国宪章》和《世界人权宣言》中的基本原则存在明显的不相容性。”[②]其中提到的《世界人权宣言》中的基本原则应当包括一般法律原则,除了禁止任意逮捕、拘禁和放逐外,还应包括第 1 条、第 2 条和第 7 条中包含的平等与非歧视原则、第 29 条包含的人人对社会负有义务、权利和自由只受法律限制等原则。支持者认为《世界人权宣言》作为一般法律原则的地位可以从两个方面得到印证:其一,宣言条款是各国宪法和法律所共同包含的一般法律原则在国际法中的体现;其二,宣言已经获得实施,甚

---

① [美]杰克·戈德史密斯、埃里克·波斯纳:《国际法的局限性》,龚宇译,法律出版社 2010 年版,第 127 页。

② United States v. Iran, *I. C. J. Reports*, 1980, p. 42.

至许多国家的宪法和人权立法中都明确规定宣言的地位或者对宣言条款直接进行文字复制。[①] 当然，宣言作为国际习惯法和作为一般法律原则的地位并不是相互冲突的，实际上，法官和律师们在援引宣言时并不明确区分习惯和一般原则，为国内法和国家实践所承认的一般法律原则也常被作为宣言条款具有习惯法地位的证明。

虽然我们前面一直是将《世界人权宣言》作为一个整体来讨论的，但是在实践中《世界人权宣言》的法律地位不能一概而论，国际法院和各国法院均倾向于对《世界人权宣言》的不同条款进行具体分析。按照被接受为习惯法的程度，大体可以分为以下四类：[②]

第一类是被广泛接受为国际习惯法的条款，主要包括第 3 条生命权、第 4 条免于被使为奴隶的自由、第 5 条禁止酷刑、不人道或有辱人格的待遇或处罚、第 9 条免于任意逮捕、拘禁或放逐的权利等，[③]其中第 5 条禁止酷刑的条款获得了最高程度和最广泛的认可。美国法院援引《世界人权宣言》正是从第 5 条开始并逐渐拓展到其他条款的，在上述费拉蒂加案中，第二巡回上诉法院援引了《世界人权宣言》和其他人权文件，并指出："条约和上述人权文件，以及政府的对外政策都明确显示国际法将基本权利赋予所有人，尽管这些权利的范围仍需要进一步锤炼，但我们坚持认为免于酷

① 宪法中直接规定宣言地位的，如《葡萄牙宪法》第 16 条第 2 款规定："关于基本权利的法律规定和宪法规定，应以符合《世界人权宣言》的方式解释并与之保持一致。"《西班牙宪法》第 10 条第 2 款规定："宪法所承认之与基本权利和自由相关的准则应根据《世界人权宣言》和西班牙批准的国际公约和协定进行解释。"对宣言条款直接进行文字复制的，如《德国基本法》第 15 条"任何人的国籍不得被任意剥夺"使用了《世界人权宣言》第 15 条的表述；法国宪法第 66 条"任何人不得无故遭受拘禁"复制了《世界人权宣言》第 9 条的表述，此外宪法文本受宣言直接影响的典型代表还有《加拿大权利与自由宪章》。

② See Hurst Hannum, "The Status of The Universal Declaration of Human Rights in National and International Law", *Georgia Journal of International and Comparative Law* 25, 1996, pp. 340 – 349.

③ 根据《美国对外关系法重述》（第三次）中确定的国际习惯法认定标准，政府的下列行为构成对习惯人权法的侵犯：（a）种族灭绝；（b）奴隶制或贩卖奴隶；（c）谋杀或造成个人失踪；（d）酷刑或其他残忍、不人道或有辱人格的待遇或处罚；（e）长期的任意拘留；（f）系统的种族歧视或（g）国际公认的持续、大规模侵犯人权的行为，其中就涉及《世界人权宣言》第 3 条、第 4 条、第 5 条和第 9 条保护的权利。我国学者也认为《世界人权宣言》第 2 条、第 4 条、第 5 条的规定都有充分的证据证明其国际习惯法的性质，参见赵建文：《国际人权法的基石》，载《法学研究》1999 年第 2 期。

刑是这些权利之一。"①

第二类是被有限地接受为国际习惯法的条款,如第 1 条、第 2 条、第 6 条和第 7 条所规定的平等保护与非歧视的权利,由于一些国家立法中存在的性别和宗教等歧视而未获得广泛认可,但是其中包含的禁止种族歧视的规定却被广泛地接受为国际习惯法。第 14 条的难民寻求庇护权和第 18 条的财产权中也存在类似情况,寻求庇护的权利虽然不构成习惯法,但是将一个人遣送到一个可能会对他施以酷刑或迫害的国家则会构成对国际习惯法的违反。同样地,财产权虽然未得到普遍承认,但是国家征收个人财产应受到一定限制的规则却获得了更大程度的接受。

第三类是存在较大争议的条款,这类条款在一些案例中被作为国际习惯法引用,但是并未达成更广泛的共识,如第 12 条隐私权、第 13 条迁徙自由、第 15 条国籍权、第 16 条婚姻自由权、第 18 条思想、良心和宗教自由、第 19 条表达意见的自由、第 20 条和平集会的自由和第 21 条民主权。以国籍权为例,虽然德国法院曾经在案例中承认《世界人权宣言》第 15 条规定的国籍权是习惯国际法的表达,但是没有更多的资源证明国籍权已经被包含在国际习惯法中。

第四类是不被接受为国际习惯法的条款,这类条款主要是第 22 条到第 27 条规定的经济、社会和文化权利,虽然这些权利在国际上获得了广泛的支持,但是它们很少在国际人权习惯法的相关讨论中被提及,只是其中有部分内容被认为具有发展成为习惯法的潜力,如选择职业的自由、享有免费初等教育的权利、组织和加入工会的权利、平等报酬权等。

三、《世界人权宣言》在国内宪法上的地位

虽然在理论上关于《世界人权宣言》的法律地位仍有争议,但是《世界人权宣言》在实践中的作用是不容置疑的,它不仅对战后国际人权法体系的形成起到了基础性和示范性作用,而且对国内宪法和人权立法也有重要影响,一些国家在宪法中明示或暗示地提及《世界人权宣言》,使《世界人

① Filartiga v. Pena-Irala, 630 F. 2d 876(2d Cir. 1980), para. 885.

权宣言》具有了不同于其他国际人权文件的特殊地位。①

1. 在宪法(主要是序言)中表明遵守、重申或尊重《世界人权宣言》或《世界人权宣言》中的人权。在《世界各国宪法》收录的193个国家宪法中,采用这种模式的有26个国家,其中亚洲国家3个,分别是阿富汗、黎巴嫩和柬埔寨;欧洲国家1个,是波黑共和国;美洲国家1个,是海地共和国;非洲国家21个,分别是贝宁、布基纳法索、布隆迪、赤道几内亚、多哥、刚果(布)、刚果(金)、吉布提、几内亚、加篷、喀麦隆、科摩罗、科特迪瓦、马达加斯加、马里、毛里塔尼亚、尼日尔、塞内加尔、索马里、乍得、中非。在这种模式中,非洲国家数量最多。在这些非洲国家发展的不同阶段,《世界人权宣言》发挥的作用是不同的,在殖民时期,人权问题是非洲全球政策的经常性主题,非洲民族主义者依据以《世界人权宣言》为代表的国际人权上的高标准来证明他们独立斗争的正当性。在独立以后,《世界人权宣言》被写入成文宪法,并被视为一切人和一切国家的共同标准。这种做法表明这些国家承认人权概念的国际化,而国际化需要国内的支持以便能够有效地予以实施。②

这种模式典型的表述方式如《柬埔寨宪法》第31条规定:"柬埔寨王国应当承认和尊重《联合国宪章》《世界人权宣言》以及有关人权、妇女权利和儿童权利的条约和公约中所规定的人权。"波黑宪法序言规定:"确保充分尊重国际人道主义法,遵守《世界人权宣言》、《公民权利和政治权利国际公约》和《经济、社会和文化权利国际公约》、《在民族或族裔,宗教和语言上属于少数群体的人的权利宣言》以及其他人权文书。"喀麦隆宪法序言规定:"保证忠诚于《世界人权宣言》、《联合国宪章》、《非洲人权和民族权宪章》以及所有相关的并经正式批准的国际公约中所记载的基本自由。"

2. 在宪法中明确规定《世界人权宣言》作为宪法权利的解释资源。采用这种模式的国家有7个,分别是欧洲的罗马尼亚、摩尔多瓦、葡萄牙、西

---

① 本部分的分析以《世界各国宪法》中收录的193个国家宪法为基础。参见《世界各国宪法》编辑委员会编译:《世界各国宪法》(非洲卷、欧洲卷、亚洲卷、美洲大洋洲卷),中国检察出版社2012年版。

② 参见[坦桑尼亚]科斯特·R.马海路:《人权和发展:一种非洲观点》,黄列译,载《环球法律评论》1992年第3期。

班牙,亚洲的东帝汶,非洲的埃塞俄比亚和佛得角,典型的表述方式如《罗马尼亚宪法》第 20 条第 1 款规定:“宪法中关于公民权利和自由的规定应按照《世界人权宣言》,以及罗马尼亚参加的公约和其他条约进行解释和实施。”《葡萄牙宪法》第 16 条第 2 款规定:“宪法和法律中有关基本权利的规定,应依照《世界人权宣言》进行解释。”

3. 在宪法中明确规定《世界人权宣言》在国内法律体系中的地位,采用这种模式的国家有 3 个,分别是安道尔、布隆迪和吉布提,《安道尔宪法》第 5 条规定:“《世界人权宣言》在安道尔法律体系内有效。”《布隆迪宪法》第 19 条第 1 款规定:“《世界人权宣言》、《公民权利和政治权利国际公约》、《经济、社会和文化权利国际公约》、《非洲人权和民族权宪章》、《消除对妇女一切形式歧视公约》和《儿童权利公约》所宣布和保障的权利和义务是布隆迪共和国宪法不可缺少的组成部分。”吉布提宪法序言规定:“吉布提人民庄严宣布尊重《世界人权宣言》和《非洲人权和民族权宪章》中规定的民主和人权的原则,这些内容也是本宪法的有机组成部分。”

4. 宪法中规定国际习惯法或一般法律原则的法律地位,此时《世界人权宣言》的地位取决于该国对《世界人权宣言》性质的界定,如果承认《世界人权宣言》具有国际习惯法或一般法律原则的性质,则其在宪法上的地位可以得到间接认定。采用这种模式的国家有 25 个,其中欧洲国家有德国、奥地利、意大利、俄罗斯、白俄罗斯、黑山、马其顿、葡萄牙、塞尔维亚、圣马力诺、斯洛伐克、匈牙利;亚洲国家有阿塞拜疆、东帝汶、格鲁吉亚、韩国、吉尔吉斯斯坦、土库曼斯坦、亚美尼亚、也门;非洲国家有肯尼亚、南非、圣多美和普林西比;美洲国家有多米尼加。典型的表述如《德国基本法》第 25 条规定:“国际法之一般规则构成联邦法律之一部分。此等规定之效力在法律上,并对联邦领土内居民直接发生权利义务。”《南非宪法》第 232 条规定:“国际习惯法是共和国的法律,除非其与宪法或议会法律不符。”《白俄罗斯宪法》第 8 条第 1 款规定:“白俄罗斯共和国承认公认的国际法原则的优先地位,并保证白俄罗斯共和国国内的法律与其相适应。”《俄罗斯宪法》第 15 条第 4 款规定:“公认的国际法原则和准则以及俄罗斯签署的国际条约,是俄罗斯联邦法律体系的组成部分。”

四、《世界人权宣言》在国内法院的适用

(一)解释性适用是主要适用方式

《世界人权宣言》在宪法上的特殊地位对各国司法机关援引《世界人权宣言》具有积极影响,一方面,当《世界人权宣言》的宪法地位得到认可时,法院更愿意在判决和司法推理中援引《世界人权宣言》,如《意大利宪法》第10条规定:“意大利的法律制度应当符合公认的国际法原则”,意大利法院在解释这一条款时就倾向于采取更宽的视角,认为《世界人权宣言》不仅仅只是一项单纯的宣言,相反它作为一般法律原则,必须被承认构成本国法律体系的一部分。另一方面,《世界人权宣言》在宪法上的不同地位也会对法院援引《世界人权宣言》的方式产生影响,在上述第三种和第四种模式下,法院具有了将《世界人权宣言》作为裁判依据的宪法基础,而在第一种和第二种模式下或者在《世界人权宣言》不具有任何宪法地位时,法院更倾向于将《世界人权宣言》作为解释国内宪法和法律的工具。

1.《世界人权宣言》提供法院裁判的规则

《世界人权宣言》作为对国内法院有约束力的裁判规则,通常需要满足以下两个条件:一是《世界人权宣言》具有明确的宪法地位或者被承认构成或反映了国际习惯法;二是在该国的法律体系中国际法具有直接适用性,这类国家包括奥地利、意大利、坦桑尼亚、智利、立陶宛等。

即便是具备这两个条件的国家,也很少有法院愿意基于《世界人权宣言》中的权利推翻与之不一致的国内法,更容易被接受的做法是法院援引宣言以支持受国内宪法或法律保障的特定权利。因此,即使一些国家承认国际习惯法优于国内法,但是明确援引国际习惯法推翻国内法的案例仍然是非常稀少的,在一些满足上述条件的欧洲国家如奥地利,虽然宪法承认公认的国际法准则是国内法的一部分,但是宪法法院或者并不认可《世界人权宣言》的国际习惯法地位,或者在判决中倾向于援引欧洲人权公约而不是《世界人权宣言》来解决国内法与国际人权标准之间的一致性问题。例外的情况可能发生在非洲国家,如在坦桑尼亚,高等法院曾明确表示《世界人权宣言》第7条构成本国宪法的一部分,并用以推翻歧视妇女的国内

习惯法标准。①

2.《世界人权宣言》作为法院解释国内法的工具

除了极少数国家将《世界人权宣言》作为直接的裁判依据，大部分国家的法院并没有十分清晰地在判决书中阐明《世界人权宣言》对判决的影响。但是，即便在明确拒绝《世界人权宣言》具有法律约束力的国家，《世界人权宣言》中的人权标准也可能会影响法院对国内法的解释。在印度，《世界人权宣言》被认为是宪法中人权保障条款的模板，虽然印度最高法院宣称《世界人权宣言》不可能创设有约束力的规则，但是在司法实践中宪法解释会受到《世界人权宣言》的强烈影响，当然，当《世界人权宣言》条款与宪法的明确规定存在冲突时法院将不会考虑《世界人权宣言》的内容。其他国家如斯里兰卡、加拿大、澳大利亚、新西兰、爱尔兰等采行二元论的国家的法院也持与印度相似的立场，如斯里兰卡法院表示尊重《世界人权宣言》并将它的法律相关性局限在解释领域；新西兰既不承认条约也不承认习惯是国内法的一部分，但是新西兰法院清晰地表明包括《世界人权宣言》在内的国际标准可以对国内法的解释产生影响。②

在诸如比利时、荷兰、法国这样的大陆法系国家，一般情况下被正式批准的公约在国内法上具有低于宪法但高于一般制定法的法律地位，对本国法院和公民具有法律上的约束力（当然这种约束力还要视公约条款的内容性质而定），而《世界人权宣言》则不具有这种地位和效力。根据法国宪法，被批准的公约可以在国内法院适用，包括《世界人权宣言》在内的国际习惯法则不具有优于与之不一致的国内法的地位，这一立场可以追溯到1951 年的 Elections de Nolay 案，③但是这并不妨碍这些国家的法院援引《世界人权宣言》支持既有的宪法原则或为解释一般制定法提供指导。

3.《世界人权宣言》作为国际习惯法的证明

除了上述两种情形外，《世界人权宣言》有时也被援引作为国际习惯

---

① Ephrahim v. Pastory and Kaizilege, 87 I. L. R. 106, 110 (High Ct. 1990).

② Hurst Hannum, "The Status of The Universal Declaration of Human Rights in National and International Law", *Georgia Journal of International and Comparative Law* 25, 1996, pp. 299 – 301.

③ Elections de Nolay, Conseil d'Etat (Highest Admin. Ct.), 1951.

人权法的证明,这种情形在美国的案例法中最为常见。《世界人权宣言》在美国各级法院被援引的频率总体上要高于其他国家的法院,原因主要有两个方面:其一,美国批准和加入的国际人权公约较少,[①]因此《世界人权宣言》就成为当事人在寻求救济时除了本国宪法之外的重要的权利资源;其二,美国法院虽然不承认《世界人权宣言》是可实施的公约,但许多法院都认可《世界人权宣言》的国际习惯法地位,承认《世界人权宣言》代表或提供了国际习惯法的证据,如在费拉蒂加案[②]中,第二巡回上诉法院认为被《世界人权宣言》第5条所证明和界定的"禁止酷刑"已经构成了国际习惯法的一部分,并承认《世界人权宣言》在界定国内法的范围方面发挥着重要作用。在Blake案[③]中,第九巡回上诉法院认为虽然《世界人权宣言》是联合国大会的决议,但是它是国际习惯人权法的有力的和权威的证明。在In re Agent Orange Litig案[④]中,法院认为一项联合国决议即使没有法律拘束力,也可能在与国家实践相一致或反映国家实践的情况下提供国际习惯法存在的证明。

(二)法院援引《世界人权宣言》的方式

无论是作为人权习惯法的证明还是作为解释国内法的工具,《世界人权宣言》都很少被法院单独作为唯一的资源,最常见的情形是法院将《世界人权宣言》和《联合国宪章》或《公民权利和政治权利国际公约》和《经济、社会和文化权利国际公约》等人权公约一同援引。一方面,《世界人权宣言》中的大部分权利都被后来的人权公约所重申并发展,在涉及同一项权利时法院更愿意列举多项人权文件以增强说明和解释的效果;另一方面,《世界人权宣言》内容的模糊性和地位的不确定性也使它很难成为法院依靠的唯一的国际法资源。

除了直接援引,法院有时还会采用一种间接援引的方式,即法院并不

---

① 联合国9项核心人权条约加任择议定书共18项,美国批准5项;国际劳工组织8项核心条约,美国批准2项;1949年日内瓦4项公约及3项附加议定书,美国批准5项。参见龚刃韧:《比较视野下的中国与人权条约》,载中国国际法学会主办:《中国国际法年刊》(2014),法律出版社2015年版。

② Filartiga v. Pena-Irala, 630 F. 2d 876 (2d Cir. 1980).

③ Siderman de Blake v. Republic of Argentina, 965 F. 2d 699 (9th Cir. 1992).

④ In re Agent Orange Product Liability Litigation, 373 F. Supp. 2d 7 (E. D. N. Y. 2005).

直接援引《世界人权宣言》,但《世界人权宣言》对法院的解释仍有间接性影响,这时《世界人权宣言》的解释作用通常是透过其他国际人权文件,其中主要是《欧洲人权公约》发挥出来的。间接援引在具体适用中又可以分为两种情况:一种是在援引其他人权文件时没有明确提及《世界人权宣言》,但《世界人权宣言》是被引条款的原型,如斯里兰卡法院在解释禁止酷刑和不人道待遇中的政府责任时不会直接援引《世界人权宣言》,而是会讨论欧洲委员会和欧洲人权法院的法理,但是法院所援引的欧洲人权公约条款和斯里兰卡国内法,实质上都是《世界人权宣言》第5条的复制。又如瑞士政府虽然认为《世界人权宣言》无论是在政治层面还是在司法层面都有重要影响,但本国法院很少会直接援引《世界人权宣言》,而是会援引与《世界人权宣言》条款高度类似的欧洲人权公约相关条款。另一种情况是在援引其他人权文件的同时说明《世界人权宣言》对该文件的影响,如英国上议院在1980年审理的一起关于百慕大宪法的案件中注意到,对百慕大宪法有重大影响的《欧洲人权公约》"也受到1948年《世界人权宣言》的影响,这种渊源要求对公约采用一种宽泛的解释方法,对当前案件中的个人权利和自由进行充分权衡,以避免拘泥于法律文字表面的含义"。[①]虽然这样的表述没有认可《世界人权宣言》中的实质标准,但至少肯定了《世界人权宣言》在国内法中的解释价值,该案的这一观点被许多国家接受,并作为本国法院援引《世界人权宣言》解释国内法的重要的比较法依据。

(三)法院适用《世界人权宣言》的不一致性

由于受到《世界人权宣言》内容的模糊性和地位的不确定性的影响,一些国家的法院对待《世界人权宣言》的态度呈现出很强的不一致性。有学者在对美国法院援引《世界人权宣言》的案例进行分析的基础上,把法院对待《世界人权宣言》的态度分为四类:第一类是将《世界人权宣言》作为国际习惯法的证明,如前文所述费拉蒂加案和Blake案中法院所持的观点;第二类是援引《世界人权宣言》帮助解释本国法;第三类是援引《世界人权宣言》为法院的推理提供支持;第四类也是案件数量最多的,是法院根本不考虑《世

① Minister of Home Affairs v. Fisher,[1980] App. Cas. 319,328 -29(P. C. 1979).

界人权宣言》,理由有两个,一是接受联邦最高法院在 2004 年的 *Sosa v. Alvarez-Machain* 案[①]中的观点,认为《世界人权宣言》没有权威性价值而拒绝援引;二是基于美国法的最高性,认为控制案件争议的是国内法,考察包括《世界人权宣言》在内的国际法是不必要的。其中第一类和第四类在对待《世界人权宣言》的态度上是完全相反的,但是这两种态度在美国的不同法院甚至同一法院审理的不同案件中都会出现,例如在 2002 年的 Nicholson 案[②]中,纽约东区地方法院认为《世界人权宣言》是国际社会的权威声明,并援引《世界人权宣言》第 12 条"禁止任意干涉私生活"的条款来支持原告基于宪法第十四修正案的主张,但是在 2004 年的 Fernandez 案[③]中,同样的法院却持完全相反的观点并拒绝了《世界人权宣言》第 12 条的适用。

这种态度上的不一致性不仅在美国,在其他国家也同样存在,如在澳大利亚,《世界人权宣言》有时被承认构成基本原则的权威证明或者所有社会共同的普遍价值,有时则仅仅被看作期待性的文件。在后者的情况下法院对待《世界人权宣言》的态度又可以分为两种:一种认为根本不需要考虑宣言,另一种认为虽然《世界人权宣言》在澳大利亚法律体系中不具有权威性,但是法院能利用它来解释含义模糊的本国法。[④]《世界人权宣言》适用中这种不一致性,在一定程度上会影响判决结果的公正性甚至破坏法律的稳定性和可预测性。

第三节 国际人权两公约

在《世界人权宣言》尚未完成前,联合国人权委员会就开始着手起草

---

① See Sosa v. Alvarez-Machain,542 U. S. 692,734(SA. 2004). 在该案中,联邦最高法院指出《世界人权宣言》本身不是国际法的渊源,作为一项联合国决议,《世界人权宣言》是期待性的,而不是规范性的。

② See Nicholson v. Williams,203 F. Supp. 2d 153(E. D. N. Y. 2002).

③ See Fernandez v. Immigration and Naturalization Services,2004 WL 951491(E. D. N. Y. 2004).

④ See Tai-Heng Cheng,"The Universal Declaration of Human Rights at Sixty:Is It Still Right for the United States?",*Cornell International Law Journal* 41,2008,pp. 289 – 291.

对缔约国有法律拘束力的国际公约，经过近二十年的努力，联合国大会于1966年12月通过了《经济、社会和文化权利国际公约》（也称为A公约）和《公民权利和政治权利国际公约》（也称为B公约），两公约与《世界人权宣言》一起被称为“国际人权宪章”。截至2018年，A公约共有164个缔约国，B公约共有169个缔约国。

一、两公约的主要内容

为了突出目的的一致性，两公约有类似的结构并且一些条款采用了同样或非常类似的措辞，如两公约序言部分、关于自决权的规定（两公约第一部分）、关于男女平等的规定（两公约第3条）、关于权利限制的规定（两公约第5条）、关于公约解释的规定（A公约第24条、第25条，B公约第46条、第47条）以及最后规定（A公约第五部分，B公约第六部分）除了条款序号略有差异，其内容表述完全相同。此外，两公约都在第二部分规定了缔约国义务，在第三部分规定了实体权利，在第四部分规定了实施措施。当然这些规定的类似之处更多的是在结构上，具体内容方面还是存在较大差异的。

第三部分是两公约的主体部分，分别规定了各自承认和保护的实体权利。A公约在第6条到第15条规定了七项权利，分别是：劳动权，包括工作权、公正和良好的工作条件权和工会权；社会保障权；对家庭之保障，包括对家庭的保护与协助、对母亲的特别保护、对儿童和少年的特殊保护；相当生活水准权，即“人人有权为他自己和家庭获得相当的生活水准，包括足够的食物、衣着和住房，并能不断改进生活条件”；健康权，即“人人有权享有能达到的最高的体质和心理健康的标准”；受教育权，包括初等教育免费，中等教育应以一切适当方法普遍设立并对一切人开放，特别要逐渐做到免费，高等教育应根据成绩对一切人平等开放，特别要逐渐做到免费，父母和法定监护人有权为孩子选择私立但符合最低教育标准的学校；文化生活权，即人人有权参加文化生活，人人有权享受科学进步及其应用所产生的利益，每个人的科学、文学或艺术作品所产生的精神上和物质上的利益应受保护。

B公约关于实体权利的规定集中在第6条到第27条，具体包括：生命权；禁止酷刑和残忍的、不人道的或侮辱性的待遇或刑罚；禁止奴隶制度；

人身自由与安全；被拘禁者受到人道与尊严待遇的权利；禁止因债务原因而被监禁；迁徙自由；外国人免受任意驱逐的权利；获得公正审判的权利；禁止溯及既往；承认法律人格；隐私权；思想、良心、宗教和信仰自由；意见、表达和信息自由；禁止战争宣传和鼓吹仇恨；集会自由；结社和工会自由；婚姻和家庭受保护；儿童权利；政治权利；平等权和对少数人的保护。

除了没有明确规定私有财产权，两公约无论在权利的范围还是保护的水平上都较《世界人权宣言》有更大发展。例如《世界人权宣言》强调“技术和职业教育应普遍设立”，而《经济、社会和文化权利国际公约》则要求“各种形式的中等教育，包括中等技术和职业教育，应以一切适当方法普遍设立，并对一切人开放，特别要逐渐做到免费”。又如在家庭的保护方面，《世界人权宣言》仅规定“家庭是天然的和基本的社会单元，并应受社会和国家的保护”，而《公民权利和政治权利国际公约》则进一步规定“在解除婚约的情况下，应为儿童规定必要的保护办法”。

二、两公约项下缔约国的义务

为了实施上述权利，两公约都设置了缔约国的义务和国际监督措施，考虑到本书的主题，本节只介绍两公约项下缔约国的义务。从总体上看，B 公约项下缔约国的义务主要是“立即实施”性质的，而 A 公约项下缔约国的义务则主要是“逐步实施”性质的，但这一区分并不是绝对的，就本质而言，缔约国义务的性质并不取决于该权利规定在哪个公约中，而是取决于相关权利的特性，因此对缔约国义务的分析还应结合公约权利的特性加以分析。

（一）B 公约项下缔约国的义务

B 公约规定的大部分权利均为要求国家消极不干涉的公民权利和自由权利，因此公约特别强调缔约国对公约权利的立即实施和立法措施在缔约国采取的“必要步骤”中的优先性。根据 B 公约第 2 条第 1 款，缔约国一旦批准了 B 公约就要承担立即实施的义务，尊重公约规定的各项权利并保证在其领土内并受其管辖的一切个人享有这些权利。也就是说，缔约国必须在批准公约之前就使其法律制度和法律实践符合公约规定的义务，否则即构成对公约的违反，当然这并不排除缔约国在批准公约之后在国内实施方面取得进展。[①] 这一义务唯一的例外是公约第 23 条第 4 款,该条款规定"本公约缔约各国应采取适当步骤以保证缔婚双方在缔婚、结婚期间和解除婚约时的权利和责任平等"。由于缔婚双方平等权与许多国家的古代传统和宗教信仰相冲突,因此各缔约国对这一权利"仅承担采取适当步骤以确保逐渐废除存在于配偶间的不平等的义务"。如果缔约国在配偶双方的权利平等方面不采取任何措施或采取措施不充分或造成了新的不平等,那么他们只是违反了公约规定给它们的"作为的义务"。

(二)A 公约项下缔约国的义务

与 B 公约规定的权利相比,A 公约规定的权利对国家资源具有更强的依赖性,除了立法措施外也更依赖经济、社会和财政措施,甚至国际援助与合作,全面实现公约权利一般说来不可能在短时间内达到,因此 A 公约第 2 条第 1 款向缔约国施加了逐渐实现的义务,即缔约国应尽最大能力,采取步骤,以便用一切适当方法逐渐达到公约中所承认的权利的充分实现。[②]

虽然逐步实施是"一种有必要的灵活性安排,反映了当今现实和任何国家争取充分实现经济、社会和文化权利面临的困难",[③]但是这一义务对于公约权利的实现也有负面影响,它不仅常被用来和 B 公约规定的立即实施的义务做对比,也常被缔约国作为拖延履行甚至不履行公约义务的借口。为了改变这种状况,经济、社会和文化权利委员会于 1990 年通过了公约的第 3 号一般性意见,对缔约国义务的性质作出了权威解释。该意见认为,A 公约与 B 公约关于缔约国义务的规定存在重大相同之处,A 公约不仅规定了逐渐实施的义务,也规定了立即实施的义务,其中最重要的有两项:其一是保障公约权利在无歧视的条件下普遍行使的义务;其二是"采取步骤"的义务,虽然公约权利的完全实现需要逐渐达到,但是在公约对有关

---

① [奥]曼弗雷德·诺瓦克:《民权公约评注——联合国〈公民权利和政治权利国际公约〉》(上册),毕小青、孙世彦主译,生活·读书·新知三联书店 2003 年版,第 58 页。

② 《经济、社会和文化权利国际公约》第 2 条第 1 款规定:"每一缔约国家承担尽最大能力个别采取步骤或经由国际援助和合作,特别是经济和技术方面的援助和合作,采取步骤,以便用一切适当方法,尤其包括用立法方法,逐渐达到本公约中所承认的权利的充分实现。"

③ 经济、社会和文化权利委员会:《第 3 号一般性意见:缔约国义务的性质》,第 9 段。

缔约国生效之后的合理较短时间之内，缔约国必须“采取步骤”，此类步骤应当周密、具体、以尽可能明确地履行公约义务为目标。[①]

此外，经济、社会和文化权利委员会还在多年监督实践的基础上提出了“最低核心义务”的概念，即每个缔约国均有责任承担最低限度的核心义务，确保至少使每种权利的实现达到一个最基本的水平，如免于饥饿、基本初级保健、基本住房或最基本的教育形式，最低核心义务是公约得以合理存在的基础，是缔约国必须立即实施的义务。[②]

三、两公约在国内法院的适用

人权事务委员会和经济、社会和文化权利委员会在解释缔约国义务时都特别强调了司法补救的重要性，如人权事务委员会在第 31 号一般性意见中指出，委员会十分重视缔约国设立适当的司法机制和行政机制，以便根据国内法来处理有关侵犯权利的指控，[③]经济、社会和文化权利委员会也认为，在多数情况下，其他措施如果不以司法补救措施辅助或补充，可能没有效果，[④]并要求缔约国在提交报告时提供国内法院适用公约的重要案例。即便如此，两公约及其委员会都没有强制要求缔约国法院直接适用公约，缔约国法院可以选择保障公约权利的具体方式。

当然，缔约国法院在选择具体方式时并不是任意的，要受到国际法在本国法律体系中的地位的影响，一般而言，除非宪法中有特别规定，两公约在国内法中的地位与其他国际公约并无不同。在一元论国家，两公约一经批准就具有国内法律地位，国内法院也就有了直接适用两公约的依据，而在二元论国家，两公约无法自动合并入国内法律体系，国内法院也无法直接适用公约条款。但是在具体的司法实践中情况要复杂得多，一方面，一元论国家的法院并不能完全直接适用两公约，原因可能是多方面的，既可

---

① 参见经济、社会和文化权利委员会：《第 3 号一般性意见：缔约国义务的性质》，第 1 ~ 2 段。

② 参见经济、社会和文化权利委员会：《第 3 号一般性意见：缔约国义务的性质》，第 10 段

③ 参见人权事务委员会：《第 31 号一般性意见：〈公约〉缔约国的一般法律义务的性质》，第 15 段。

④ 参见经济、社会和文化权利委员会：《第 9 号一般性意见：〈公约〉在国内的适用》，第 3 段。

能来自政府政策的限制,也可能来自对公约条款性质的质疑,前者如美国宪法明确规定公约一经批准就成为国内法的一部分,但是美国政府在批准B公约时宣布B公约为非自动执行公约,这种非自动执行宣告对美国法院直接适用B公约产生了消极影响,美国法院在拒绝当事人将B公约作为诉讼的法律基础时最广泛使用的理由就是B公约是非自动执行条约,必须通过立法机关制定法律才能在国内实施;后者如A公约,虽然在一元论国家A公约一经批准即具有可直接适用性,但是这些国家的国内法院通常会以A公约条款模糊不清、不具有可执行内容为理由拒绝直接适用,例如韩国在国内法和国际法的关系上采用一元论,自1990年加入两公约,韩国政府就向人权事务委员会表明,无须国内立法实施,B公约具有和国内法同样的效力,韩国宪法法院也承认B公约可以在法院直接适用,但是A公约则不具有这种效力。

另一方面,一些二元论国家的法院经常会突破限制,承认两公约的影响力,在处理与公约相关的问题时会考虑公约的规定,例如加拿大最高法院已经表明,权利和自由宪章中的条款应当以不低于国际人权文件的保护水平的方式被解释,普通法国家和斯堪的纳维亚国家的司法机关在解释人权法案时会考虑或注意公约的条款。因此,我们不以国别为标准,而是按照公约在法院裁判中的作用对两公约的国内适用进行分析。

(一)作为法院裁判的独立依据

一般情况下,国内法院不会将国际人权公约作为裁判的唯一依据,其“独立性”主要体现在:虽然法院的裁判依据还包括国内法律,但是国际人权公约对裁判的作用并不依附于国内法律,法院援引国际人权公约不是为了解释、支持或增强国内法,而是和国内法律共同作为法院裁判的基础。以日本的尼布塔尼大坝案①为例,1989年北海道征收委员会做出一项征收决定,决定为了建设一座大坝征收尼布塔尼地区的土地,同年两名被征收土地的阿伊努人向建设部提起行政复议,挑战征收委员会的决定,四年后被驳回。两人于1993年向札幌地方法院提起诉讼,1997年法院作出判决,

① 札幌地方裁判所平成9・3・27 判例時報第1598号33頁。

认为政府没有考虑这项大坝工程对原告文化权利的影响，该判决最重要的意义在于承认阿伊努人的民族文化权利受法律保护。在论证这一结论的过程中，法院除了依靠《日本宪法》第 13 条，[①]还援引了 B 公约第 27 条作为独立的法律依据，该条规定："在那些存在人种的、宗教的或语言的少数人的国家中，不得否认这种少数人同他们的集团中的其他成员共同享有自己的文化、信奉和实行自己的宗教或使用自己的语言的权利。"法院在解释这一条款时认为日本政府作为 B 公约的缔约国，在制定政策时有"适当注意"的义务，以免侵犯少数人享有文化的权利。本案中阿伊努人完全符合公约关于少数人的界定，尼布塔尼大坝工程忽略了阿伊努人的文化权利，不仅违反了宪法的规定，也侵犯了原告依据 B 公约享有的权利。

和美国联邦最高法院相比，美国巡回法院在对待国际人权公约方面的态度要更开放一些，大部分巡回法院都承认 B 公约是有约束力的法律权威，是可以在法院直接适用的。例如第九巡回上诉法院在 B 公约被批准后受理了多起主张公约权利受到侵犯的诉讼，并依据公约规定作出裁判，如在 1998 年法院审理的一起任意逮捕案中，原告部分依据公约关于禁止任意逮捕和拘禁的条款提出主张，法院援引公约第 9 条认定本案中的拘禁不是任意的；[②]又如 2000 年一位移民向法院挑战移民归化局做出的一项驱逐出境拘禁决定，法院在撤销这项无限期拘禁的决定时明确依据公约第 9 条的规定。[③]

（二）作为解释国内法的工具

使用两公约来解释国内宪法和普通立法是各国法院更普遍采用的做法，无论是在澳大利亚、加拿大、南非、爱尔兰、匈牙利这样的二元论国家，还是法国、德国、波兰、日本、韩国这样的一元论国家，都有援引两公约解释国内法的案例，以下仅举几个案例加以说明。

---

① 《日本宪法》第 13 条规定："全体国民都作为个人而受到尊重。对于谋求生存、自由以及幸福的国民权利，只要不违反公共福利，在立法及其他国政上都必须受到最大的尊重。"法院认为少数民族独特的民族文化是维持其种族不被多数同化所必不可少的，因此对于属于一个民族的个人来说，享有独特的民族文化的权利是他们作为一个人自我生存所必需的权利，并据此得出结论：宪法第 13 条保证原告享有阿伊努人独特的民族文化的权利。

② Martinez v. City of Los Angeles，141 F. 3d 1373（9th Cir. 1998）.

③ Ma v. Reno，208 F. 3d 815（9th Cir. 2000）.

澳大利亚是典型的二元论国家,在 20 世纪 90 年代以前法院在保障公民权利时更多的是依靠普通法,很少在判决中提及国际人权公约,这种情况在 20 世纪 90 年代发生了改变,国内法院的法官开始尝试将尚未转化的人权公约适用到人权保护的案件中。值得一提的是澳大利亚高等法院的柯比(Michael Kirby)法官,他 1996 年到 2009 年在高等法院任职期间曾多次援引 B 公约解释国内法,为 B 公约在澳大利亚的适用做出了重要贡献,其中一个典型的案例是关于表达自由的科勒曼案。① 该案发生在 2000 年 3 月,科勒曼是一名大学生,他当时正在当地的一家商业中心发放传单,号召大家了解当地警察的腐败,并提供了几个警官的名字。当昆士兰警方来调查时,他指着其中一名警官说:“这就是 Brendan Power,一个腐败的警官。”警方逮捕了科勒曼并指控他攻击和妨碍司法以及使用侮辱性语言并分发包含侮辱性词语的印刷品。根据昆士兰的《流浪者法案》,对任何人使用威胁、辱骂或侮辱性语言或者印发任何包含威胁、辱骂或侮辱性词语的印刷品,可能损害他人名誉的,都构成犯罪。科勒曼认为这些条款涉嫌违反了 B 公约第 19 条的规定而提出上诉,三年后,澳大利亚高等法院推翻了对科勒曼的定罪。虽然高等法院没有废除《流浪者法案》的相关条款,但却限制了这些条款的适用范围。在推理的过程中,柯比法官援引了 B 公约,为 B 公约在澳大利亚的实施提供了一条议会立法之外的新路径,在他的同意意见中,柯比法官认为,维护《流浪者法案》将会削弱基本人权,特别是国际法所规定的那些人权,他援引 B 公约第 19 条关于言论自由的条款并指出,基于上述考虑,B 公约和它所宣称的原则不可避免地会对澳大利亚的立法产生影响,政治性言论受到公约第 19 条的明确保护。虽然最后法院主要依靠澳大利亚宪法而不是 B 公约来界定言论自由的义务,但柯比法官坚持认为当前对“使用国际法解释国内立法”的抵制终将结束,因为公约中表达的人权和基本自由原则不仅优先于该条约的具体条款,也优先于澳大利亚对它的遵守而存在。

南非宪法最突出的一个特点就是对国际人权法的重视,《南非宪法》

① Coleman v. Power,220 CLR 1(2004).

第 39 条要求法院在解释权利法案时应当考虑国际法，因为有了宪法的授权，南非法院，尤其是南非宪法法院在援引国际人权法方面较其他国家更为主动，在死刑合宪性、公正审判权、住房权、健康权等众多不同类型的案件中，包括两公约在内的各种国际人权文件都被广泛援引。以著名的格鲁特姆案为例，在该案中，390 名成人和 510 名儿童因不堪忍受恶劣的居住条件被迫搬迁到一块私人土地，并被强行驱逐，他们从开普敦高等法院获得一项要求政府向他们提供临时住房的命令，南非政府向宪法法院提出上诉。宪法法院在解释宪法第 26 条关于获得适足住房的权利时，注意到参考宪法其他权利、南非历史和相关的国际人权标准的重要性，并认真考虑了 A 公约第 2 条的规定和经济、社会和文化权利委员会的第 3 号一般性意见，虽然法院经过比较后坚持认为宪法和 A 公约施加的义务不同并最终拒绝了经济、社会和文化权利委员会的方法，但却强调 A 公约在该案中并不是无足轻重和不相关的，法院不仅对 A 公约在解释南非宪法中的角色给予了高度重视，而且最大限度地容纳了 A 公约和其他国际人权文件的实质和精神。①

自从加入两公约后，韩国宪法法院对待国际人权法的态度日益开放，在多个案件的多数意见、一致意见和少数意见中都有对国际人权法的引用，虽然 B 公约在韩国法院可以直接适用，但在实践中法院更倾向于使用 B 公约为现有权利保护提供更有说服力的支持。例如在“审讯非拘禁嫌犯拒绝律师参与案”②中，宪法法院需要证明“获得法律援助权”的存在，在韩国宪法没有明确规定这一权利的情况下，宪法法院主要依靠的是宪法第 10 条和第 37 条，这两个条款一方面规定政府有义务承认和保证个人不可剥夺的基本权利，另一方面要求政府在维护人的尊严所必需的情况下保护宪法中没有明确规定的权利，法院在解释这两个条款时援引了 B

---

① See P. Andrew, “Incorporating International Human Rights Law in National Constitutions: The South African Experience”, in R. Bratspies ed, *Progress in International Law*, Leiden, Martinus Nijhoff, 2008, pp. 835, 851.

② See Refusal of the Participation of Attorney in the Interrogation of Suspects Who are not in Custody, Const. Ct., Hun-Mal 38, 2004.

公约第 14 条,并主张第 14 条所保证的“获得法律援助权”应当被视为一项与人的身体自由和人的尊严密切相关的基本权利,因为这一权利建立在世界多数国家的历史经验的基础上,应当得到最大限度的保护。

和韩国一样,日本也是一元论国家,国内法院在直接适用国际人权公约的同时,也引用人权公约作为宪法解释的支持,例如在一起非婚生子女国籍案中,一名日本籍父亲和一名非日本籍母亲未婚生育的孩子,根据《日本国籍法》无法取得日本国籍,日本最高法院在判断国籍法该项规定的合宪性时,除了依据宪法的规定,还援引了国际人权公约和外国实践作为宪法解释的支持,法院指出:“似乎其他国家都在采取废除歧视非婚生子女立法的行动。实际上,日本批准的《公民权利和政治权利国际公约》和《儿童权利公约》也包含这样的条款,保证儿童不因出生而受到歧视。另外,在日本国籍法实施后,很多国家已经修改了法律,只要孩子和日本籍父亲之间的关系能通过确认而得以建立,那么孩子的日本国籍就应得到承认。”①

第四节　欧洲人权公约和欧洲人权法院判例法

在区域性国际人权法资源中,影响最广泛的是《欧洲人权公约》和欧洲人权法院的判例法。《欧洲人权公约》于 1950 年 11 月 4 日在罗马开放给成员国签署,1953 年 9 月 3 日生效。公约确认的权利和自由包括:生命权、公平审判权、隐私及家庭生活被尊重权、言论自由、思想、道德及宗教自由以及财产保护,公约特别禁止酷刑以及不人道或侮辱性待遇或处罚、强制劳动、肆意及非法拘禁,以及在享有公约维护之权利和自由方面的任何歧视。公约的后续发展主要依赖两种方式:一种是制定公约的议定书,到目前为止已经有 16 项议定书,这些议定书或者补充公约权利,或者修订原始公约中的某些规定,前者如 1 号议定书补充了财产权和受教育权,12 号

① 最高裁判所平成 20 · 6 · 4 民集第 1367 号 62 頁。

议定书将公约第14条关于非歧视的规定扩展到任何法律上的权利,13号议定书规定废除死刑;后者如11号议定书修改了公约关于人权委员会和人权法院的规定,设立单一人权法院,[①]允许个人直接向人权法院提出申诉,并赋予人权法院强制性管辖权。另一种是通过欧洲人权法院的判例法扩展公约权利,从1959年成立到2017年年底,人权法院已经做出了两万零六百多份判决。[②] 这些公约、议定书条款和人权法院的判例法不仅对公约缔约国的国内立法和司法有重要影响,也被许多非缔约国的法院援引作为判案的指导。

一、《欧洲人权公约》合并入缔约国国内法的方式

虽然《欧洲人权公约》第1条要求“各缔约方应确保在其管辖下的每个人获得公约第一章所规定的权利与自由”,但是各缔约方可以自由选择国内法上的实施方式,[③]通过宪法、议会立法或司法解释确认人权公约在国内法律体系中的地位,这种地位或者与宪法相同,或者高于法律低于宪法,或者与法律相同。[④]

(一)通过宪法直接合并《欧洲人权公约》

在这种模式下,《欧洲人权公约》将取得与宪法所保障的权利同等的

① 欧洲人权法院始建于1959年,在1998年第11议定书生效前,人权法院与欧洲人权委员会并存,申请者需要先将申请提交给人权委员会,再由人权委员会决定是否向人权法院提出审理要求,这种双层司法体系被第11议定书废除。

② 这些判决中的40%涉及欧洲理事会的三个成员国:土耳其(3386份)、意大利(2382份)、俄罗斯(2253份)。在被人权法院认定构成侵犯公约权利的案例中,接近40%与公约第6条(获得公正诉讼的权利)有关,接下来是公约第5条(自由和安全的权利)占12.95%,第1号附加议定书第1条(财产权)占11.75%,公约第3条(禁止酷刑)占11.11%,公约第13条(获得有效救济)占8.56%,公约第8条(隐私及家庭生活权)占5.75%,公约第2条(生命权)占4.56%,其他条款占6.64%。See European Court of Human Rights Public Relations Unit and Council of Europe, ECHR Overview 1959 - 2017, https://www.echr.coe.int/Pages/home.aspx?p=reports&c=#n1518712632442212154 0715_pointer,最后访问日期:2018年6月6日。

③ 《欧洲人权公约》第52条规定:“应欧洲理事会秘书长的请求,任何缔约方应对其国内法保障本公约所有规定有效实施的方式提供说明。”

④ 一般情况下,公约在国内法中被赋予高于普通立法低于宪法或与法律相同的地位,前者如法国,后者如德国、意大利。只有少数国家,如奥地利、圣马力诺会承认公约具有与宪法相同的地位,而在荷兰公约的地位则高于宪法。

地位,如果国内立法与公约相冲突,法院可以违宪为理由予以撤销。如《波黑宪法》第2条规定在《欧洲人权公约》及其议定书里阐明的权利和自由应当直接在波斯尼亚和黑塞哥维那适用,并优先于所有其他法律。《阿尔巴尼亚宪法》第17条规定:本宪法所规定的权利和自由的限制,只能因公共利益或者为保护他人的权利而由法律予以规定,限制应当与规定的情形成比例。上述限制不得侵犯权利和自由的本质,并且在任何情况下,不得超过《欧洲人权公约》所规定的限制。瑞典《政府组织法》第19条规定:不得制定任何与瑞典根据《欧洲保护人权和基本自由公约》所承担义务相违背的法律或其他规定,根据这一条款,一项与《欧洲人权公约》相冲突的法律是违宪的,法院可以撤销。

(二)通过议会立法直接合并《欧洲人权公约》

在这种模式下,《欧洲人权公约》通常会取得高于国内普通立法但低于宪法的地位,《欧洲人权公约》权利可以直接在法院适用,个人也可以依靠公约条款挑战与其不一致的国内立法,典型代表如法国和俄罗斯。以俄罗斯为例,俄罗斯联邦议会于1996年签署《欧洲人权公约》,并于1998年发布《〈欧洲保护人权和基本自由公约〉及其议定书批准法》,根据俄罗斯宪法及关于国际公约的一般规定,《欧洲人权公约》成为俄罗斯联邦法律体系的组成部分,并可以在俄罗斯全境直接适用,因为《欧洲人权公约》的效力高于国内普通立法,因此在实践中应优于国内普通立法被适用,即当国内普通立法的规定与《欧洲人权公约》不一致时应优先适用《欧洲人权公约》的规定。

通过这种模式合并公约权利,也可能会将公约置于与国内普通立法同等的地位,但是在实践中公约的地位通常都会优于普通立法。例如德国联邦议会于1952年以一部正式的联邦法律批准了《欧洲人权公约》,同时向国内的法律实施机关下达了“适用指令”,使公约具有了和国内普通联邦法律同样的效力,但是在司法实践中,基于尊重国际法的“友好原则”,《欧洲人权公约》实际上是优于普通联邦法律被适用的,一方面,立法机关在没有明确的立法意图时不应违背《欧洲人权公约》的规定;另一方面,联邦宪法法院要求包括基本法在内的国内法的解释都应当符合《欧洲人权公约》

的规定。[①]

（三）通过议会立法间接合并《欧洲人权公约》

除了直接合并，一些国家也会采用一种基于解释性方法（interpretative method）的间接合并，即由立法机关制定一项“解释法案”，要求国内法院在解释与公约权利相关的问题时考虑《欧洲人权公约》的规定，在这种模式下国内法院无权依靠《欧洲人权公约》撤销与之不一致的国内立法，采用这种模式的典型国家是英国和爱尔兰，其中最典型的代表是英国。

为了加强《欧洲人权公约》保护的权利和自由在英国适用的效力，英国议会于 1998 年制定了《人权法》，将公约的部分内容作为该法的附件（附件一）纳入国内法律体系，[②]人权法要求法院在解释国内立法时应尽可能地与《欧洲人权公约》规定的权利保持一致，如果法院发现无法作出一致性解释时有权做出“不一致宣告”，虽然这种宣告不影响立法的效力和被宣告的条款的继续实施，但是作为向议会发出的清晰信号，“不一致宣告”有助于议会及时做出立法的改变，以使国内立法与《欧洲人权公约》保持一致。此外，人权法规定除非依据一项议会法案，否则包括法院在内的任何公权力主体做出的与《欧洲人权公约》不一致的行为都是不合法的，这一规定允许个人在国内法院依据公约权利挑战公权力主体的行为。受英国人权法的影响，爱尔兰议会于 2003 年制定了《欧洲人权公约法案》（2003 年法案），通过立法性质的权利法案来转化公约权利，该法案也是一部“解释法案”，虽然存在一些细节上差异，但其实质内容与英国人权法具有极大的相似性，同样规定了国内法院进行一致性解释的义务、做出“不一致宣告”的权力和国家机关的一致性履行义务。[③]

（四）通过司法解释赋予《欧洲人权公约》国内法地位

一些国家不是通过宪法或议会立法，而是通过司法解释的方式明确

① 参见伯阳、范颖颖：《〈欧洲人权公约〉对德国基本法的影响》，载《中德法学论坛》2009 年第 7 辑。

② 被纳入的权利包括《欧洲人权公约》第 2 条至第 12 条和第 14 条、《第一议定书》第 1 条至第 3 条、第 13 议定书第 1 条。

③ 参见爱尔兰 2003 年《欧洲人权公约法案》第 2 条、第 3 条和第 5 条。

赋予《欧洲人权公约》在国内法律体系中的地位,例如《欧洲人权公约》在意大利国内法律体系中具有约束效力的原则最初就是在最高上诉法院审理的Iaglietti案中确立并在Polo Castro案中得到巩固的,不仅如此,最高上诉法院还通过一系列重要的判例确认了公约具有高于国内立法的地位。[①] 又如比利时宪法性法律虽然没有明确规定人权公约在国内法律体系中的地位,但是宪法法院在其判例法中,依据国际法优于国内法的理论赋予了人权公约直接适用的法律效力。西班牙宪法法院将公约作为准宪法标准予以实施,侵犯公约权利的制定法会被认定为违宪而废除,宪法法院不仅自己会根据公约解释宪法权利,也要求普通法院将遵守人权法院法理作为一项宪法义务。

实际上,这些合并方式之间的区别并不是绝对的,《欧洲人权公约》在国内法中的地位和实施通常是多种方式共同作用的结果。一方面,在通过宪法和普通立法合并公约的国家,司法解释对《欧洲人权公约》的实际地位也有较大影响,例如德国议会立法只赋予《欧洲人权公约》与普通立法同等地位,但是在司法实践中《欧洲人权公约》的地位要高于普通立法;同样,以司法解释方式合并《欧洲人权公约》的国家,虽然宪法或立法没有明确《欧洲人权公约》的地位,但是大多数国家的宪法中都有关于国际法在国内地位的一般规定,正是这些规定为司法解释提供了基础,例如意大利最高上诉法院关于《欧洲人权公约》地位的解释就是从宪法第117条的规定[②]中引申出来的。

二、欧洲人权法院判例法对当事国的影响

《欧洲人权公约》第11号议定书于1998年11月1日生效,该议定书的生效带来了公约实施和监督机制的重大变革。根据第11号议定书,欧洲人权法院对“任何自然人、非政府组织或个人团体就某一缔约方侵害其

---

① See Michele Nino,“Effect of decisions of the European Court of Human Rights on domestic criminal courts”,*Journal of Criminal Law* 71,2007,p.408.

② 《意大利宪法》(1947年)第117条第1款规定:“在遵守宪法,以及由共同体规范和国际义务所引申出的有关限制的前提下,立法权由国家和各大区分别行使。”

依公约或其议定书所享有的权利而提出的申诉”具有强制性管辖权。通过欧洲人权法院的解释、判决和咨询意见，《欧洲人权公约》正在悄悄地改变着各缔约国的国内法，这种改变有时表现为国内立法和行政命令的修正，有时表现为国内法院对《欧洲人权公约》和欧洲人权法院判例法的有意识参考。

(一)人权法院判决对当事国的影响

《欧洲人权公约》第46条确立了人权法院判决的拘束力，即“各缔约方承诺在其为当事方的案件中服从法院的终局判决”，根据国际公法的一般原则，如果人权法院的一项判决认定缔约国违反了公约条款，那么“服从法院终局判决”就意味着如果需要，相关国内法院应当修改它在当前案件中关于公约条款的解释和适用。但是，无论是根据国际公法的一般原则还是根据《欧洲人权公约》的条款，欧洲人权法院本身都没有绝对的权力撤销或修改国内司法机关的生效判决；相反，欧洲人权法院在它的判例法中一再强调它不是国内法院的上级法院，对案件事实和证据进行评估进而撤销或修改判决的权力都被保留给国内法院。即使国内立法允许在欧洲人权法院做出违反《欧洲人权公约》的判决时重新启动审判程序，但也不能保证重新审判一定会推翻原来的国内判决。也就是说，虽然《欧洲人权公约》规定欧洲人权法院的判决对当事国有法律拘束力，但是这种拘束力更多是解释性的，欧洲人权法院甚至部长委员会都不可能强迫国内法院改变其案例法。

1. 国内法院对待欧洲人权法院判决的三种态度

由于受到法律传统、法律制度、国内政策、履行能力和判决特征①等因素的影响，不同国家的国内法院甚至同一国家的国内法院在不同案件中对

---

① 判决特征包括：判决涉及的公约条款、判决是否包含法官的不同意见、被侵犯的公约条款的数量、判决是否由大审判庭做出、有多少后续的同类案件、判决的履行需要一般性立法、行政、司法措施还是仅仅需要针对个人的个别性措施等。See Erik Voeten, “Domestic Implementation of European Court of Human Rights Judgments: Legal Infrastructure and Government Effectiveness Matter: A Reply to Dia Anagnostou and Alina Mungiu-Pippidi”, *European Journal of International Law* 25, 2014, p. 229.

待欧洲人权法院判决的态度是不同的,欧洲人权法院科斯塔(Jean-Paul Costa)法官将国内法院对待欧洲人权法院判决的态度分为以下三类:[①]

第一类是为了迎合欧洲人权法院的判决,国内法院立即改变国内的判决和法理,这也意味着欧洲人权法院的判决在当事国有直接和立即的效果,与《欧洲人权公约》第53条的精神是完全一致的,这种情形在每个国家的实践中都或多或少地存在。以法国为例,为了执行欧洲人权法院的判决,法国行政院在几个案例中都改变了自己的判例法,例如在一起涉及行政院自身功能的案件中,行政院紧跟欧洲人权法院的判决,明确要求凡是在咨询程序中参加过某一法规草案审议的行政院成员,必须在挑战该法案合法性的案件中回避。

这种做法在法国宪法委员会也很常见,宪法委员会曾在2011年做过一个决定,即无论欧洲人权法院什么时候作出了判决,即使这个判决是针对其他缔约国的,国内法院都必须立即反映该判决的结果,而无须等待立法机关的介入,例如在Mazurek案[②]中,根据法国民法典,因通奸而生的子女无法与婚生子女享有同等的继承权,法国宪法委员会判决民法典的相关条款没有违反《欧洲人权公约》,但是欧洲人权法院判决这些条款违反了《欧洲人权公约》第14条和《第一议定书》第1条。在欧洲人权法院判决做出后不久,一位处于同样地位的公民提起一起类似的诉讼,受理案件的一审法院支持了原告的主张,理由是《欧洲人权公约》的地位优于民法典,欧洲人权法院的解释是决定性。在本案中,一审法院并没有等待立法机关介入而是直接依据《欧洲人权公约》和人权法院的解释作出判决,这与《欧洲人权公约》在法国具有高于普通法律的地位是有关的。

除了《欧洲人权公约》在国内的法律地位,国内政策的变化也会影响国内法院对欧洲人权法院判决的接受。例如英国军队曾出现过多起因同性恋而被解职的事件,被解职的人在国内法院的上诉被拒绝,但是欧洲人权法院作出了对他们有利的判决,英国法院随即改变了在这类案件中的立

---

① 本部分案例参见 Jean-Paul Costa,"The relationship between the European Court of Human Rights and the national courts",*European Human Rights Law Review* 3,2013,pp. 266-271。

② Mazurek v. France,[2000] ECHR 34406/97.

场,这一改变受到了英国政府立场改变的积极影响。

第二类是国内法院拒绝履行欧洲人权法院的判决,在国内法院和欧洲人权法院之间存在持续的冲突,一个最典型的案例是 *Hirst v. United Kingdom(No. 2)*案。[①] 该案涉及服刑人员的选举权问题,根据英国 1983 年的《人民代表法》,服刑人员无权参加议会和地方选举的投票,三名服刑人员在国内法院挑战这一规定但被拒绝,此后其中一名服刑人员 Hirst 向欧洲人权法院提起申诉,2005 年欧洲人权法院大审判庭作出判决,认定《英国人民代表法》不加区分地剥夺所有服刑人员选举权的规定违反了公约《第一议定书》第 3 条。[②] 在 2011 年一项针对英国的引导性判决[③]和 2012 年一项针对意大利的判决[④]中,人权法院再次确认了 Hirst 案的观点,在这两个案件后部长委员会要求英国政府在 18 个月内履行 Hirst 案判决,但是这一判决在英国并没有得到执行,阻力来自英国政府和法院,英国政府认为剥夺服刑人员的选举权有合法的政府目的,而英国法院则认为法院不应轻易指责议会立法,尤其是经过议会深思熟虑制定的基本立法。

另一个国内法院拒绝履行欧洲人权法院判决的典型案例是"尤科斯公司股东诉俄罗斯案",尤科斯石油公司是俄罗斯一家从事石油、天然气和石化产品的勘探、生产、提炼和销售的企业,2005 年 5 月莫斯科仲裁法院裁定尤科斯石油公司应支付拖欠尤甘斯克公司 624 亿卢布的售油款,莫斯科地方法院也认定尤科斯石油公司总裁霍多尔科夫斯基和股东列别杰夫犯有诈骗、不执行法院裁定、偷逃税款等多项罪名成立,分别判处二人 9 年监禁。2006 年 8 月 1 日,莫斯科仲裁法院裁定尤科斯石油公司破产。霍多尔科夫斯基等人向欧洲人权法院提起诉讼,欧洲人权法院在 2014 年 7 月作出判决,要求俄罗斯政府向尤科斯石油公司部分股东支付 18.66 亿欧元(约 25 亿美元)的赔偿,并要求俄罗斯在 6 个月内对赔偿金额的分配问题

---

① Hirst v. United Kingdom(No. 2),[2005] ECHR 74025/01.

② 《欧洲人权公约第一议定书》第 3 条规定了在确保人民自由表达意见的条件下,以适当的间隔和秘密投票的方式选举立法机关的权利。

③ See Greens v. United Kingdom(2011)53 E. H. R. R. 21.

④ See Scoppola v. Italy(2012)56 E. H. R. R. 19.

提出实施计划。2014 年 10 月俄罗斯联邦司法部提出复议申请,同年 12 月被驳回。对于欧洲人权法院所作出的判决,俄罗斯当局认为其为政治性判决,对俄罗斯是不公正的,因而公开宣布拒绝执行。①

第三类是通过国内法院和欧洲人权法院之间的司法对话达成妥协,一个典型的案例是 Al-Khawaja and Tahery 案,②该案涉及证词和传闻证据的使用,欧洲人权法院判决英国政府侵犯了两位申请人基于《欧洲人权公约》第 6 条享有的公正审判的权利,并提出了关于证词和传闻证据使用的原则。判决作出后,在另一起案件中英国最高法院考虑了欧洲人权法院的判例法,同时也建议欧洲人权法院对它提出的原则重新进行审查。最后,在英国政府的要求下,欧洲人权法院大审判庭重新审理了这两个案件,并判决在前一个案件中,英国政府针对 Tahery 的做法违反了《欧洲人权公约》规定,但是针对 Al Khawaja 的做法没有违反公约规定,这一判决明显反映了英国最高法院的推理。

2. 国家之间的差别和共性

如果以国家为研究对象,我们会发现不同国家在履行欧洲人权法院判决的总体水平上也是有差别的。有的国家倾向于积极履行欧洲人权法院的判决,如在西班牙、奥地利和德国,欧洲人权法院的大部分判决都能得到遵守,很少被延迟履行,《德国刑事诉讼法》还规定欧洲人权法院针对德国的确定判决可以成为国内法院再审的依据。③ 有的国家在整体上能遵守欧洲人权法院的判决,但是在一些问题上会将国内考虑置于欧洲人权法院的判决之上,如英国拒不履行 Hirst 案判决以及在遣返伊拉克难民事件中对欧洲人权法院的"临时措施"置之不理,法国不顾欧洲人权法院的判例法执意遣返罗姆人等。还有一些国家在执行欧洲人权法院判决中存在较

① 参见王海军:《国际条约适用于国内的限度——"尤科斯石油公司股东诉俄罗斯案"述评》,载法制网:http://www.legaldaily.com.cn/international/content/2017-05/05/content_7136381.htm,最后访问日期:2019 年 4 月 26 日。

② See Al-Khawaja and Tahery v. the United Kingdom, [2011] ECHR 26766/05 and 22228/06.

③ 参见艾明:《论欧洲人权法院判决对内国刑事诉讼制度的影响与改造》,载《比较法研究》2017 年第 2 期。

大困难,如欧洲人权法院针对俄罗斯的判决中94%以上被认定存在不止一项权利侵犯,给俄罗斯带来很大压力,但是由于俄罗斯国内制度和结构等方面的原因导致欧洲人权法院的判决无法得到及时地执行,这种情况在东欧国家普遍存在,如罗马尼亚虽然在2003年后为确保欧洲人权法院的判决能够在罗马尼亚得到彻底执行而修改了很多国内法,而且规定欧洲人权法院的判例法可以作为当事人申请再审的依据,但是罗马尼亚较低的人权保护水平影响了欧洲人权法院判决的执行。

虽然存在上述不同,各国对待欧洲人权法院判决的态度中也有一些共同之处。首先,是否执行欧洲人权法院的判决都是出于本国利益的考虑,以俄罗斯为例,俄罗斯在对待欧洲人权法院判决方面经历了一个由完全遵照执行到选择执行的过程,在上述《欧洲人权公约批准法》中,俄罗斯承认欧洲人权法院在解释和适用《欧洲人权公约》及其议定书方面具有强制管辖权,欧洲人权法院针对俄罗斯的终局判决中的法律观点对俄罗斯法院具有强制效力,必须遵照执行,这一立场与俄罗斯希望迅速融入欧洲的政策是一致的。后来欧洲人权法院的一些判决与俄罗斯的国家利益发生冲突,引起了俄罗斯态度的改变,尤其是在"尤科斯公司股东诉俄罗斯案"判决作出后,俄罗斯国家杜马于2015年修改了《宪法法院法》,改变了对待欧洲人权法院判决的态度,强调虽然欧洲人权法院的判决是俄罗斯法律体系的组成部分,但是宪法的至上性应予坚持,如果宪法法院经审查认为欧洲人权法院的判决违宪,则国家机关可以不执行该判决。[1] 2016年2月,司法部长根据这一机制向宪法法院提出申请,要求确认欧洲人权法院关于*Anchugov and Gladkov v. Russia*案的判决[2]不应被执行,因为这一判决与俄罗斯宪法相冲突,2016年4月宪法法院作出判决,决定俄罗斯不可能执行该判决。

其次,国内法院在执行欧洲人权法院判决中居于主导地位。虽然欧洲

---

① 参见王志华:《俄罗斯与欧洲人权法院二十年——主权与人权的博弈》,载《中外法学》2016年第6期。

② 2013年7月4日欧洲人权法院在Anchugov and Gladkov v. Russia案的判决中认定俄罗斯不允许服刑人员在选举中投票违反了《欧洲人权公约第一议定书》第3条。

人权法院的判决对当事国的司法主权有一定影响,但是这种影响并没有构成对司法主权的绝对限制,各国法院在执行欧洲人权法院判决时有很大的自主权。即使在对欧洲人权法院判决持积极态度的西班牙,国内法院也不会完全受欧洲人权法院的控制,西班牙宪法法院就特别强调它不隶属于欧洲人权法院,它和欧洲人权法院属于不同的法律秩序,宪法法院本身具有解释宪法的独立地位和专有权力。[①] 德国联邦宪法法院在 Görgülü 案[②]及其后审理的相关案件中均清晰地表明:宪法法院和其他的国内法院有决定是否遵守欧洲人权法院判决的最终权力。

最后,各国在对待欧洲人权法院判例法时都采取了灵活的态度,为本国法院偏离欧洲人权法院的判决留出余地。如德国宪法法院在 Görgülü 案中对欧洲人权法院判决在德国的效力问题进行了详细解释,宪法法院的主要立场是:欧洲人权法院的判例对德国法院虽然有相当的约束力,但这种约束力不是绝对的,针对一项德国为一方当事人的欧洲人权法院判决,如果该判决认定德国违反了欧洲人权公约,而且这一违反公约的情势处于持续状态中,那么德国法院就负有宪法上的义务考虑这项判决,并认真领会该判决的精神,如果德国法院要做出偏离该判决的判决,就必须给出合理的理由。[③] 也就是说,德国法院没有义务在所有的情况下都遵守欧洲人权法院的判决,只要能提供合理的解释是可以偏离欧洲人权法院的法理的。

(二)人权法院咨询性意见对当事国的影响

1.第 16 号议定书概述

为了加强欧洲人权法院与缔约国之间的对话与合作、提高《欧洲人权公约》在缔约国的有效性,部长委员会于 2013 年批准了《欧洲人权公约》

---

① See Nico Krisch, "The Open Architecture of European Human Rights Law", *The Modern Law Review* 71, 2008, p. 190. 转引自焦传凯:《论欧洲人权机制对欧盟成员国实际拘束力的差异及原因》,上海交通大学国际与公共事务学院 2012 年博士学位论文,第 102 页。

② Görgülü v. Germany, [2004] ECHR 74969/01.

③ 参见伯阳、范颖颖:《〈欧洲人权公约〉对德国基本法的影响》,载《中德法学论坛》2009 年第 7 辑。

的第16号议定书(2018年8月1日生效),该议定书是任择性质的,仅适用于愿意批准它的缔约国。议定书允许缔约国的最高法院在审理待决案件时向欧洲人权法院提出咨询性申请,要求欧洲人权法院就《欧洲人权公约》及其议定书中保护的权利和自由的解释与适用的原则问题提供咨询意见,但是是否受理咨询申请则由欧洲人权法院决定,这是因为议定书无意将咨询管辖权限定在某些类型的事项上,相反它将实践中可能出现的多样性的问题留给欧洲人权法院去决定和处理。对于来自缔约国法院的咨询申请,由大法官会议的五人小组进行审查,缔约国法院在提出申请时应当提供申请的理由和待决案件的相关法律和事实背景,五人小组如果拒绝接受申请也要提供拒绝的理由。一般而言,能够得到欧洲人权法院受理的"原则问题"可能包括以下几类:第一类是涉及国内秩序中的结构性或体系性问题,如果国内法院接受了欧洲人权法院的建议将会极大地减少申诉到欧洲人权法院的案件的重复性。第二类是涉及国内法与《欧洲人权公约》的协调性或者法院对国内立法所做的一致性解释问题,在这种情况下欧洲人权法院不应对国内立法进行抽象性审查,只有当确实存在真实的案件并提出了需要解释的问题或者在有争议的案件中尚未形成一致性的法理的时候,欧洲人权法院才能提供咨询意见。第三类是涉及更一般性利益的问题,这些问题可能阐释、保护或发展了《欧洲人权公约》设立的规则,例如难民的驱逐、禁止同性婚姻和服刑人员的投票权等问题。①

在五人小组决定接受申请后由大法官会议提出咨询意见,在这一个过程中,欧洲人权委员会和提出申请的法院所属的缔约国有权提供书面意见并参加任何听证,欧洲人权法院的院长基于公正的考虑也可以邀请其他缔约国或个人提供书面意见或参加听证。大法官会议对于做出的咨询意见应当提供理由,如果无法形成一致意见,任何法官有权发表不同意见。咨询意见应当传达给申请法院和申请法院所属的缔约国。

---

① See Christos Giannopoulos, "Considerations on Protocol N° 16: Can the New Advisory Competence of the European Court of Human Rights Breathe New Life into the European Convention on Human Rights?" *German Law Journal* 16, 2015, 2015, pp. 339 – 340.

欧洲人权法院的咨询意见没有法律约束力,[①]理论上提出申请的法院并不是必须遵守欧洲人权法院的咨询意见,但是这些咨询意见却可以在欧洲人权法院和缔约国国内法院之间建立起直接的联系,开辟一条欧洲人权法院法官与国内法院法官合作的渠道。而且,没有法律约束力并不意味着咨询意见没有任何法律效力,关于议定书的解释报告中就指出"咨询意见中所包含的对公约和议定书的解释与法院判决中的解释具有类似的效力",也正是因为这个原因,咨询意见被视为是欧洲人权法院判例法的一部分。

2. 咨询性意见的指引和导向作用

从上述分析可以发现,第 16 议定书设置咨询程序的目的不在于强制申请者适用欧洲人权法院的咨询意见,而是为申请法院提供有说服力的权威性指引,推动国内法院在解决人权问题时考虑欧洲人权法院的意见,在这个意义上,咨询意见的效力不仅及于提出申请的法院,也会对面对同类问题的其他缔约国法院产生影响。

首先,做出咨询意见的主体和程序有助于保证咨询意见的权威性。根据议定书第 2 条,咨询意见由 17 人组成的大法官会议做出,而且大法官会议在做出咨询意见时应当说明理由,这使咨询意见具有了较强的普遍性和可接受性。其次,虽然议定书第 1 条第 2 项要求缔约国法院必须在待决案件的范围内寻求咨询意见,但是与针对个人申诉作出的判决相比,欧洲人权法院在提出咨询意见时更"倾向于较少的受特定案件事实的影响,而是通过解释公约的抽象性规范使其含义更加明确,从而缔约国法院和法官可以更加容易地理解其含义"。[②] 最后,从缔约国方面看,如果国内法院以欧

---

① 咨询意见不具有法律约束力的背景是:首先,由于咨询意见是对话性质的,因此应当由申请的法院决定咨询意见在国内程序中的影响;其次,基于辅助性原则,欧洲人权法院不应在国内法院之前对待决案件做出决定,这样一旦国内法院作出最终裁决,对裁决不满意的一方还可以向欧洲人权法院提出申诉。See ECHR,"Opinion of the Court on Draft Protocol No. 16 to the Convention extending its competence to give advisory opinions on the interpretation of the Convention",2013. Paras 8,12.

② M. Boyle,"The Future of the European Court of Human Rights", *German Law Journal* 12, 2011, p. 1875. 转引自[意]娜娅拉·波塞那多、范继增:《〈欧洲人权公约〉第 16 号议定书对欧洲人权法体系的影响》,载《人权》2016 年第 3 期。

洲人权法院的咨询意见作为指导，以符合欧洲人权法院解释的方式审理国内案件，将会增加国内法院判决的权威性，减少向欧洲人权法院提交的申诉的数量。

第16议定书为欧洲人权法院和缔约国法院之间的对话创设了一个正式的平台，但是由于缺乏足够的案例作为研究对象，欧洲人权法院的咨询意见在多大程度上影响国内法院以及国内法院接受咨询意见的方式等问题还有待进一步观察。

三、欧洲人权法院判例法对非当事国的影响

（一）对非当事缔约国的影响

根据《欧洲人权公约》第46条，欧洲人权法院的判决只在当事人之间产生法律拘束力，关于一般意义上的欧洲人权法院判例法在缔约国法律体系中的效力问题，《欧洲人权公约》并没有作出明确规定，而是由缔约国的立法和司法机关自行决定。一般情况下，缔约国都会尊重欧洲人权法院的判例法，因为虽然欧洲人权法院没有采纳“遵循先例”的原则，但是“为了表现人权法院判例体系的稳定性和可预测性，人权法院非常重视已决案件的引导作用”，[①]对针对不同国家的同类申诉案件倾向于相似的审判理念，所以当欧洲人权法院判决某一国家的行为构成对《欧洲人权公约》的违反时，为了防止自己在同样的案件中败诉，非当事缔约国通常会检讨本国的立法或行为，并尽可能地与欧洲人权法院的判例法保持一致，因此欧洲人权法院判例法在一定程度上可能引起缔约国法律的制定或修改，前述Hirst案[②]的判决就是一个典型的例子。在该案中，欧洲人权法院判决《英国人民代表法》不加区分地剥夺所有服刑人员选举权的规定违反了公约《第一议定书》第3条，判决作出后许多国家对于囚犯投票权问题做出改革，塞浦路斯和爱尔兰还修改了选举法。[③] 又如公

---

① ［意］娜娅拉·波塞那多、范继增：《〈欧洲人权公约〉第16号议定书对欧洲人权法体系的影响》，载《人权》2016年第3期。

② Hirst v. United Kingdom（No. 2），［2005］ ECHR 74025/01.

③ 参见刘晓：《欧洲人权法院判决效力改革研究》，载《政法学刊》2016年第3期。

正审判权,涉及该项权利侵犯的申诉和裁决在欧洲人权法院判例法中占据的比例最大,欧洲人权法院在公正审判权方面发展出了丰富的法理,这些法理促成了许多公约缔约国刑事诉讼制度的变革,并直接导致奥地利、瑞士新刑事诉讼法的制定。

此外,同样基于减少未来败诉风险的考虑,缔约国国内法院在审理与公约权利相关的案件时也倾向于参考欧洲人权法院的判例法。英国在人权法中明确要求法院或法庭在决定涉及公约权利的问题时必须考虑欧洲人权法院的判决、裁定、声明或咨询意见,法院在解释这一条款时,认为"根据 1998 年《人权法》,国内法院并无义务受欧洲人权法院判决的拘束,但国内法院需考虑欧洲人权法院作出的'明确且持续'(clear and constant)的判决"。① 又如德国宪法法院不仅要求法院在解释《德国基本法》规定的基本权利时要考虑公约权利,而且坚持要求法院审理案件时应考量欧洲人权法院的裁判,②《欧洲人权公约》及欧洲人权法院的法理在德国国内法律秩序中的这种解释效力,可以通过德国宪法法院审理的 Caroline 案③加以说明。

在该案中,一家新闻小报在卡罗琳公主明确反对的情况下刊登了一则配有她度假照片的报道,法院必须在她的隐私权和报纸的新闻自由之间进行权衡,在审理过程中,联邦宪法法院使用了《欧洲人权公约》的原则作为解释宪法权利的辅助工具,并主张国内法院在解释《德国基本法》中的出版自由时必须考虑《欧洲人权公约》第 8 条第 2 款限制条款的规定,④同时宪法法院也承认这种解释方法不应导致基本法权利保障水平的限制或

---

① R(on the application of Alconbury Developments Ltd) v. Secretary of State for the Environment, Transport and the Regions, [2003]2 A, C. 295, para. 26. 转引自朱慧兰:《论〈欧洲人权公约〉在英国法院适用的启示》,载《武大国际法评论》2014 年第 1 期。

② 参见 Jens Meyer-Ladewig and Herbert Petzold:《欧洲人权法院五十年》,王士帆译,载《月旦法学杂志》2011 年第 190 期。

③ BVerfGE 120, 180.

④ 《德国基本法》第 5 条规定:"出版自由及广播与电影之报导自由应保障之。检查制度不得设置。"《欧洲人权公约》第 8 条规定:"1. 人人有权享有使自己的私人和家庭生活、家庭和通信得到尊重的权利。2. 公共机构不得干预上述权利的行使,但是,依照法律规定的干预以及基于在民主社会中为了国家安全、公共安全或者国家的经济福利的利益考虑,为了防止混乱或者犯罪,为了保护健康或者道德,为了保护他人的权利与自由而有必要进行干预的,不受此限。"

降低。

实际上，从英国和德国的司法实践都可以看出，国内法院对欧洲人权法院判例法的参考都不是绝对的，如英国法院参考欧洲人权法院判例法的前提是欧洲人权法院的判例法是“明确且持续”的，德国法院则坚持认为，按照公约和人权法院判例法解释宪法权利并不是强制性的，也并不意味着在解释时要平行使用《欧洲人权公约》和国内法中的相同概念，当按照《欧洲人权公约》和欧洲人权法院判例法解释宪法权利会导致权利保护标准的降低或者与被普遍承认的宪法解释方法相冲突时，这种做法会被法院认定为是不适当的。此外，当案件涉及不同宪法权利之间的冲突，而欧洲人权法院的判例法仅包含其中一种权利的解释时，并不排除国内法院会在对复杂的权利进行利益权衡后放弃欧洲人权法院的解释。

（二）对其他国际机构和国家法院的影响

值得关注的是，一些不在欧洲人权法院管辖权范围内的国际人权机构和国内法院，也把欧洲人权法院的判例法当作一种解释资源，虽然对于这些法院而言，这些判例法不是正式权威，但是它们仍然被当作有说服力的权威加以使用，前者如美洲人权法院，后者如印度、澳大利亚、加拿大、阿根廷、南非等国的国内法院。

美洲人权法院在作出判决和提供咨询意见时都受到欧洲人权法院判例法的影响，爱德华多·安德烈斯·贝托尼（Eduardo Andres Bertoni）在对美洲人权法院的十个关于表达自由的案例进行研究时发现，美洲人权法院在对《美洲人权公约》第13条的关键概念进行界定时都倾向于援引欧洲人权法院的解释，这些概念包括公共秩序、必要性、民主标准、限制等。例如在解释“必要性”这一概念时，美洲人权法院指出“重要的是关注欧洲人权法院在解释《欧洲人权公约》第10条时得出的结论，该结论认为虽然‘必要性’与‘必不可少’并不完全等同，但是它也暗示一种迫切的社会需要的存在，要证明某项限制是‘必要的’，仅仅证明限制是‘有用的’、‘合理的’或‘值得的’是远远不够的，这一结论同样适用于《美洲人权公约》，《美洲人权公约》第13条第2款关于限制表达自由的必要性的证明，必须建立在具有压倒性的政府利益的基础上，而且即使存在这样的政府利益，对第13

条所规定的权利的限制也应当是符合比例的,应当是实现合法的政府目的所必需的”。[①] 虽然随着司法实践的发展,美洲人权法院援引欧洲人权法院判例法的数量在减少,欧洲人权法院判例法对美洲人权法院的影响似乎正在下降,但是实际上欧洲人权法院的法理更多地体现在经常被美洲人权法院援引和依靠的本法院的先例中。

在国家层面,欧洲人权法院的判例法也经常出现在非缔约国法院的判决书中,如南非最高法院援引欧洲人权法院一个标志性判决,发现死刑在南非宪法中是不合宪的;[②]津巴布韦最高法院同样援引欧洲人权法院的判决支持自己的观点,认为对成年人的体罚构成残酷和不寻常的刑罚、对青少年的体罚构成违宪。[③]

这些国际机构和国内法院愿意参考和援引没有拘束力的欧洲人权法院的判决,一方面是出于对这些判决合法性和判决质量的信任,另一方面也是基于对人权案件所具有的共性的认同,大部分人权案件都涉及一些共同的核心司法功能,如保护个人免受来自国家权力的侵害、要求法院根据复杂的历史、文化和政治需要决定人权的保护水平等,虽然每个案件都是个性化的,但是这并不妨碍这些法院在平衡权利与权力关系时从欧洲人权公约和欧洲人权法院判例法中获得帮助。

小　结

在解释性适用中可以作为国内法解释资源的国际人权文件的范围非常广泛,既包括国际人权条约、国际人权习惯法,也包括宣言、决议、人权条约机构的一般性意见和国际人权司法机构的判决和意见等国际法辅助资

---

① Eduardo Andres Bertoni, "The Inter-American Court of Human Rights and the European Court of Human Rights: a Dialogue on Freedom of Expression Standards", *European Human Rights Law Review* 3. 2009, p. 349.

② State v. Makwanyane, 1995 SACLR LEXIS 218 (CC. 1995).

③ See Ncube v. State, 1988 (2) SA 702; Juvenile v. State, Judgment No. 64/89, Crim. App. No. 156/88 (1989).

料。其中国际人权条约又包括已经批准和未批准的条约、已经转化和未经转化的条约，而且对人权条约的可自动执行性质也没有特别要求。

《世界人权宣言》是第一个在国际领域内系统地提出保护和尊重各项人权的国际法律文件，在国际习惯法新观念的影响下，该宣言的国际习惯法属性更容易得以证成，但是其不同条款被接受为国际习惯法的程度是不同的，这直接影响了它及特定条款在国内法上的地位。同时，一些国家在宪法中明示或暗示地提及该宣言，使该宣言具有了不同于其他国际人权文件的特殊地位。其国际习惯法属性及其在宪法上的特殊地位对国内法院适用产生了积极影响，法院援引《世界人权宣言》或者将它作为裁判的规则，或者作为解释国内法的工具。

《公民权利和政治权利国际公约》和《经济、社会和文化权利国际公约》分别规定了两类权利以及缔约国承担的义务，在国内司法实践中，它们或者被作为法院裁判的独立依据，或者作为解释国内法的工具。

《欧洲人权公约》和欧洲人权法院的判例法是区域人权法的典型代表。《欧洲人权公约》通过国内宪法或议会立法合并入国内法。欧洲人权法院的判决对当事国有法律拘束力，但是这种拘束力更多是解释性的，欧洲人权法院甚至部长委员会都不可能强迫国内法院改变其案例法。欧洲人权法院的咨询意见没有法律约束力，但它们可以为申请法院提供有说服力的权威性指引，推动国内法院在解决人权问题时考虑欧洲人权法院的意见。对于非当事国而言，关于一般意义上的欧洲人权法院判例法在各缔约国法律体系中的效力问题，《欧洲人权公约》并没有作出明确规定，而是由缔约国的立法和司法机关自行决定，一般情况下，缔约国都会尊重欧洲人权法院的判例法，并在审理与公约权利相关的案件中参考欧洲人权法院的判例法。此外，一些不在欧洲人权法院管辖权范围内的国际人权机构和国内法院，也把欧洲人权法院的判例法作为一种解释资源，虽然对于这些法院而言，这些判例法不是正式权威，但是它们仍然被当作有说服力的权威加以使用。

第三章 解释性适用的具体方法

解释性适用的方法是法院在援引国际人权法解释国内法时采用的具体方法，虽然主要是技术层面的问题，但不可避免地会受到本国法律传统、法院在国际法与国内法之间关系上的基本理念、具体解释对象等诸多因素的影响。本章的研究不以某一具体国家为对象，而是希望从总体上对解释性适用的方法进行类型化分析。为此，我们以法院所持立场的不同，分以下两类分别进行考察：一类是立足于国内价值的“支持国内法”的解释方法；另一类是立足于国际价值的“一致性解释”方法。这些方法在不同程度上反映了国内法院希望以考虑国际人权标准的方式发展国内法的愿望，它们都是法院将国际人权义务引入国内法的有效方法，但是不同的方法在各国被接受的程度是不同的，一些要求将国内宪法作与国际法相一致解释的方法引发了较多的争议，而一些“支持国内法”的解释方法因对国内法的影响较小而获得了更多国家的接受。

第一节 “支持国内法”的解释方法

“支持国内法”的解释方法在国内价值和国际价值的比较和权衡中更倾向于国内价值，国内法院始终坚持国内价值的优先性和基础性，援引国际人权法的目的只是更好地解释国内法。按照国际人权法在支持国内法时发挥作用的程度和方式的不同，我们把“支持国内法”的解释方法进一步细分为以下三种。

一、“价值增进型”解释方法

这也是为各国国内法院广泛采用、大部分国家都能接受的一种解释方法。法院在解释本国法律文本时，主要基于本国法律价值的分析，而法院援引国际人权法只是为国内法文本的解释提供附加的支持。因此在这种方法下，国际人权法的讨论只是国内法讨论的一种附加资源，它的主要作用在于增强特定国内标准的重要性和基础性特征，对于法院的分析并不是必不可少的，法院的意见完全根植于国内法资源。

（一）典型案例

适用“价值增进型”方法的案例广泛存在于权利保护的各个领域，以下仅以废除死刑、儿童权利保护、种族歧视和美国的几个典型案例为例加以说明。

在禁止死囚长期关押和废除死刑方面最有名的案例是 1989 年欧洲人权法院审理的 Soering 案，①欧洲人权法院在该案中判决，在没有得到美国政府不对其适用死刑的保证的情况下，英国不能将一名德国公民引渡到美国接受谋杀罪的审判，因为引渡将构成《欧洲人权公约》所禁止的“不人道或有辱人格的待遇或惩罚”。此后，许多国家的国内法院在解释本国宪法时都会援引《欧洲人权公约》和这个案例为禁止死囚长期关押和废除死刑的判决提供支持，如 1993 年津巴布韦最高法院在“天主教正义与和平委员会案”中援引 Soering 案的法理支持对宪法第 15 条第 1 款的解释，该条的规定源于《欧洲人权公约》第 3 条禁止“酷刑和其他残忍不人道或有辱人格的待遇或处罚”，法院认为在解释某一项特殊对待是否构成“不人道和有辱人格的待遇”时必须考虑正在出现的国际社会的

① Soering v. United Kingdom,[1989] ECHR 14038/88.

合意。[1] 1994 年英国枢密院在审理一起来自牙买加的上诉时也援引了 Soering 案,在该案中上诉人被作为死囚关押了 14 年,他们主张这么长时间的拖延违反了《牙买加宪法》第 17 条第 1 款关于"任何人不应受到酷刑和其他残忍不人道或有辱人格的待遇或处罚"的规定,枢密院在作出死囚长期关押构成牙买加宪法所禁止的残忍不人道待遇的决定时,注意到本案申诉人被作为死囚关押的时间是 Soering 案中当事人被关押时间的两倍,以此为本案判决提供支持。

1995 年南非宪法法院审理的 State v. Makwanyane and Another 案也是一起死刑废除案件,在该案中,法院宣布任何死刑都是违宪的,法院判决的依据主要是《南非宪法》第 11 条第 2 款关于禁止"其他残忍不人道或有辱人格的待遇或处罚"规定,在对这一条款进行解释时法院考察了包括 Soering 案在内的欧洲人权法院判例法、联合国人权事务委员会的案例和美国、印度、加拿大、英国、津巴布韦等国家法院的案例,在援引这些案例时法院明确指出了国际法资源和比较法资源在解释南非宪法中的作用,法院认为"在面对国际法和比较法时,我们必须牢记我们的任务是解释南非宪法,而不是一项国际文件或某一其他国家的宪法,因此我们必须适当考虑我们自己的法律体系、我们的历史和环境以及我们自己宪法的语言和结构,我们能从国际法和外国判例法获得帮助,但是我们决不应当去遵守它们"。[2]

在儿童权利保护的案件中,被各国国内法院援引来支持国内法解释的主要是《儿童权利公约》。例如《荷兰民事程序法》第 809 章规定,除非符合法律列举的例外情况,儿童应当被提供表达观点的机会,这些例外情况包括儿童不愿表达、儿童因为生理或心理上的不适无法表达、紧急情况、不重要情况、表达会损害儿童健康等。但是在实践中,因为这些标准较低,常常被行政当局作为阻止儿童表达意见的理由。在 2013 年荷兰最高法院审理的一起家庭法案件中,负责执行儿童保护命令的社会

---

① Catholic Commission for Justice & Peace in Zimbabwe v. Attorney General, [1993] 1 Z. L. R. 239, para. 325.

② State v. Makwanyane and Another, 1995 (3) SA 391, para. 39.

工作者主张，在本案中儿童不在法庭上表达自己的意见是符合儿童最大利益的，法院在依据民事程序法驳回社会工作者的主张的同时，援引《儿童权利公约》第3条和第12条，[①]强调儿童有表达意见的权利，任何这一规则的例外都应有正当理由。

日本地方法院在两起关于种族歧视的案件中也采用了价值增进型方法，这两起案件都涉及《消除一切形式种族歧视国际公约》在日本国内法院的适用。一起案件涉及一名巴西妇女在一家珠宝店因只逛不买而被店员驱赶，静冈地方法院判决珠宝店主人应对原告进行赔偿，法院作出判决的依据是民法典（侵权法）第709条，但法院在解释第709条时援引了《消除一切形式种族歧视国际公约》的规定，认为虽然国会没有采取任何立法措施实施公约，但是公约的实质条款仍然可以作为侵权的一个解释因素。[②] 另一起案件起因于一家公共浴室拒绝外国顾客，其中一名被拒绝的顾客是一名美国人，他和日本女子结婚并取得日本国籍，但是仍然被拒绝进入。札幌地方法院认为虽然《消除一切形式种族歧视国际公约》、《日本宪法》第14条和《公民权利和政治权利国际公约》并不直接规范私人之间的关系，但是它们可以成为解释私法条款的参考，最后法院判决浴室主人拒绝原告进入浴室的行为构成了不合理的歧视和民法典中的侵权，要求浴室主人对原告进行赔偿。[③]

值得注意的是2013年日本最高法院审理的一起非婚生子女继承权案，[④]该案是为数不多的由日本最高法院主动援引国际人权法的案例，而且本案中最高法院还第一次引用了条约机构的一般性意见，此前地方法院

---

① 《儿童权利公约》第3条第1款规定："关于儿童的一切行动，不论是由公私社会福利机构、法院、行政当局或立法机构执行，均应以儿童的最大利益为一种首要考虑。"第12条规定："1. 缔约国应确保能够形成自己看法的儿童有权对影响儿童的一切事项自由发表自己的意见，对儿童的意见应按照其年龄和成熟程度给以适当的重视。2. 为此目的，儿童应特别享有机会在影响到儿童的任何司法和行政诉讼中阐述见解，以符合国家法律的诉讼规则的方式，直接或通过代表或适当机构陈述意见。"

② 静冈地方裁判所11・10・12 判例時報第1718号92頁。

③ 札幌地方裁判所14・11・11 判例時報第1806号84頁。

④ 最高裁判所平成25・9・4 民集第2012号984頁。

对条约机构解释的引用通常都不会得到最高法院的支持。[①] 2013 年 9 月 4 日,日本最高法院宣布民法第 900 条第 4 款关于非婚所生子女的遗产继承份额为婚生子女一半的规定违反宪法,在论证过程中最高法院援引了《公民权利和政治权利国际公约》和《儿童权利公约》以及相关条约机构的一般性意见,并认为这些人权文件对于解释宪法平等权和民法中的非婚生子女歧视条款具有相关性。

"价值增进型"解释方法是美国法院最能接受也最常被采用的方法,典型案例有阿特金斯(Atkins)案、[②]格鲁特尔(Grutter)案[③]和劳伦斯(Lawrence)案。[④]

阿特金斯案的申诉人是一名智障人士,他因谋杀罪在弗吉尼亚州被判处死刑,联邦最高法院以判处智障人士死刑违反了宪法第八修正案关于"禁止施予残酷且不寻常的惩罚"的规定为由推翻了该判决。在本案中,联邦最高法院对待国际人权文件的态度是非常谨慎的,只是在分析了存在国内合意的同时,在脚注中引用了欧盟作为法庭之友提出的意见,提到在国际社会,压倒多数的国家已经拒绝对犯罪的智障人士判处死刑。可见,在确定对智障人士判处死刑是否违反第八修正案时,美国的国内标准是决定性的,而援引国际法只是作为第八修正案的补充,是为了澄清美国的国内合意不是一个偶然的例外。[⑤]

格鲁特尔案是一起因种族平权措施而引发的平等权案件,密歇根州立大学法学院为了鼓励校园多样化在录取时采取了考虑学生种族背景的平权政策,原告是一名密歇根州白人公民,她因录取政策没有被录取并向密歇根东区地区法院提起诉讼,主张被告的政策构成了基于种族的歧视,地

---

① 例如日本高松高等法院在 1997 年的一项判决中援引了人权事务委员会在 Moraell v. France 案中的意见和《欧洲人权公约》作为《公民权利和政治权利国际公约》第 14 条第 1 款解释的指导,但是这些资源没有出现在最高法院的判决中。参见高松高等裁判所平成 9 · 11 · 25 判例时报第 997 号 65 頁。

② Atkins v. Virginia,536 US 304(2002).

③ Grutter v. Bollinger et al. 539 US 306(2003).

④ Lawrence v. Texas,539 US 558(2003).

⑤ See Roger P. Alford,"Misusing International Sources to Interpret the Constitution",*American Society of International Law* 98,2004,pp. 57,60 – 69.

区法院认为法学院的录取政策是不合法的。第六巡回上诉法院推翻了这一判决,案件上诉到联邦最高法院,奥康纳大法官认为密歇根大学法学院在保持校园多样化方面具有重大利益,在招生政策中的种族考虑没有违反平等保护条款。法院的多数意见注意到考虑学生种族背景的录取政策必须有一个逻辑终点,为此法院深入讨论了相关案例法来支持自己的观点。除此之外,金斯伯格大法官在她的协同意见中还利用国际人权条约为这一观点提供额外的支持,她认为多数意见关于"考虑学生种族背景的录取政策必须有一个逻辑终点"的观察和国际法上关于平权政策的理解是一致的,并援引了《消除一切形式种族歧视国际公约》和《消除对妇女一切形式歧视公约》的相关条款作为论证的支持,前者第 2 条第 2 款规定"缔约国应于情况需要时在社会经济、文化及其他方面,采取特别具体措施确保属于各该国的若干种族团体或个人获得充分发展与保护,以期保证此等团体与个人完全并同等享受人权及基本自由,此等措施于所定目的达成后,绝不得产生在不同种族团体间保持不平等或个别行使权利的后果"。第 1 条第 4 款也规定了类似的暂时的、有限的平权措施(专为使若干须予必要保护的种族或民族团体或个人获得充分进展而采取的特别措施以期确保此等团体或个人同等享受或行使人权及基本自由者,不得视为种族歧视,但此等措施的后果须不致在不同种族团体间保持各别行使的权利,且此等措施不得于所定目的达成后继续实行。)后者第 4 条第 1 款规定"缔约各国为加速实现男女事实上的平等而采取的暂行特别措施,不得视为本公约所指的歧视,亦不得因此导致维持不平等或分别的标准;这些措施应在男女机会和待遇平等的目的达到之后,停止采用"。①

劳伦斯案是另一起法院利用国际法协助解释宪法的案件,该案被告因实施同性性行为而被判有罪,得克萨斯州上诉法院维持了原判,联邦最高法院肯尼迪大法官推翻了 1986 年鲍尔斯案的法理,并判决将两名成年同性恋者之间的合意性行为设定为犯罪的得克萨斯州法律是违宪的,侵犯了同性恋者基于第十四修正案享有的自由利益。在评价鲍尔斯案时,肯尼迪

① Grutter v. Bollinger et al. ,539 US 306(2003),para. 344.

大法官注意到该案推理中的一些疏漏，例如伯格法官在论证同性恋性行为违法时将其正当性建立在“整个西方文明的历史”和“基督教的道德和伦理标准”之上，但却没有考虑相反方向的权威观点，早在鲍尔斯案判决作出的5年前欧洲人权法院曾审理过一起与鲍尔斯案和当前案件非常相似的案件，在该案中，一位北爱尔兰的成年男性居民宣称他是一名同性恋者并表示愿意从事合意的同性性行为，北爱尔兰的法律禁止他拥有这项权利，他在欧洲人权法院声称他被质问，他的家被搜查，他害怕会受到刑事指控，欧洲人权法院认为根据《欧洲人权公约》，禁止同性性行为的法律是无效的，这一判决动摇了伯格大法官的主张（同性性行为与西方文明的价值相违背）的基础。在考察了鲍尔斯案后，肯尼迪大法官认为：“基于鲍尔斯案所依靠的、我们和更广泛的文明社会共享的那些价值，鲍尔斯案的推理和判决在其他地方已经被拒绝。欧洲人权法院遵循的不是鲍尔斯案而是它自己在 Dudgeon 案中的判决，其他国家也都承认成年同性恋者有权从事合意的性行为。本案中申诉人寻求保护的权利已经作为个人自由的一部分在其他很多国家得到认可，在我们国家也不存在更合法或更紧急的政府利益需要限制个人的选择。”①在本案中，欧洲人权法院的判例法只是法院探寻宪法含义的复杂过程的一个因素，这种适用方法“不会产生外部权力控制美国宪法或政治分支通过签署公约操控权利法案内容的危险”。②

最高法院在2010年的格雷厄姆案中也采用了同样的解释方法。在该案中，法院需要考虑的问题是对实施非杀人罪的未成年人判处不可假释的终身监禁是否构成残忍和不寻常的惩罚。法院在多数意见中注意到存在一种指责这种刑罚的全球合意，并观察到美国是唯一施加这种刑罚的国家，在援引了《儿童权利公约》后，法院对国际人权法在本案中的作用进行了谨慎地阐述，法院再次强调：“我们面临的问题不是国际法是否禁止美国施加这种刑罚，而是这种刑罚本身是否是残忍和不寻常的。在调查中我们发现，国际上反对这种刑罚的观点取得了压倒性的优势，这为我们自己的

---

① Lawrence v. Texas, 539 US 558(2003), paras. 2481 – 2483.

② Gerald L. Neuman, "The Uses of International Law in Constitutional Interpretation", *American Society of International Law* 98, 2004, p. 90.

结论提供了可依赖的、重要的确信。”[①]

(二)“价值增进型”方法的评论

从上述案例可以发现,“价值增进型”方法对于法院的解释工作并不是必需的,它们只是起到了增强法院说理效果的附加支持作用,那么在这种情况下就会产生一个值得关注问题:为什么国内法院会额外花费精力去援引国际人权文件?有的学者认为这种引用或者是纯装饰性的,或者目的在于向其他法院表明自身对于国际法的尊重,美国学者沃特斯在对国内法院以“价值增进型”方法适用《公民权利和政治权利国际公约》的案例进行分析后,在上述两个原因之外提出了另外三个可能的原因:

其一,《公民权利和政治权利国际公约》作为基本的人权文件,是为整个国际社会准备的,以此为基础,一些国内法院的法官将本国政府批准公约的行为视为是对在更广泛的国际人权共同体中的成员身份的确认。因此,法院以“价值增进型”方法适用公约是表明它们愿意参与人权问题跨国司法对话的一个强有力的信号,在这种跨国对话中一个关键性的要素是公约中体现的共同人权标准和各国国内宪法之间的碰撞与融合。像《公民权利和政治权利国际公约》这样的联合国核心人权公约更是能够在迥然各异的各国宪法和国内人权立法之间架起一座重要的桥梁,促进人权问题的跨国对话。

其二,国际人权法的使用被视为一种微妙的方法,为建立在国内法律资源基础上的主张提供额外的支持。一方面,法官有时利用国际人权条约的条款来强调某一项国内标准的重要性或基础性特征,例如在 Stephens 案[②]中,法院在讨论禁止双重审判的国内法时援引了《公民权利和政治权利国际公约》来说明在双重审判问题上存在普遍的困难;又如在 Chamberlain 案[③]中,法院在承认父母有决定子女宗教和道德教育的权利时特别强调这种观点与《公民权利和政治权利国际公约》中的同类保障是一

---

① Graham v. Florida,560 US 48(2010),paras. 30 – 31.

② The Queen v. Stephens,[2003] NZCA 57,CA.

③ Chamberlain v. Surrey Sch,[2002]4 S. C. R. 710.

致的。另一方面,法院有时会依靠国际人权公约来确认从国内法律资源的分析中得出的结论的正确性,例如前文提到的 Grutter 案,基于国内法的分析已经足够支持法院的结论,金斯伯格大法官援引国际人权公约对于法院结论而言只是起到一种确认作用。

其三,有时国内法院援引国际人权法来支持自己的结论仅仅是因为法院承认某一特定国内法规范源于国际人权法,除了前文提到"天主教正义与和平委员会案",加拿大、新西兰、南非等国家的法院也都承认各自国家的基本人权文件可以追溯到国际人权核心文件。例如在 Harper 案①中,法院认为加拿大《权利和自由宪章》中规定的获取信息的权利在《世界人权宣言》和《公民权利和政治权利国际公约》都有明确的规定和保障。

二、"价值确认型"解释方法

在仅仅基于国内法律资源的分析而得出的结论不够充分时,法院援引国际人权法就不再只是一种可有可无的附加支持,有时甚至会成为法院结论的主要支撑。如荷兰家事法院的法官在审理收养案件时,对于那些没有满足收养的所有法律条件、但是收养符合儿童最大利益的情况,通常会援引《儿童权利公约》第 3 条的"儿童最大利益"条款解释收养法,为收养的成立提供更多支持。当然,这种方法因对国际人权法的依赖性更强而可能引起更大的争议,这方面的典型案例是美国的罗珀案②中肯尼迪大法官对国际人权法的使用。

在罗珀案中,被告西蒙在 17 岁时实施一项谋杀行为并在年满 18 岁后被判处死刑,他向法院申请人身保护令,在被拒绝后向密苏里州最高法院提出了一项新的请求,他主张 Atkins 案确立了一项"宪法禁止对犯罪时未满 18 周岁的未成年人处以死刑"的规则,这项主张得到法院的支持,法院认为"自从 Stanford 案后已经形成了反对未成年人死刑的国家合意……在过去的十年间对未成年人判处死刑被认为是残酷和非常的

① Canada v. Harper, [2004] 1 S. C. R. 827.

② Roper v. Simmons, 543 U. S. 551 (2005).

刑罚”,并取消了死刑判决,改判 Simmons 终身监禁。最终案件被提交给联邦最高法院,联邦最高法院多数意见确认了密苏里州最高法院的判决,认为判处犯罪时不满 18 周岁的未成年人死刑违反了宪法第八和第十四修正案。

联邦最高法院为了论证判处未成年人死刑构成第八修正案所禁止的“残酷的、非常的刑罚”,首先考察了各州立法机关的实践是否形成了一种国内合意,法院注意到“30 个州废除了未成年人死刑,其中 12 个州完全废除了死刑,18 个州虽然保持死刑但是都通过明确条款或司法解释排除了未成年人死刑的适用……甚至在其余 20 个未正式禁止未成年人死刑的州,判处未成年人死刑的实践也是非常稀少的,在过去十年间只有三个州有过这样的实践”,法院从这组数据得出“与普通罪犯相比,美国社会认为未成年罪犯应当受到更少惩罚”的结论,而这正是宪法第八修正案所要求的,因为死刑是最严厉的刑罚,应当受到宪法第八修正案的规范。①

除了从国内共识的角度论证未成年人死刑构成残酷和非常的刑罚外,法院还考察了国际社会的实践,指出“我们认为死刑对未成年人构成不合比例的惩罚的观点可以从一个明显的事实得到确认,这个事实就是美国是世界上唯一一个对未成年人死刑进行正式认可的国家,虽然这个事实不是控制性的,因为毕竟解释第八修正案是我们的责任,但是至少从 Trop 案之后,法院已经开始参考其他国家的法律和国际公约作为解释第八修正案‘不得施加残酷的、非常的刑罚’的指导”。在这些早期实践的基础上,最高法院在本案中援引了几项国际人权公约作为国际社会已经形成了关于禁止未成年人死刑的共识的证据,其一是《儿童权利公约》,该公约只有美国和索马里没有批准,公约第 37 条规定“对未满 18 岁的人所犯罪行不得判以死刑或无释放可能的无期徒刑”,没有任何缔约国对这一条款做出保留;其二是《公民权利和政治权利国际公约》,该公约第 6 条第 5 款规定“对十八岁以下的人所犯的罪,不得判处死刑”,美国签署并批准该公约但

---

① Roper v. Simmons,543 U. S. 551(2005),paras. 564 – 565,568.

却对第6条第5款作出了保留。其三是《美洲人权公约》,该公约第4条第5款规定"对犯罪时年龄在十八岁以下或者超过七十岁的人不得处以死刑"。其四是《关于儿童权利和福利的非洲宪章》,该宪章第5条第3款规定"对于儿童犯下的罪行,不应宣判死刑"。[①] 在援引了这些国际人权公约后,法院承认禁止未成年人死刑已经成为压倒性的国际观点,"国际社会的这一观点虽然不能控制我们的结论,但确实能为我们自己的结论提供值得尊重和重要的确认"。[②]

关于上述被援引的国际人权公约在法院判决中的作用,肯尼迪大法官所代表的多数意见认为在废除未成年人死刑上已经形成了国内合意,援引国际人权公约只是为了进一步确认自己的结论。但是这种观点受到了斯卡利亚大法官、奥康纳大法官和一些学者的质疑。斯卡利亚大法官坚决反对将"其他国家和所谓国际社会的观点置于法院决定的中心地位",他认为:"今天我们引用外部法律资源不是强调我们对宪法的'忠诚'、我们对其起源和宪法作为我们自己遗产的'骄傲',相反,它们被引用来抛开具有数百年历史的美国实践,一项绝大多数有关国家仍然在从事的实践,即让12名公民组成的陪审团来决定在特定情况下,未成年人是否应该被判处死刑。这些外部法律资源确认(而不是否定)的是大法官自己关于世界应该如何以及它们在美国以后将会如此发展的观点。法院试图淡化其广泛讨论外部法律资源的重要性的说辞是不能令人信服的,除非作为法院判决依据的一部分,否则外部法律资源就不可能在法院的法律意见占据一席之地,而这正是当前案件法院的做法。"[③]

奥康纳大法官的反对意见和斯卡利亚大法官的不同,她虽然认为美国法在很多方面是独特的,但她也承认"美国关于人的尊严的不断演进的理解与在其他国家占优势的价值之间既不可能是完全隔绝的,也不可能是内

---

① ACRWC Charter, Article 5(3): "Death sentence shall not be pronounced for crimes committed by children", OAU Doc. CAB/LEG/24.9/49(1990).

② Roper v. Simmons, 543 U.S. 551(2005), paras. 576, 578.

③ Roper v. Simmons, 543 U.S. 551(2005), para. 628.

在抵触的；相反，毫不奇怪的，我们会发现在国内价值和国际价值之间存在一致性，尤其是在国际社会已经就某项惩罚和基本人权之间存在不一致达成共识的情况下，这种共识既可能体现在国际法，也可能体现在单个国家的国内法中。至少，这种性质的国际共识的存在有助于确认一项真正的美国共识的合理性"。也就是说，奥康纳大法官并不完全否定国际人权法在国内裁判中的价值，但她认为国际人权法发挥作用的方式是为国内共识提供确认，而"在当前案件中并不存在这样的国内共识，近期正在出现的全球共识没有改变这个基本事实"，[①]从而拒绝承认国际法在本案中发挥的是确认性作用。

与奥康纳大法官的质疑相似，欧内斯特·扬（Ernest A. Young）教授也认为，"考虑到有二十个州仍然保留未成年人死刑，肯尼迪大法官关于在美国国内已经形成了拒绝未成年人死刑的共识的主张是非常不可置信的，但是通过将关注点从国内领域转移到国际领域——美国是世界上唯一一个官方认可未成年人死刑的国家——罗珀案的多数法官使本来不可置信的主张变成了相当可信的主张"。[②] 因此，扬教授主张肯尼迪大法官没有依靠国际法作为国内共识的确认；相反，他实际上赋予国际人权法以一种权威性的法律权重，将它们作为国际实践的证据，进而将它们作为有约束力的法律权威来支撑脆弱的国内共识。

因为上述两种方法的目的都是通过援引国际法为国内法提供支持。因此法院一般情况下并不会对国际人权文件的文本进行精确解读，他们不会去探求具体的国际法条款或规则；相反，法院倾向于采用一种目的性解释方法，以辨别条约所体现的原则，并在国内法和国际法之间建立达成以相互承认这些原则为基础的一致性目的。南非宪法法院曾在多个案件中采用这种方法，如在 Khalfan 案[③]中，南非当局将一起美国爆炸案的两名嫌

---

① Roper v. Simmons, 543 U. S. 551(2005), para. 605.

② Ernest A. Young. "Foreign Law and the Denominator Problem", *Harvard Law Review* 119, 2005, pp. 148 – 149.

③ Khalfan Khamis Mohamed v. President of the Republic of South Africa, (2001) 7 B. C. L. R. 685(CC).

疑犯移交给美国,如果这两人被判有罪将会面临死刑。法院认为移交构成了残忍对待,为了增强说服力,法院援引了《禁止酷刑公约》第 3 条,但是该条款只是禁止缔约国使个人因引渡或驱逐而遭受酷刑待遇,而并未提及残酷和不人道的待遇。但是法院并没有纠缠于文本的细节,因为法院需要从公约中寻求的只是一般性的原则。

三、"语境解释"方法

按照这种方法,法院在解释国内法中模糊不清的条款时,将国际人权法作为相关考虑因素,法院对国际人权法和对国内宪法的分析紧密交织在一起。在这种解释方法下,国际人权法是否具有约束力并不是重要的考虑因素,法官注重的是它们对于阐明国内法规范的含义是有用的。"语境解释"方法被一元论国家和二元论国家广泛采用,其中最常采用这一方法的国家是加拿大,自从 1982 年《加拿大权利和自由宪章》开始实施,加拿大法院就常用国际人权法来解释宪章条款和普通人权立法。

各国采用"语境解释"方法的案例大体可以分为两类:第一类是法院利用国际人权法来解决特定权利条款的模糊性;第二类是法院利用国际人权法来识别和解释国内权利法案中的限制性条款的范围。下面将分别以加拿大法院审理的典型案例为例加以说明。

(一)解决国内权利条款的模糊性问题

1. *The Queen v. Advance Cutting and Coring Ltd.* 案①

该案是国内法院采用"语境解释"方法解决权利条款模糊性的典型案例。根据魁北克的一项规范建筑工业的法律,工人在找工作前必须登记加入工会,被告公司因雇用了没有登记的工人而被起诉。在诉讼中,被告公司认为法律将工人加入工会规定为一项法律义务侵害了他们不结社的权利。但是《加拿大权利和自由宪章》对这个问题的规定是模糊不清的,它虽然保障结社自由是一项基本自由,但并没有明确规定结社自由是否包含

---

① The Queen v. Advance Cutting and Coring Ltd. [2001]3 S. C. R. 209.

被告所主张的消极不结社的自由。[①]

巴斯塔拉奇(Bastarache)法官在宣称模糊不清的宪章条款应当被解读为包含了一项消极不结社的自由时采用了“语境解释”的方法,他援引国际人权法来为这种扩张性解读提供支持。但是这里存在一个问题,即主要的国际人权法对于是否存在一项消极不结社的自由都没有明确规定,《公民权利和政治权利国际公约》和其他国际人权法都没有特别提到这一自由,而且《公民权利和政治权利国际公约》中使用的“结社自由”这一表述似乎仅支持一项积极的结社权利。但是,巴斯塔拉奇法官并没有退缩,他转而对国际人权法作了更有创造性的解读:首先,他认为在本案中,对结社自由进行语境解释应当考虑工作环境中必须被保护的基本价值,如行动自由和工作权,为了更全面地阐明结社自由的特征,他还扩大了相关国际法资源的范围,援引了《经济、社会和文化权利国际公约》第 6 条,该条规定“本公约缔约各国承认工作权,包括人人应有机会凭其自由选择和接受的工作来谋生的权利”。基于这些条款,他主张:承认一项消极不结社的自由将使宪章条款与国际人权法保持一致。

其次,巴斯塔拉奇法官还参考了软法资源,尤其是《世界人权宣言》第 20 条关于“任何人不得被迫隶属于某一团体”的规定。《公民权利和政治权利国际公约》和其他主要人权公约的起草者采纳了《世界人权宣言》中的多数条款并赋予它们以法律效力,但却拒绝采纳不结社的自由。对此,巴斯塔拉奇法官断言“国际公约对权利的明晰化并没有取代体现在《世界人权宣言》中的宽泛的原则”,他认为《公民权利和政治权利国际公约》中的结社自由条款的目的只是使宣言中的积极结社权更清晰,而不是贬低宣言中的消极结社权。除了《世界人权宣言》,巴斯塔拉奇法官还援引了《非洲人权宪章》中关于不结社的自由的规定,并从《经济、社会和文化权利国际公约》第 8 条寻求支持,因为该条第 1 款(a)项规定的参加工会的权利是一项“参加他所选择”的工会的权利,其中“选择”

---

① 《加拿大权利和自由宪章》第 2 条规定:“每一个人都享有下述基本自由……(d)结社的自由。”

体现了消极结社权的重要性。

2. Health Services 案①

本案是又一起利用"语境解释"方法澄清结社自由含义的案件,在该案中加拿大最高法院推翻了早期的判决,认为宪章中规定的结社自由中包含一项工会进行集体谈判的权利,并据此推翻了一项不列颠哥伦比亚省的立法,该立法对代表医护人员的工会进行集体谈判的权利做出限制并宣布集体合同中与该立法不一致的条款无效。支持法院作出这一判决的一个因素是法院认为《加拿大权利和自由宪章》中保障结社自由的条款应当参照国际人权法进行解释,法院推定《加拿大权利和自由宪章》保障的权利的范围至少和它所批准的国际人权文件所保障的同类权利的范围一样宽。在本案中,法院援引了《公民权利和政治权利国际公约》第 22 条,该条明确规定了组织工会的权利并规定这项权利只能基于国家安全和公共安全等理由加以限制,同时还援引了《经济、社会和文化权利国际公约》第 8 条和国际劳工组织第 87 号公约,法院宣称这三项公约"通过承认集体谈判权是结社自由的一部分从而扩大了工会功能的范围,无论是在加拿大还是在国际上,这些公约的解释都不仅支持在国际法上确实存在一项集体谈判的权利,而且也表明这项权利在加拿大宪章第 2 条(d)项的语境下应当得到承认"。②

3. *Foundation for Children, Youth and the Law v. Canada* 案③

与上述案件扩大权利条款的含义相反,法院在本案中主要采用的是限缩解释的方法。案件涉及加拿大刑法典中的禁止伤害条款,该条款包含一项例外规定,即每一位学校教师、父母或代替父母照顾儿童的人有权为矫正学生或儿童而使用武力,前提是武力在当时的环境下具有合理性。这一例外规定在本案中受到挑战,理由是它以违反"基本正义原则"的方式侵

---

① Health Services and Support-Facilities Subsector Bargaining Assn v. British Columbia, [2007] 2 S. C. R. 391.

② Health Services and Support-Facilities Subsector Bargaining Assn v. British Columbia, [2007] 2 S. C. R. 391, para. 72.

③ Foundation for Children, Youth and the Law v. Canada, [2004] 1 S. C. R. 76.

犯了儿童的个人安全权，因为条款中的“在当时环境下具有合理性”的表述非常模糊，无法为公民和官员的行为提供明确的指导标准。

法院承认从表面上看这一表述是非常宽泛的，但是它坚持认为存在一些有助于增强其精确性的隐含的限制。在解释这些隐含的限制的来源时，法院除了依据社会科学家的观点和所谓的社会合意，也诉诸加拿大的国际义务，法院主张制定法的解释应当与加拿大的国际义务相一致，为此法院援引了《儿童权利公约》第 19 条、《公民权利和政治权利国际公约》第 7 条（禁止酷刑和不人道待遇）和人权事务委员会关于禁止对在校学生进行体罚的一般性意见。法院认为这些国际人权资源共同为上述含义模糊的表述提供了一个“坚固的意义核心”，据此刑法典中的例外规定应被解释为除了非常有限的情况外体罚不应被允许，具体而言，体罚应被限制在短暂、微小的矫正性武力，而且不适用于 2 岁以下的儿童或 13 岁以上的青少年。①

（二）解释限制性条款

1. *Suresh v. Canada* 案②

“语境解释”的另一类案例是利用国际人权法解释国内权利法案中的限制性条款。在《加拿大权利和自由宪章》中包含两类限制条款，一类是一般限制条款，另一类是具体限制条款，前者如第 1 条规定“宪章开列的所有权利和自由，只服从在自由民主社会中能够确凿证明正当的并且由法律规定的合理限制”，后者如第 7 条规定“每个人都有生命、自由和人身安全的权利，除非与基本正义的原则相一致，否则这些权利不得被剥夺”。加拿大法院在特定案件中确定权利限制的范围时通常采用“权利平衡”的方法，即在保护权利获得的利益和侵害权利能实现的政府目标之间进行权衡，在这个过程中，法院经常会援引国际人权法来解释限制条款——如前面两个条文中的“合理限制”和“基本正义的原则”——的含义使之有利于权利保护，Suresh 案就是最高法院利用《公民权利和政治权利国际公约》和

① Foundation for Children, Youth and the Law v. Canada, [2004] 1 S. C. R. 76. para. 49.

② Suresh v. Canada (Minister of Citizenship and Immigration), [2002] 1 S. C. R. 3.

《禁止酷刑公约》对“基本正义的原则”进行语境解释的典型案例。

Suresh 是一名来自斯里兰卡的难民，被指控为一个恐怖组织提供支持，加拿大移民局将他驱逐出境，Suresh 起诉称如果被驱逐回斯里兰卡他将面临酷刑危险，因此驱逐决定违反了宪章第 7 条，剥夺了他的人身安全权利而且与基本正义的原则不一致。法院认为“基本正义的原则不是存在于一般的公共政策领域，而是作为正义系统守护者的司法机关所固有的”，因此在分析宪章中的“基本正义”原则时，正确的方法是语境分析的方法，即在加拿大与恐怖主义斗争中所拥有的合法利益和 Suresh 不因驱逐而遭受酷刑的利益之间进行权衡。法院进一步指出在权衡的过程中，权衡的结果可能会受到被纳入考量的语境因素的影响。

在本案中一个主要考虑的语境因素就是禁止酷刑的国际人权法，法院援引了《公民权利和政治权利国际公约》和《禁止酷刑公约》中的相关条款以及人权事务委员会关于《公民权利和政治权利国际公约》的第 20 号一般性意见，注意到公约条款已经被解释为包含了“缔约国不得通过引渡、驱逐或驱回手段使个人回到另一国时有可能遭受酷刑或残忍、不人道或有辱人格待遇或处罚”。价值增进型解释和价值确认型解释不同，本案中国际人权公约的援引既不是为已经充足的国内推理提供附加支持，也不是为脆弱的国内资源提供可以作为裁判主要依据的外部支撑，实际上，法院是将国际人权法插入用于平衡个人利益和政府利益的语境因素之中，这样法院就能利用国际人权文件中对酷刑的强烈反对来打破个人利益与政府利益之间的平衡，在基本正义的判断中做出更有利于个人利益的权衡。法院认为“国内和国际法理都表明酷刑是令人深恶痛绝的，因此在与其他利益进行平衡时几乎总是不合比例的，即使另一边是安全利益”，因此“除了非常极端的情况，在一般情况下因引渡而致酷刑危险将违反基本正义的原则，加拿大必须寻求其他方法以确保国家安全”。

2. R. Keegstra 案①

除了解释限制性条款的含义、确定权利限制的范围，法院也利用“语境

---

① R. v. Keegstra, [1990] 3 S. C. R. 697.

解释”方法为权利限制提供正当性。本案被告 Keegstra 是一名教师,他因在课堂上发表尖刻的反犹太主义言论并要求学生在考试中重复这些言论而受到刑事指控,因为加拿大刑法典禁止向基于肤色、种族、宗教或种族的公众宣扬促进仇恨的言论。Keegstra 主张刑法典的规定侵犯了他受《加拿大权利和自由宪章》保护的言论自由。

加拿大最高法院认为刑法典的规定确实侵犯了宪章保护的言论自由,但是因为宪章第 1 条允许对权利和自由做出“自由民主社会中能够确凿证明正当的并且由法律规定的合理限制”,因此刑法典的规定可以得到支持。在评估刑法典对言论自由限制的合理性时,法院将国际人权法作为宪章解释的语境,一方面,法院认为加拿大承担的国际人权义务反映了自由民主社会的价值和原则;另一方面,国际人权法中反映的价值和原则是宪章制定和实施的重要背景。法院在本案中援引的国际人权法是《消除一切形式种族歧视国际公约》第 4 条和《公民权利和政治权利国际公约》第 19 条和第 20 条,法院认为“这两项国际人权公约的规定表明禁止仇恨性言论不仅与缔约国保证人权的义务相一致,而且也是这种保证义务的一个重要方面。虽然国际上对维持禁止仇恨宣传与确保言论自由之间的平衡仍存在争议,但是加拿大和国际社会的其他成员一样,已经承诺禁止仇恨言论,因此法院在评估刑法典相关条文的政府目的的性质时必须考虑这种承诺”。在本案中,国际人权法对仇恨性言论的禁止是法院支持刑法典相关条文对言论自由进行限制的重要语境因素,在法院裁决中发挥了重要作用。

在语境解释中,国际人权法与国内法之间是交流与对话的关系,法院并不把国际人权法看作有约束力或必须遵循的资源,它们不是国际法上的义务。它们为国内法的解释提供有用的比较法意义上的资源,但国内法院并不受国际人权法的控制。也正因如此,法院在采用语境解释方法时并不会刻意区分国际人权公约是作为国际习惯法的证据还是作为国际观点的证据,法院援引国际人权公约的关注点不是本国所承担的国际义务,而是公约中体现出的国际社会的规范承诺。

上述三种解释方法在实践中虽然不同,但却有一个共同之处,就是法院始终坚持国内价值的优先性和基础性,把国内法和国内实践作为分析问题时的首要考量因素,援引国际人权法的目的只是为了更好地解释国内法。

第二节 "一致性解释"方法

"一致性解释"(consistent interpretation)是指当国内法包括国内宪法和普通立法有多种可能的解释时,法院应当采用使之与国际法相一致的解释。与前面三种方法相比,一致性解释更加重视国际标准的价值,国际人权法在国内法解释中的作用也更加突出,但是这并不意味着国际法当然地优于国内法,作为一种国内法的解释方法,一致性解释只是尽可能地调整国内法使之与国际法相一致。

一、"Charming Betsy 标准"的产生和发展

(一)*Murray v. The Schooner Charming Betsy* 案①

"一致性解释"方法可以追溯到1804年美国联邦最高法院在 *Murray v. The Schooner Charming Betsy* 案中确立的 Charming Betsy 标准。1789年到1800年,美国和法国之间发生了一场没有正式宣战的短暂战争,在战争期间美国通过了"中止贸易法案",该法规定:"对总统来说这是合法的:指示美国的公共武装船只在公海上停止和检查美国的任何船只,只要有理由怀疑它们正在从事违反本法案的任何交通或商业活动,如果经审查,此类船只受到约束或驶向或驶自违反本法案的任何港口或地点,公共武装船只的指挥官有义务扣押每艘从事这种非法商业活动的船只并将其送到最近的美国港口,使其依据正当的法律程序被起诉,并受到本法所规定的处罚和没收财产。"法案中的"美国船只"包括居住在美国的任何人或居住在任何其他地方的美国公民所全部或部分拥有或雇佣的船只。

---

① Murray v. The Schooner Charming Betsy, 6 U. S. 64(1804).

为了实施该法，亚当斯总统命令美国海军没收任何与法国贸易的可疑船只。不久后，一艘美国海军护卫舰在公海上没收了 Charming Betsy 号货船，怀疑它和法国属地瓜达拉哈拉之间进行贸易，违反了“中止贸易法”。在被没收前，Charming Betsy 号已经被它的美国主人卖给了一位圣托马斯的居民 Jared Shattuck，Shattuck 出生在美国，但童年时即移居丹麦的圣托马斯岛，并成为一名丹麦公民。Shattuck 向美国法院挑战美国海军的没收行为，并主张将该“中止贸易法”适用于他将违反国际法中的中立权原则。马歇尔大法官在判决书中提出“如果有任何其他可能的解释存在，一项国会法案永远不应当被解释为违反国际法”（这一标准后来被称为“Charming Betsy 标准”）。根据这一标准，法院对“中止贸易法”作出了解释，认为在界定该法中的“美国船只”时不应以法律通过的时间，而应以实施没收行为的时间为准，据此法院得出结论：在船只被没收时 Shattuck 既不是美国居民也不在美国保护之下，因此他的船只不在“中止贸易法”的规范和调整范围。

虽然本案判决书并没有对采用“Charming Betsy 标准”的理由做出说明，但是美国学者莱纳（Frederick C. Leiner）认为美国当时所面临的国际形势可以为法院的决定提供合理解释，他注意到“1804 年英国和法国正在进行战争，作为中立国的美国拥有当时世界上第二大的商船队，而且对与交战各方的贸易具有很强的依赖性，美国需要通过最高法院来表明它对国际法规则的支持……对于马歇尔法院而言，Charming Betsy 案的重要性不是被后代律师反复援引的解释规则，而是在一个具有广泛商业利益而又军事力量薄弱的中立国急于使本国的法律得到尊重的情况下表现出的对国际法规则的重视。”①

除此之外，还有另外两个因素也对法院采用“Charming Betsy 标准”产生了积极影响。其一，虽然美国宪法对习惯国际法的地位没有作出明确规定，但当时的美国法院认为习惯国际法是独立的国内法资源，是普通法的

---

① Frederick C. Leiner, “The Charming Betsy and the Marshall Court”, *American Journal of Legal History* 45, 2001, pp. 17 – 18.

一部分。而普通法被认为是一系列背景规则,它们不是来源于任何特定的权威,法院在没有内容相反的制定法时可以加以适用。其二,当时的国际法被看作一种自然法,这会产生一种国内法和国际法具有共同来源的感觉,为法院在解释国内法时参考国际法提供了正当性。

(二)“Charming Betsy 标准”的正当性基础

在 Charming Betsy 案发生后的两百多年间,“Charming Betsy 标准”已经发展成为界定美国和国际法关系的重要因素,也是一系列包含国际法和司法解释的裁判的基石。与 1804 年相比,美国所处的国际环境和国际法本身都有了重大的变化和发展,能够为“Charming Betsy 标准”在当年的适用提供正当性的理由也已经变得十分脆弱,适用该原则的法院和学者开始从新的角度论证“在现有的法律框架下,法院为什么要解释国内立法使之不违反国际法”这一问题,当前比较有影响的观点有三个,分别是立法意图论、分权论和国际主义论。

1. 立法意图论

这是能为“Charming Betsy 标准”提供正当性的一个最常见的理论,该理论的核心观点是“Charming Betsy 标准”促进了国会意图的实施。立法意图论建立在一个假设之上,即在一般情况下国会并不愿意违反国际法,因为违反国际法可能触犯其他国家,给美国的外交关系带来困难。因此,当国会立法的文本模糊不清时,“Charming Betsy 标准”可以增加正确解释的可能性并因此协助法院成为国会意愿的忠实代理人。值得一提的是,国会意图论者并不认为国会在颁布法律时就考虑了国际法,而只是主张如果国会在颁布法律时已经考虑了国际法那么国会不会想要违反国际法。因此,立法意图论将遵守国际法归因于法律制定者。许多法官和评论者都赞同立法意图论,如美国《对外关系法重述》(第三次)规定:“通常认为国会无意通过否认一项国际法规则或一项国际协议是国内法来拒绝履行美国的国际义务。”①

① American Law Institute,“Restatement(Third) of the Foreign Relations Law of The United States”,1987,para. 115.

2. 分权论

柯蒂斯·A. 布拉德利(Curtis A. Bradley)教授在1998年提出“分权论”作为“Charming Betsy 标准”的正当性基础，与立法意图论重视立法机关的意图不同，分权论强调的是不同机关之间的关系。根据美国宪法的规定，政府对外关系事务被赋予立法机关和行政机关，这一规定主要出于两个方面的考虑：其一是形式上的考虑，这种考虑包括宪法将政策制定权和外交事务权明确授予政治部门，以及行政首长在与其他国家交往中代表美国的角色；其二是功能上的考虑，主要指和法院相比，政治部门在获取外交信息和回应不断变化的世界形势方面更有优势。布拉德利教授认为“Charming Betsy 标准”的正当性正是在于它既可以尊重国会和总统在宪法上的角色，又可以在联邦政府的三个部门之间保持适当的平衡和协调的工作关系，他从三个方面论述“Charming Betsy 标准”的这种作用。首先，“Charming Betsy 标准”是一种方法，通过这种方法法院可以就是否需要以及如何违反美国的国际法义务从政治部门寻求指导；其次，Charming Betsy 标准减少了法院通过解释联邦立法将美国置于违反国际法的困境的机会；最后，通过要求国会明确地决定是否以及如何违反国际法，“Charming Betsy 标准”减少了国会无意中侵入总统的外交特权的可能。①

如前所述，支持分权论的理念不是国会或行政机关遵守国际法的意图，而是一个一般性的假设，即从长远来看，当面对内容相反的国际法时，对联邦立法作与国际法相一致的解释与违反国际法相比有更少的消极影响，简单地说，以与国际法相一致的方式实施国内立法可能会产生消极的国内影响，但是以违反国际法的方式实施国内立法既可能产生消极的国内影响，也可能影响外交关系。因此，在面临不确定性时，对消极影响的权衡得出支持“Charming Betsy 标准”的结论，从而将决定是否违反国际法的责任放到了政治部门的肩上。②

---

① See Curtis A. Bradley, “The Charming Betsy Canon and Separation of Powers: Rethinking the Interpretive Role of International Law”, *Georgetown Law Journal* 86, 1998, p. 525.

② Ibid., pp. 532 – 533.

3. 国际主义论

在本质上，国际主义论者将“Charming Betsy 标准”作为补充美国法使之与国际法相一致的工具，他们认为法院使用“Charming Betsy 标准”主要不是为了实现立法意图，而是要使国会违反国际法变得更加困难从而促使美国实施国际法，在这种理念下，法院不是国会的代理人而是国际秩序的代理人，它要求在实质意义上重写国内立法使之与国际法保持一致，或者解释国内立法使之广泛地反映国际法，即使这样的解释对于避免违反国际法并不是必要的。

（三）“Charming Betsy 标准”在人权领域的适用

“Charming Betsy 标准”最初出现在管辖权和海事争端中，后来被法院扩展适用到更广泛的就业歧视、移民和外交关系等领域，在过去的二三十年间，该标准被各国法院引入人权法领域，并被作为将国际人权义务延伸到国内法的有力的司法工具，沃特斯教授将之称为“权利意识的 Charming Betsy 标准”（rights-conscious Charming Betsy Canon）。[①] 该标准建立在上述国际主义论的基础上，强调对国际法的尊重而不是对政治分支特权的司法顺从，国际人权法在国内立法解释中的作用被扩大，采用这种标准的法院利用国际人权法影响国内法的实质内容，甚至有的法院强烈主张将这一标准的适用范围扩大到普通立法解释之外，用以解释模糊的宪法文本，接下来将分别讨论“权利意识的 Charming Betsy 标准”在普通立法解释和宪法解释中的作用。

二、用以解释普通立法的“一致性”方法

当国内立法存在不止一种解释时，“一致性解释”方法鼓励国内法院对模糊的国内立法选择与国际人权法相一致的解释。首先，“模糊性”是一致性解释得以适用的前提，一般情况下，模糊性是指法院在采用传统的

① See Melissa A. Waters, “Using Human Rights Treaties to Resolve Ambiguity: The Advent of A Rights-Conscious Charming Betsy Canon”, *Victoria University of Wellington Law Review* 38, 2007, p. 237.

立法解释工具后确认立法机关并没有就待解释的法律条款含义作出明确规定,模糊性立法允许多种可能的解释,如果一种解释明显与立法的清晰含义相冲突,那么就不会产生模糊性问题。其次,法院选择的和国际法相一致的解释应当是合理的,一致性方法并不要求法院为了使之与国际法相一致而曲解法律的文本和目的。最后,在“一致性解释”方法下,可以作为解释依据的国际人权法通常不限于已经被批准的国际公约,也包括批准后未被合并入国内法的人权公约,甚至包括没有法律约束力的人权宣言、人权条约机构的意见和联合国机构的报告。一致性解释方法被各国法院广泛采用,其被接受的程度仅次于上节中提到的“价值增进型”方法。

(一)新西兰的实践

一致性解释被许多国家的国内法院所采用,其中新西兰的案例具有开创意义,1994 年的 Tavita 案[①]是新西兰法院通过一致性解释方法将《公民权利和政治权利国际公约》合并入国内移民法的标志性案例。在该案中,申请人 Tavita 面临被驱逐,但是他有一个孩子将继续留在新西兰,他要求新西兰移民局局长实施 1987 年移民法赋予他的裁量权,基于人道主义考虑取消驱逐命令。在被拒绝后,他上诉至新西兰法院,并主张《公民权利和政治权利国际公约》和《儿童权利公约》要求移民局局长在实施法律中的裁量权时将儿童的最大利益作为首要考虑。因为新西兰对待国际公约采用的是二元论,移民局局长回应说他没有义务考虑这两个公约中的条款,因为它们都没有通过立法被合并入国内法。但是法院没有支持移民局的观点,法院宣称行政决策者有义务考虑国际人权义务,无论这些国际义务是否具有正式的国内法律地位。此外,法院还特别强调司法机关有义务根据人权的普遍性来解释和适用国内宪法、普通立法和普通法。

2005 年的 Hemmes 案[②]更清晰地展示了一致性解释方法的运用。在该案中,原告被他人收养,他向法院提出申请,请求宣布被告是他血缘上的父亲,但是按照 1955 年的收养法,无论为了什么目的,被收养的儿童与他

① Tavita v. Minister of Immigration, [1994] 2 NZLR. 257 (CA).

② Hemmes v. Young, [2005] 2 NZLR. 755.

血缘上的父母的关系均被终止。法院注意到对 1955 年的收养法有两种可能的解释:一种是将收养法中的语言视为是僵化的,绝对地从字面上去理解;另一种是承认半个世纪前制定的法律已经受到时间改变的限制。最后法院断言:"如果一项法律有超过一种解读,那么很明显它应当被解读为与后面制定的旨在保护人权的法律相一致。"但是问题是后来制定的《收养信息法》和《1990 年权利法案》都没有为原告提供任何保护,前者回避了本案中涉及的问题,后者的歧视条款没有包含基于收养地位而产生的歧视。

在本国立法无法提供明确保护的情况下,法院将视野转向国际法,通过一致性解释来填补国内立法的空白。法院发现《公民权利与政治权利国际公约》中的非歧视条款比新西兰权利法案中的非歧视条款更宽泛,公约第 26 条禁止基于"出生或其他身份"的歧视,法院主张"其他身份"应当被解释为包括被收养人。至此,法院通过将一致性解释标准适用于 1955 年的收养法,发现任何在亲子关系的决定中区分被收养与未被收养都是对公约非歧视条款的违反。为了避免这种歧视,法院对本国的收养法作了与公约第 26 条相一致的解释,不仅赋予收养法新的内涵,而且也填补了国内人权立法的空白。

(二)其他普通法国家的实践

新西兰上诉法院采用的"权利意识的 Charming Betsy 标准"对其他国家也产生了影响。加拿大采用这一方法的典型案例是 Baker 案,申诉人 Baker 是一名来自牙买加的非法移民,她在收到加拿大移民局的驱逐命令后请求移民局行使 1985 年移民法中规定的自由裁量权,允许她留在加拿大照顾四个在加拿大出生的孩子。移民局拒绝了她的请求,她向加拿大法院提起诉讼。该案争议的焦点是加拿大移民法第 114 条第 2 款的含义,该条允许移民当局基于悲悯或人道主义考虑免除驱逐。Baker 主张《儿童权利公约》的条款要求移民当局在实施移民法的自由裁量条款时将儿童最大利益作为首要考虑,初审法院向上诉法院咨询:在《儿童权利公约》中的国际义务没有被明确合并入移民法的情况下,移民局在评估基于移民法第 114 条第 2 款提出的申请时必须将儿童最大利益作为首要考虑吗?上诉法院基于二元论的传统观念做出了否定回答,法院承认在解释立法时应尽可能避免与加拿大的国际义务相冲突，但是《儿童权利公约》并没有被合并入国内法，因此在加拿大没有法律效力，在这种情况下，如果要求在解释立法条款时必须与公约相一致将会侵犯行政机关和立法机关之间的权力分配。

加拿大最高法院推翻了下级法院的判决，坚持认为移民当局在实施立法上的裁量权时必须考虑儿童最大利益。最高法院采用了“权利意识的Charming Betsy标准”，首先承认因为《儿童权利公约》没有通过议会立法在国内实施，它的条款在加拿大没有直接适用的效力，因此驳回了Baker要求移民局遵守公约条款的字面意义，即将儿童最大利益作为首要考虑的主张，但是在解释移民法条款的含义时，法院推定立法机关有遵守国际人权法的立法意图，即立法机关被推定尊重包含在国际法中的价值和原则，这些价值和原则构成了实施和解读国内立法的法律背景的一部分，因此法院对立法的解释应当尽可能地反映这些价值和原则，为了支持这一主张，法院还援引了新西兰上诉法院在Tavita案中的判决。

通过采用“权利意识的Charming Betsy标准”，最高法院认为移民当局在实施自由裁量权时有义务遵守法治原则和加拿大社会基本价值所施加的边界，在讨论了《儿童权利公约》的基本原则之后，法院指出公约的价值和原则承认在作出影响儿童未来的决定时考虑他们的权利和最大利益的重要性。在此基础上，法院得出结论，认为即使移民当局不需要将儿童最大利益作为首要考虑，仍然应当将儿童最大利益作为一个重要的考虑因素，赋予它实质的权重，如果移民当局在对待儿童最大利益时没有和加拿大的人道主义和悲悯的传统保持一致，那么移民当局的自由裁量就是不合理的并会被法院推翻。

与新西兰、加拿大的上述案例相比，澳大利亚高等法院的Teoh案①在一致性解释的道路上走得更远。在该案中，一位马来西亚公民因在澳大利亚犯有一项严重犯罪而面临被驱逐，他向澳大利亚移民局申请永久居民身份，主张对他的驱逐将会使他的孩子遭受经济和情感的困难，移民局驳回

① Minister for Ethnic and Immigration Affairs v. Ah Hin Teoh, [1995] 183 CLR 273 (HCA).

了他的申请,他向法院提起诉讼,本案的焦点是移民局是否正当地实施了法律赋予的自由裁量权。根据澳大利亚永久居民许可的相关法律,移民官员在决定是否授予许可时应当考虑申请人的法律地位和其他人道主义方面,本案中移民官员已经考虑了驱逐可能给孩子带来的困难,但是仍然认为申请人的犯罪记录已经远远超过了这些考虑。

申请人在上诉中援引了《儿童权利公约》,主张公约要求移民局在评估他的申请时应当将他的孩子的最大利益作为首要考虑。澳大利亚高等法院采纳了他的观点,法院注意到澳大利亚批准了《儿童权利公约》但没有通过立法将其合并入国内法,因此该条约没有授予个人在澳大利亚法律下可实施的权利,但法院认为没有被合并入国内立法并不意味着公约在国内法领域是完全不相关的,"澳大利亚批准国际公约不应被视为仅仅是陈词滥调或无效的行为,特别是当该公约能被证明是法院和行政当局在处理影响家庭和儿童的基本人权时采用的国际公认的标准时"。法院对批准行为的意义和结果采用一种大胆的解释,并断言批准公约"是本国政府对世界和本国人民做出的一项积极的声明,承诺政府将根据公约来实施行政行为",这样,在立法机关或行政机关没有做出相反的指示时,批准公约的行为本身就构成一种合法的期待,行政决定的作出者应当以和公约相一致的方式来行使权力。根据这一分析,法院认为澳大利亚政府批准《儿童权利公约》的行为可以让像 Teoh 这样的个人产生一种合法的期待,即移民官员会以与公约相一致的方式来实施法律赋予的裁量权,因此法院判决移民局在实施裁量权时有义务将儿童的最大利益作为首要考虑。

和上述国家不同的是,美国没有批准《儿童权利公约》,当面对和上述国家类似的案例时,美国法院将公约作为有约束力的习惯国际法的证据,并认为法院应尽可能地对模糊的国内立法作与习惯国际法相一致的解释。例如,在 *Cabrera-Alvarez v. Gonzalez* 案[①]中,申诉人是一名面临驱逐的墨西哥公民,他有两个美国籍的子女,根据当时美国的移民法律,如果申诉人能证明驱逐将会给他的家庭成员带来特殊和极不寻常的困难,那么法律允

① Cabrera-Alvarez v. Gonzalez, 423 F. 3d 1006 (9th Cir. 2005).

许撤销驱逐命令。但是申诉人的申请被移民法院拒绝,申诉人主张移民官员对移民立法的解释和国际人权法不一致,违反了法律解释的"Charming Betsy 标准",他援引《儿童权利公约》要求移民官员在做出决定时将儿童最大利益作为首要考虑。第九巡回上诉法院首先强调"Charming Betsy 标准"的前提是国会有与国际法相一致的方式制定法律的意图,接下来法院分析了《儿童权利公约》的地位。法院认为虽然美国没有批准该公约,公约也不是美国宪法规定的国内最高法,但是公约已经获得了习惯国际法的地位,国会也有与公约保持一致的立法意图,因此法院可以考虑移民立法是否与公约条款相一致。在讨论了公约的相关条款和加拿大、澳大利亚的相关判例后,法院认为移民官员在做出决定时已经将儿童最大利益作为首要考虑,做出的决定和公约相一致。

除了将国际人权公约作为习惯国际法的证据加以引用外,美国法院更多的时候是将它们作为国家承诺,认为法院可以采用"Charming Betsy 标准"来解释国内法以避免违背国家的承诺。例如美国在 1992 年批准《公民权利和政治权利国际公约》时宣布公约第 1 条到第 27 条是不可自动执行的,因为这些条款并不都具有习惯国际法的地位,所以法院在采用一致性方法来解释国内立法时重点强调的是公约构成了美国的国家义务。在 *Maria v. McElroy* 案①中,申诉人是一名多米尼加公民,因抢劫未遂面临 2 年到 4 年的监禁,根据实施犯罪时的法律,他不需要因所犯罪行被驱逐,而且法律还规定如果面临驱逐的人能证明驱逐将导致他在美国合法居住的近亲属的生活困难,那么基于人道主义考虑他的驱逐可以被豁免。但是在申诉人实施犯罪后接受审判前,国会通过了一项新的法律,新法律对基于人道主义的豁免作出了限制,规定特别严重的犯罪必须被驱逐而且不能豁免。移民法院在审理案件时对新法中的"特别严重犯罪"作出了扩大解释,使之包含了申诉人的行为并判决他应当被驱逐。

案件被上诉到联邦地区法院,法院首先承认只要不曲解法律的含义,在解释国会立法时应当尽可能地与国际法保持一致,接下来法院注意到公

---

① Maria v. McElroy,68 F. Supp. 2d 206(E. D. N. Y. 1999).

约虽然是非自动执行的，但是公约本身是美国法律的一部分，构成了美国的国家义务，因此移民法院溯及既往地剥夺申诉人获得人道主义救济的权利是和《公民权利和政治权利国际公约》相违背的，对公约保护的家庭完整性构成了威胁。

(三)一元论国家的实践

采用一元论的国家，如日本、波兰、荷兰等国的国内法院在直接适用国际人权法的同时，也发展了一些间接适用的方法，其中对国内普通立法作与国际人权法相一致解释的方法被广泛采用。

1996 年日本德岛地方法院明确采用了一致性解释方法，该案当事人因在监禁期间被禁止会见辩护人而申请国家赔偿，法院注意到《公民权利和政治权利国际公约》第 14 条保证被监禁者会见辩护人的权利，并认为日本监狱法和相关实施细则中关于会见辩护人的条款在解释时必须与公约第 14 条的目的保持一致，并进而强调当国内法条款与公约第 14 条的目的相反时，这些条款应当被认定为无效。①

又如在 2008 年的一起涉及非婚生子女国籍取得问题的案件中，依据当时的《日本国籍法》，非婚生子女要获得日本国籍，必须以父母结婚为必要条件。日本最高法院认为关于家庭生活和亲子关系的社会环境已经发生了变化，子女和日本之间的联系不应以父母是否结婚作为衡量标准。此外，法院还特意提到《公民权利和政治权利国际公约》和《儿童权利公约》都有儿童不应受到任何歧视的条款。② 很明显，最高法院在判定《国籍法》相关条款违宪时主要考虑的因素之一就是国内法应当与国际法保持一致。

《波兰宪法》第 9 条规定："波兰共和国应当尊重对它有约束力的国际法。"以这一条款为基础，波兰法院在司法实践中发展出了一种使国内立法与国际法相一致的"友好解释原则"(the doctrine of friendly interpretation)，例如在 1999 年的一个案例中，最高行政法院认为虽然 1951

① 德岛地方裁判所 8・3・15 判例时报第 1597 号 115 页。
② 最判 20・6・4 判例时报第 2002 号 3 页。

年的《难民地位公约》因没有得到波兰批准而不能被法院直接适用，但是宪法第9条要求政府部门在解释国内法时应尽可能地与国际法保持一致。① 宪法法院也注意到宪法第9条和国际法的一般原则都要求尊重国际法，因此包括宪法在内的波兰法都应当以一种与国际法“友好”的方式被解释。但是友好解释方法的适用也受到一些限制，即“不能与宪法标准的明确措辞相冲突，也不能和宪法所实现的最低保护功能相抵触，尤其是个人权利和自由领域的宪法标准是最低的、不可超越的底线，不能因引入国际法条款而被降低或被质疑”。②

三、用以解释宪法的“一致性”方法

“权利意识的Charming Betsy标准”除了在普通法律的解释中被适用，有时也被用于解释宪法条款，即认为国内宪法条款的解释也应当与国际人权法相一致，在这种情况下国际人权法成为具有权威性甚至有约束力的宪法解释资源。在普通法国家，这种方法还只是一种法庭之友的意见、学者的观点或者偶尔在法院的反对意见中被采用，例如在加拿大，虽然有法官和学者基于一致性解释的原理认为法院在解释《加拿大权利和自由宪章》时应当尽量使之与国际法相一致，除非因宪章的表述与国际法明确不一致而使这样的解释成为不可能。但是在实践中加拿大最高法院并没有采用这一观点，相反它认为国际法资源只是相关的和有说服力的，是解释宪章时应予考虑的背景和语境。③

同样，美国虽然出现了援引国际人权法解释宪法第八修正案和第十四修正案的案例，但是最高法院无一例外地只是将它们作为有说服力的权威而不是有拘束力的先例，更没有要求宪法的解释必须与国际法保持一致。澳大利亚高等法院一直承认国际法在国内法解释中的作用，并认为如果不存在相反的目的，国内立法应当按照与国际法相一致的原则被解读，但是

---

① Judgment of 26 August 1999, V SA 708/99.

② Judgment of 11 May 2005, K 18/04.

③ See William W. Black, “Canada's Human Rights System and the International Covenants”, *National Taiwan University Law Review* 6, 2011, p. 219.

法院也反复声明这一原则不适用于宪法解释。①

在普通法国家的实践中,英国枢密院的案例法是少有的例外。在Boyce案中,枢密院利用一致性解释方法将《公民权利和政治权利国际公约》和其他国际人权义务合并入国内法。该案涉及对一项强制实行死刑的巴巴多斯立法的挑战,法院的推理过程展示了一致性解释的具体方法。法院认为:"国际法可能对宪法解释有重要影响,因为法院在解释国内法时应尽可能避免与国际义务相违背。如果立法内容是模糊的(它的含义既可能与公约一致,也可能与公约冲突),法院应选择与公约义务相一致的含义。"②

宪法的一致性解释方法深深根植于这样一种理念,即作为特殊的制定法或基本法,宪法不是在真空中运行,任何国家都是国际社会的一员,国际法规则构成了宪法解释的国际法背景。正如这一方法的支持者,澳大利亚的柯比法官所说:"和1945年相比,今天我们对宪法的理解和适用已经有了完全不同的国际法背景。现在,宪法不仅面向制定和接受它的澳大利亚人民,也面向澳大利亚作为其一员的国际社会,因此其含义不可避免地要受到它所运行的法律环境的影响,将宪法同国际法的影响完全隔离开既是不可能的,也是不可取的。这也是为什么国内法院,尤其是宪法法院应尽可能地将宪法文本作与国际人权基本原则相一致的解读的原因……宪法既可以进行形式修改,也可以进行司法解释。法院的角色是使宪法适应变化的时代,1945年以后国际法的发展代表了宪法变革的方向。"③

当然,这一方法也因过于激进而受到批评。前面提到的"语境解释"方法虽然也常被用于解释宪法权利法案,但是两者之间有着明显不同。在语境解释中,国际人权法只是为国内法的解释提供信息,只是一种具有相

---

① See Polites v. Commonwealth, [1945] 70 CLR 60; Kartinyeri v. Commonwealth, [1998] 195 CLR 337; AMS v. AIF, [1999] 199 CLR 160; Western Australia v. Ward, [2002] 213 CLR 1. 只有Kirby法官主张:"在文本允许的范围内,宪法应与国际法保持一致。"转引自Brent Michael, "International Law in Constitutional Interpretation: A Theoretical Perspective", *Public Law Review* 23, 2012, p. 198。

② Boyce v. The Queen, [2004] UKPC 32 [2005] 1 A. C.

③ Al-Kateb v. Godwin, [2004] 219 CLR 562, p. 624.

关性的解释资源;而宪法的一致性解释则是立足于国际价值,要求法院必须尽可能地使宪法的解释与之一致。与普通立法不同,作为国家根本大法,所有国家的宪法条文都具有一定的模糊性,如果"一致性解释"方法适用于宪法解释,那么必然会导致一国所有的国内法都附属于国际人权法。此外,"一致性"方法也会带来结构性问题,因为它允许按照国际法规则任意解读宪法,这会使这些国际法规则成为宪法的一部分,从而改变国内宪法关于修宪权的规定。[①]

在采用一元论的国家,法院对这一方法的使用也非常慎重。例如波兰宪法法院在判决国内立法违宪时,认为没有必要单独对立法是否与国际人权公约相一致进行审查,因为很多受公约保护的权利在宪法里已经有了明确规定。只有当法院需要建立宪法权利的保护标准时,才会参考国际人权公约,并按照与公约相一致的原则解释宪法条款。[②]

小　结

解释性适用的方法是各国国内法院在援引国际人权法解释国内法时采用的具体方法,以法院所持立场的不同,可以将解释方法大体分为以下两类:一类是立足于国内价值的"支持国内法"的解释方法,这种解释方法又可以细分为价值增进型解释方法、价值确认型解释方法和语境解释方法,这些方法的共同之处是法院始终坚持国内价值的优先性和基础性,把国内法和国内实践作为分析问题时的首要考量因素,援引国际人权法的目的只是为了更好地解释国内法。另一类是立足于国际价值的"一致性解释"方法,该方法源于 *Murray v. The Schooner Charming Betsy* 案确立的

---

① 澳大利亚麦克休(McHugh)法官在 Al-Kateb 案中表达了对在宪法解释中适用一致性解释方法的担忧,他认为"如果允许国际法对宪法的含义产生影响,那么考虑这些国际法规则的法院就会在没有人民授权的情况下修改宪法,从而改变宪法第 128 条关于修宪权的规定。" See Al-Kateb v. Godwin,[2004)]219 CLR 562,p. 592.

② See Judgment of 27 June 2008,K 51/07.

“Charming Betsy 原则”,在被各国法院引入人权法领域后成为将国际人权义务延伸进国内法的有力的司法工具。

这些方法在不同程度上反映了国内法院希望以考虑国际人权标准的方式发展国内法的愿望,它们都是法院将国际人权义务引入国内法的有效方法,但是不同的方法在各国被接受的程度是不同的,一些要求将国内宪法作与国际法相一致解释的方法引发了较多的争议,而一些“支持国内法”的解释方法因对国内法的影响较小而被更多国家接受。

第四章　国内法院对国际人权法的解释

国内法院在援引国际人权法解释本国法时，有一个适用的前提，即需要先对所援引的国际人权法进行解释，以明确其含义和规范意旨，为此需要特别关注的问题就是国内法院如何解释国际人权法，以及在解释国际人权法时应当遵循哪些解释规则，对这些问题的回答应建立在两个前提性判断的基础上：其一，国际人权法是特殊的国际法，因此既要遵循国际法解释的一般规则，又要体现出国际人权法的特殊之处；其二，国内法院对国际人权法的解释会受到国际人权法院和条约机构解释的影响，也会受到国内各种因素的限制。因此，本章将分为三节：第一节以《条约法公约》作为切入点，分析《条约法公约》作为国际公约解释的准据法，为人权公约的解释提供了哪些解释规则；第二节讨论国际人权条约机构的“一般性意见”及其对国内法院解释国际人权法的影响；第三节分析国内因素对法院解释国际人权法的影响。

第一节　国际人权法的一般解释规则

作为国际公法的一部分，国际人权公约必须按照《条约法公约》规定的解释规则进行解释，同时国际人权公约自身的特点又决定了国内法院在解释公约条款时更倾向于采用目的解释和演进解释的方法。

一、《条约法公约》第 31 ~ 32 条的规定

在每一个法律体系中，解释规则在司法中都扮演着基础角色，因为它们支配着法官的行动和法律的解释并最终帮助决定裁判的结果，解释规则在法律体系中的作用可以概括为以下三点：其一，解释规则可以保证法律体系的自主性，因为法律体系的独立性依靠它有一个不同于其他社会体系的工作方法，这种方法源于法律体系本身并被预先确定，法官所做的法律解释应当建立在客观、中立的规则的基础上，并能产生平息争议、令人信服的结果；其二，解释规则能促进法律体系的稳定性和可靠性，使法院的行为更具有可预测性，从而增加相关社会主体对法律体系和法院的尊重和信任；其三，解释规则可以保护法律体系的完整性和统一性，它们解决不同标准之间的冲突，提供填补法律漏洞的方法，并通过限制解释的任意性来限制司法权的滥用。

这些解释规则的作用也同样适用于国际法领域，而且由于国际法本身不同于国内法的一些特点，如国际法规则的非等级性，使解释规则的重要性显得更加突出，一个独立于特定国家意愿的、具有普遍适用性的解释规则对于国际法体系的自主性、稳定性和完整性都有积极意义，此外，一个获得广泛认可的解释规则也可以为不同国家法院间的司法对话提供一个共同的基础。基于上述考虑，国际法专家们参考了长期以来被各国法院适用的解释方法和学术界的理论成果，形成了条约解释的一般规则，这些规则被规定在 1969 年《维也纳条约法公约》第 31 ~ 32 条：

第 31 条　解释之通则

一、条约应依其用语按其上下文并参照条约之目的及宗旨所具有之通常意义，善意解释之。

二、就解释条约而言，上下文除指连同弁言及附件在内之约文外，并应包括：

（甲）全体当事国间因缔结条约所订与条约有关之任何协定；

（乙）一个以上当事国因缔结条约所订并经其他当事国接受为条约有关文书之任何文书。

三、应与上下文一并考虑者尚有：

（甲）当事国嗣后所订关于条约之解释或其规定之适用之任何协定；

（乙）嗣后在条约适用方面确定各当事国对条约解释之协定之任何惯例；

（丙）适用于当事国间关系之任何有关国际法规则。

四、倘经确定当事国有此原意，条约用语应使其具有特殊意义。

第32条　解释之补充资料

为证实由适用第三十一条所得之意义起见，或遇依第三十一条作解释而：

（甲）意义仍属不明或难解；或

（乙）所获结果显属荒谬或不合理时，为确定其意义起见，得使用解释之补充资料，包括条约之准备工作及缔约之情况在内。

这两个条款为条约解释确立了一个综合、开放的解释框架。首先，这个解释框架不是单一的，而是综合的，它容纳了实践中被广泛采用的多种解释方法，其中最主要的有文义解释、系统解释、目的解释和历史解释。其次，这个解释框架在结构上是开放的，它不仅包括上述明示的解释方法，还为解释主体采用新的解释方法提供了空间。如人权公约解释中经常用到的比较法解释、演进解释、判例解释等方法都不是独立于《条约法公约》解释规则之外的解释方法，它们都可以从这些解释规则中引申出来。例如第31条第3款（乙）项关于“嗣后实践”的规定和（丙）项关于“国际法有关规则”的规定都为演进解释提供了法律依据，解释主体既可以根据压倒多数的缔约国实践来发展人权公约的条款，也可以根据体现在国际或区域人权文件中的普遍合意对人权公约条款进行演进解释。同样，从第32条的表述可以发现，作为“解释之补充资料”的资料不仅限于缔约时的准备资料，这就为解释主体使用其他解释资料提供了更多的可能性，例如，解释主体自身或其他国际人权法院、人权条约机构、国内法院对国际人权标准的解释或相关的判例法，都可能成为解释的补充资料。

根据国际法委员会的观点，第31条和第32条列举的这些解释方法是一个统一体,彼此之间并不存在上下等级关系,在具体的解释过程中它们的逻辑关系是:将公约的书面文本作为首要考虑,而为了确定文本的含义可以考虑体系解释和目的解释方法,因为文本的通常意义不是存在于真空中,而是会受到上下文和公约的目的和宗旨的影响。上述解释方法是条约解释的基础方法,而缔约时的准备资料作为解释的补充资料,只有在上述解释无法获得合理结果或为证实上述解释结果时才能使用。①

我国学者韩燕煦教授将条约解释的方法分为"法内方法"和"法外方法",并在此基础上对各解释方法和因素进行了重新排列,把具体解释过程分为四个阶段:"第一阶段:主体对于待解释的具体条文进行考察,此时运用的解释方法是文义方法……第二阶段:因对条文的考察没有解决问题,主体除了条文本身,并对条文所在章节、法律文件整体进行考察,此时运用的是客体内的解释方法。具体来说包括:A. 体系解释方法和;B. 目的解释方法……第三阶段:主体除了对条文和法律文件整体进行考察外,并依据与该法律文件相关的其他法律文件、法律原则和实践来解释,此时运用的是客体外的解释方法……第四阶段:最后在上述方法均不能获得合理解释的情况下,主体不仅要考察上述各种法律因素,而且依据各种法外因素包括社会目的、利益平衡进行解释,此时运用的是法外方法,例如社会学解释方法。至此,整个解释过程完成。"②

二、各种解释方法在人权条约解释中的运用

从抽象意义上讲,《条约法公约》第 31 条和第 32 条确认的一般解释规则适用于所有类型的条约,但是由于不同类型条约在性质上存在一些差异,因此解释主体在解释不同类型条约时会对一般解释规则做出适当调整。具体到人权条约,解释主体在解释人权条约时都会首先承认人权条约区别于其他国际条约的一个特点,那就是人权条约的目的不是保护缔约国

---

① International Law Commission of the United Nations, "Draft Articles on the Law of Treaties with Commentaries", in United Nations Conference on the law of Treaties, *Official Records*, Buffalo, William S. Hein and Co., Inc., 2001, pp. 39 – 40.

② 韩燕煦:《条约解释的要素与结构》,北京大学出版社 2015 年版,第 111 ~ 112 页。

的利益,而是保护缔约国管辖范围内个人的自由和权利,[①]这一特点普遍存在于全球性人权条约和区域性人权条约中,不仅影响了解释主体对解释方法的选择,也为不同解释主体采用类似的解释方法提供了可能性。

《条约法公约》第31条和第32条中列举的解释因素和解释方法对于人权条约解释的意义是不同的,一方面,与上下文和准备资料相比,解释主体在确认人权条约文本含义时更倾向于依靠条约的目的和宗旨;另一方面,客体外的解释因素对人权条约的解释有重要影响,接下来将逐一分析不同的解释因素和解释方法在人权条约解释中的适用。

(一)文本的通常意义

在众多的解释因素中,《条约法公约》将条约文本的通常意义视为是解释者必须首要考虑的因素,因为条约文本是辨别条约内容的出发点,这一点已经得到了人权条约解释主体的认可,如美洲人权法院认为:"这一解释方法是客观解释标准的适用,尊重了文本首要性原则,在人权公约的解释中,立足于公约文本的客观解释标准比仅仅寻求辨识缔约国意图的主观解释标准更适当。"当然,文本的通常意义并不是存在于真空中,"不应抽象地予以决定,而应按该词语的上下文并参考该条约的目的和宗旨予以决定,这是常识和善意的要求,也是折中地采纳了目的解释"。[②]

1. 参照上下文的系统解释

结合上下文来决定文本通常意义的方法被人权条约解释主体广泛采用,例如在*Stewart v. Canada*案中,申诉人出生在苏格兰,后随父母移民到加拿大,因父母没有为他进行公民资格申请所以他一直以永久居民的身份在加拿大生活。他因犯罪面临驱逐而向人权事务委员会申诉,主张加拿大违反了《公民权利和政治权利国际公约》第12条第4款"任何人进入其本国的权利不得任意加以剥夺"的规定,并要求确认加拿大是他的"本国",

① 如欧洲人权委员会认为,和传统类型的国际条约不同,欧洲人权公约不仅包含缔约国之间的相互约定,它也创造了客观义务。美洲人权法院也认为,美洲人权公约的目的和宗旨不是在有限的成员国之间进行权利的交换,而是美洲所有个人人权的保护。联合国人权事务委员会也强调,《公民权利和政治权利国际公约》不是一个政府间义务的网络,而是一个保护个人权利的体系。

② 李浩培:《条约法概论》,法律出版社2003年版,第351页。

人权事务委员会认为在理解第 12 条第 4 款的含义时,必须考虑第 13 条[①]使用的语言,该条款在限制缔约国的驱逐权时提到了"合法处在本公约缔约国领土内的外侨",将两个条款放在一起考察可以发现,"本国"是比"国籍国"更宽泛的概念,它不仅适用于本国公民,还适用于某种类型的个人,这种类型的个人既不是正式意义上的本国公民,也不是第 13 条意义上的外侨。[②] 在本案中,申诉人虽然合法进入加拿大并作为永久居民在加拿大生活,但他在加拿大已经为他获得国籍提供了便利的情况下自己未提出申请,因此加拿大不是申诉人第 12 条第 4 款意义上的"本国",相对于加拿大而言,申诉人应当是第 13 条意义上的"合法处在缔约国领土内的外侨"。

经济、社会和文化权利委员会在 2017 年审理的一起关于适足住房权案件的申诉意见中也采用了系统解释的方法,在该案中申诉人与出租人的租赁合同到期,但因没有收入和替代住房而拒绝搬出,出租人从第 37 号法院申请到强制驱逐令,申诉人向法院申请暂停驱逐令但被拒绝。此后,申诉人代表自己及两名未成年子女向委员会提出申诉,本案的根本问题是:考虑到申诉人无家可归,第 37 法院以合同到期为由下令将申诉人逐出租用的住处,以及当局未能给予替代性住房,是否构成对《经济、社会和文化权利国际公约》第 11 条第 1 款规定的适足住房权的违反。经济、社会和文化权利委员会在解释第 11 条第 1 款的义务时认为:人权是不可分割和相互依存的。因此,国家在住房权方面的义务应与所有其他人权义务一并解读,特别是在发生驱逐的情况下,尤其应与公约第 10 条第 1 款规定的义务[③]一并解读。缔约国有义务尽可能利用其可用资源向需要替代住处的

---

① 《公民权利和政治权利国际公约》第 13 条规定:"合法处在本公约缔约国领土内的外侨,只有按照依法作出的决定才可以被驱逐出境,并且,除非在国家安全的紧迫原因另有要求的情况下,应准予提出反对驱逐出境的理由和使他的案件得到合格当局或由合格当局特别指定的一人或数人的复审,并为此目的而请人作代表。"

② Stewart v. Canada, UN Doc CCPR/C/58/D/538/1993(1996), para. 12. 3.

③ 《经济、社会和文化权利国际公约》第 10 条第 1 款规定:"对作为社会的自然和基本的单元的家庭,特别是对于它的建立和当它负责照顾和教育未独立的儿童时,应给以尽可能广泛的保护和协助。缔婚必须经男女双方自由同意。"

被驱逐者提供替代住处，其中包括保护家庭单位，尤其是当事人负责照料和教育受抚养子女时。[①]

2. 参照目的和宗旨的目的解释

根据条约的目的和宗旨解释条约可能是第31条第1款最重要的规则，与文义和上下文解释方法相比，目的解释关系到条款的实质内容和体现在其中的价值。虽然第31条第1款的表述是参照"条约之目的和宗旨"，但实践中共同的做法是，目的解释中的"目的和宗旨"既可以指向作为整体的条约的目的和宗旨，也可以指向案件所涉及的某个条款的目的和宗旨。

在谈到《公民权利和政治权利国际公约》的解释方法时，人权事务委员会的前委员伊丽莎白·埃瓦特（Elizabeth Evatt）虽然强调委员会的解释方法是每一项公约权利都必须根据它的通常意义来解释，其保护范围不能因为公约或其他文件中的其他权利而被削减，但是她也承认对公约的解释不能是单一的、僵化的，随着国际环境的变化，更多的解释方法被采用，解释主体在解释公约文本时应当参照公约的目的。[②] 她的这一观点在人权事务委员会的判例法中也得到了印证，人权事务委员会虽然没有详细阐释公约的目的和宗旨，但它在一起关于死刑的申诉的意见中认为："公约的条款应当参照公约的目的和宗旨（《条约法公约》第31条）进行解释，因为公约的目的之一是促进减少死刑的使用，所以任何对于公约条款所做的可能会鼓励缔约国保留死刑的解释都应当尽可能避免。"[③]

目的解释也出现在人权事务委员会的个人意见中，如在 *Peltonex v. Finland* 案中，芬兰政府拒绝向逃避服兵役的申诉人发放护照，使其无法"自由离开任何国家"，人权事务委员会认为这是一项为保护国家安全和

---

① Mohamed Ben Djazia and Naouel Bellili v. Spanish, UN Doc E/C. 12/61/D/5/2015 (2017), para. 15. 4.

② See Elizabeth Evatt, "The Impact of International Human Rights on Domestic Law", in Grant Huscroft and Paul Rishworth, *Litigating Rights: Perspectives from Domestic and International Law*, Oxford and Portland, OR: Hart Publishing, 2002, pp. 296 – 297.

③ Johnston v. Jamaica, Communication No. 588/1994, 22 March 1996, UN Doc. CCPR/C/56/D/588/1994, para. 8. 2(c).

公共秩序而做出的合理的立法要求,但是委员会委员 Bertil Wennergren 在他的个人意见中认为:将《公民权利和政治权利国际公约》第 12 条第 3 款[①]解释为授权缔约国这样做是不适当的,因为这将允许缔约国滥用拒发护照的权力作为向应征士兵施加压力的手段,这种做法无论是对国家安全、公共秩序还是公共道德的保护都是不必要的,与公约第 12 条第 3 款的目的和宗旨完全不一致,因此芬兰违反了公约第 12 条第 2 款,因为拒发护照是自由离开任何国家的必要条件。[②]

其他的联合国人权条约机构也很重视目的解释的运用,例如在 *Tebourski v. France* 案中,缔约国驱逐申诉人的一个理由是他对国内公共秩序构成危险,禁止酷刑委员会在反驳缔约国的主张时采用了目的解释方法,它申明《禁止酷刑公约》第 3 条的目的是阻止任何人因被推回、驱逐或引渡至另一个国家而面临遭受酷刑的风险,不应考虑该人的性格如何,特别是他是否对社会构成危险。换言之,公约第 3 条为缔约国领土内的任何人提供绝对保护,只要申诉人有遭受酷刑的风险,缔约国就不能以国内秩序为理由拒绝提供保护。[③] 又如在消除种族歧视委员会受理的第一起申诉案件 *Yilmaz-Dogan v. The Netherlands* 案中,委员会需要根据便利原则——起诉刑事犯罪的自由——来平衡《消除一切形式种族歧视公约》第 4 条和第 6 条,并注意到公约不应被解释为挑战这一原则存在的目的,尽管如此,委员会还是指向公约的目的和宗旨,确认"在每一个种族歧视案件中,这一原则都应当根据公约规定的保证加以适用"。[④]

目的和宗旨除了被解释主体用来支持公约中特定权利的解释外,也被用来为演进解释提供正当性基础。这种做法在欧洲人权法院被广泛采用。

---

① 《公民权利和政治权利国际公约》第 12 条规定:"二、人人有自由离开任何国家,包括其本国在内。三、上述权利,除法律所规定并为保护国家安全、公共秩序、公共卫生或道德、或他人的权利和自由所必需且与本公约所承认的其他权利不抵触的限制外,应不受任何其他限制。"

② Peltonex v. Finland, Communication No. 492/1992, UN Doc CCPR/C/51/D/492/1992, Annex.

③ Tebourski v. France, Communication No. 300/2006, 11 May 2007, UN Doc. CAT/C/38/D/300/2006, paras. 8. 2, 8. 3.

④ Yilmaz-Dogan v. The Netherlands, Communication No. 1/1984, UN Doc. CERD/C/36/D/1/1984, para. 9. 4.

根据《欧洲人权公约》的序言,公约的目的在于公约权利的有效保障,在实践中,欧洲人权法院或者将目的解释单独作为演进解释的依据,或者将目的解释与缔约国实践的发展联系在一起为演进解释提供依据。前者如 *Airey v. Ireland* 案,虽然《欧洲人权公约》没有明确规定民事案件中获得免费法律援助的权利,但是在该案中欧洲人权法院对公约进行了演进解释,法院声称如果政府不提供免费的法律援助,那么公约所规定的获得法院审判的权利将不会是实践的和有效的。[①] 后者如 *Stafford v. United Kingdom* 案,欧洲人权法院认为:"公约首先是一个保护人权的体系,因此法院必须考虑缔约国中正在变化的条件,例如回应任何正在出现的关于人权标准的合意……重要的是对公约的解释和适用应使它所保护的权利是实践的和有效的,而不是理论的和虚假的。如果法院不能采用动态的和演进的方法,那么就是成为改革或进步的阻碍,同样的考虑也适用于被告缔约国国内秩序中正在改变的条件和正在出现的合意。"[②]

人权事务委员会在引入演进解释时,为了防止受到来自缔约国的批评,会将演进解释与目的解释方法相结合,为演进解释提供更多支持,这种做法的典型案例是 *Yoon and Choi v. Korea* 案,该案涉及"良心拒绝"的权利,该权利在《公民权利和政治权利国际公约》中没有明确规定,与之相关的条款有两个:一是第 8 条第 3 款,将"良心拒绝兵役者依法被要求的任何国家服务"作为禁止强迫劳动的例外,这一条既没有承认也没有排除良心拒绝的权利;二是第 18 条,该条规定:"人人有权享受思想、良心和宗教自由……任何人不得遭受足以损害他维持或改变他的宗教或信仰自由的强迫。"从这一规定并不能十分明确地确认良心拒绝的权利。人权事务委员会在论证这一权利存在的过程中,将目的解释和演进解释相结合,它认为良心拒绝权可以从公约第 18 条中发展出来,"和其他公约权利一样,第 18 条的理解也应根据条约文本和目的随着时代的发展而演进"。[③] 从表面上

---

① Airey v. Ireland, [1979] ECHR 6289/73.

② Stafford v. the United Kingdom, [2002] ECHR 46295/99.

③ Yoon and Choi v. Republic of Korea, Communication No. 1321/2004 and 1322/2004, UN Doc. CCPR/C/88/D/1321 – 1322/2004, para. 8.2.

看,良心拒绝权源于对公约条文和公约目的和宗旨的理解,而在文义解释和目的解释之下人权事务委员会真正要强调的是动态解释和演进解释,即良心拒绝权是良心自由随着时代发展演进的结果。

(二)嗣后实践(惯例)

嗣后实践(惯例)作为条约解释的一个因素,是指"在条约缔结之后,缔约方的全部或一部分为条约适用或解释目的,通过一致的、普遍的、一贯的行为或事实而形成的条约解释方式"。[①] 嗣后实践(惯例)在内容和形式上都非常广泛,既包括法律上积极的作为也包括消极的不作为,既可以是某种行动,如通过相关决议,也可以是一种言论或声明。[②]

欧洲人权法院广泛使用嗣后实践(惯例)来发展《欧洲人权公约》的权利,在它审理的涉及生命权、禁止酷刑、自由与安全权、公正审判权、私生活受尊重的权利、思想自由、表达自由、集会与结社自由、财产权、受教育权和投票权等众多公约权利的案件中都考虑了缔约国的法律、判例或国际组织的条约和决议。例如在 *Micallef v. Malta* 案中,法院参照可获得的欧洲委员会成员国的立法资料来解释《欧洲人权公约》第 6 条,认为各国立法之间似乎存在一种合意,即公约第 6 条的保障适用于包括禁令程序在内的临时措施。这一结论是从各国的宪法、民事诉讼法和国内判例法中推断出来的,"在大多数国家(阿尔巴尼亚、奥地利、阿塞拜疆、比利时、保加利亚、克罗地亚、塞浦路斯、爱沙尼亚、法国、德国、匈牙利、爱尔兰、意大利、荷兰、波兰、俄罗斯、圣马力诺、塞尔维亚、西班牙、瑞典、瑞士和英国),立法建议第 6 条的程序保障(特别是公正性要求)适用于临时和禁令程序,其中有些国家的立法没有对保障适用的程序的阶段或类型做出区分(如希腊、意大利、西班牙和瑞士的宪法);有些国家有关临时措施的特别规定在某种程度上正是第 6 条中的主要保障措施(如波兰);有些国家的立法规定除非另有要求否则第 6 条的程序保障适用于临时措施(如德国);比利时法院已明确处

---

① 冯寿波:《〈维也纳条约法公约〉第 31. 3 条"Subsequent Practice"研究》,载《西南政法大学学报》2014 年第 2 期。

② 韩燕煦:《论条约解释中的嗣后实践》,载《国际法研究》2014 年第 1 期。

理该问题(参见2005年1月14日比利时'绿色和平组织和动物利益全球行动'案件中最高上诉法院的判决),并认为公约第6条原则上适用于临时程序"。[①]

又如在 *Ünal Tekeli v. Turkey* 案中,欧洲人权法院在解释《欧洲人权公约》第8条时参考了缔约国的嗣后实践,承认已婚女性有选择姓氏的权利。在该案中,欧洲人权法院认为:促进两性平等是欧洲委员会成员国的一个主要目标,部长委员会的两份文件,即1978年9月27日关于民事法律中配偶平等的第(78)37号决议和1985年2月5日关于防止性别歧视的法律保护的第R(85)2号建议,就是这方面的主要例证,这些文本呼吁成员国消除所有基于性别的歧视,其中包括选择姓氏。此外,法院还注意到在欧洲委员会成员国间形成了合意,赞成在平等的基础上选择配偶的姓氏,在欧洲委员会的成员国中,土耳其是唯一一个通过法律将丈夫的姓氏强加为夫妻的姓氏的国家。法院在判断家庭团结是否必须依靠共同姓氏来反映这一问题时,也考虑了缔约国的实践,发现在已婚夫妻选择不采用共同姓氏的情况下,家庭团结仍然可得到保留和巩固。[②]

在联合国人权条约机构的案例法中,嗣后实践发挥重要作用的案例并不多,最典型的案例是 *Judge v. Canada* 案和上文提到的 *Yoon and Choi v. Korea* 案。Judge案争议的焦点在于:将罪犯从已经废除死刑的国家引渡到没有废除死刑的国家是否违反了《公民权利和政治权利国际公约》第6条。在该案中,人权事务委员会背离了它在Kindler案中的观点,[③]主张根据公约第6条,已经废除死刑的国家有义务不将罪犯引渡到没有废除死刑的国家。人权事务委员会在解释这一变化时注意到Kindler案所体现的法理是十年前确立的,自那以后在支持废除死刑方面已经形成了广泛的合意,在那些保留死刑的国家,也达成了不执行死刑的共识。此外,人权事务

---

① Micallef v. Malta,[2009] ECHR 17056/06,para. 31.

② Ünal Tekeli v. Turkey,[2005] ECHR 29865/96,paras. 59,61,65.

③ 在该案中,人权事务委员会发现公约第6条并不必然要求加拿大拒绝引渡或寻求保证,如果加拿大在没有寻求到保证的情况下任意、轻率地做出引渡决定,将会构成对公约第6条义务的违反。See Kindler v. Canada,Communication No. 470/1991,UN Doc. CCPR/C/48/D/470/1991 (1993),para. 14. 6.

委员会还注意到加拿大自身的实践和法理也反映了这种共识，如在Kindler案后加拿大承认有必要修改本国相关立法以保护那些被从加拿大引渡的人的权利。[①] 由此可见，和欧洲人权法院的做法相似，人权事务委员会也将公约条款的演进解释建立在环境的改变和正在扩大的国际共识之上，只是与前者相比，人权事务委员会的解释和推理过程都更简单，委员会的意见中只对加拿大的实践进行了分析，而对其他缔约国实践的变化则缺少任何全面的、事实的、有证明力的评估。同样的情况也出现在Yoon and Choi案中，人权事务委员会在提到其他缔约国的实践时，只是强调越来越多的保留强制兵役制度的缔约国实行了强制兵役的替代办法，[②]而没有对各缔约国的实践进行更多事实方面的分析，而且委员会所使用的"越来越多的缔约国"的表述表明缔约国之间的合意并没有被完全确立，当前存在的仅仅是一种正在形成中的合意，这使委员会解释的说服力被大大降低，并在2010年发生的一起同类案件中遭到被告缔约国韩国的质疑。[③]

（三）国际法相关规则

1.《条约法公约》第31条第3款（丙）项

《条约法公约》第31条第3款（丙）项规定："应与上下文一并考虑者尚有：……（丙）适用于当事国间关系之任何有关国际法规则。"这一条款包含三个主要的元素，即相关性、国际法规则和可适用于当事国之间。这三个元素中每一个元素都有较大的模糊性，都可以做或狭义或广义的解读，例如"相关性"，有的学者认为可被参照的国际法规则应当是可以直接适用于该案件主题的那些规则，也有学者认为"相关性"不能作如此狭窄的理解，那些能够以任何方式影响被解释的条款解释的规则都可以被视为具有相关性。又如"国际法规则"，学者们大多认同《国际法院规约》第38

---

① Judge v. Canada, Communication No. 829/1998, UN Doc. CCPR/C/78/D/829/1998 (2002), para. 10.3.

② Yoon and Choi v. Republic of Korea, Communication No. 1321/2004 and 1322/2004, UN Doc. CCPR/C/88/D/1321 – 1322/2004 (2007), para. 8.4.

③ Jung et al. v. Republic of Korea, Communication No. 1593 – 1603, UN Doc. CCPR/C/98/D/1593 – 1603/2007 (2010), para. 4.2.

条关于国际法规则的界定，即国际法规则包括习惯国际法、国际条约和一般法律原则，但是人权条约解释主体常常会突破这一限制，将参照的范围扩大到没有约束力的软法资源，如条约监督机构的意见。与上述两个元素相比，关于"可适用于当事国之间"的理解存在更大的分歧，有学者把学界和司法实践对这一元素的理解分为四种类型，如果用 A 来指代被解释的公约，用 B 来指代被参照的公约，这四种类型分别是：(1)要求 A 公约的所有缔约国也同时是 B 公约的缔约国；(2)要求诉讼的当事国也是 B 公约的缔约国；(3)要求 A 公约的所有缔约国同时是 B 公约的缔约国，除非 B 公约反映了习惯国际法；(4)在 A 公约和 B 公约之间缺乏完全的一致性时，要求 B 公约已经被 A 公约的所有缔约国隐性接受或默许。[①] 在确定了可以适用的相关国际法规则后，还需要进一步分析这些规则在条约解释中的作用以及发挥作用的方式。

2. 参照"国际法规则"的实践

参照"国际法规则"是欧洲人权法院常用的解释方法之一，它利用该方法实现两个解释目的：其一，扩大公约权利的保护范围，作为欧洲人权法院对《欧洲人权公约》进行演进解释的方法之一，国际法规则可以为法院提供适合公约权利发展的规范环境；其二，将《欧洲人权公约》融入国际人权法体系，以减少因人权条约数量增加而产生的规范冲突和法律的碎片化现象，实现国际人权法体系之间的协调发展。正是基于这两个解释目的，欧洲人权法院在参照国际法规则时并没有完全与《条约法公约》第 31 条第 3 款(丙)项的要求保持一致，实际上法院很少明确援引第 31 条第 3 款(丙)项的条文作为参照国际法规则的依据，即使在为数不多的援引该条款的判例中，法院也只是重视它在修辞学上的意义，在具体的司法推理过程中，法院经常会对第 31 条第 3 款(丙)项的三个元素作十分宽泛甚至突破性的解释，被法院参照的国际法规则包括没有拘束力的标准和既不适用于缔约国之间的关系，对被诉缔约国也没有任何拘束力的公约。

---

① See Campbell McLachlan, "The Principle of Systemic Integration and Article 31(3)(c) of the Vienna Convention", *The International and Comparative Law Quarterly* 54, 2005, pp. 314 – 315.

欧洲人权法院参照国际法规则实现上述两个目的的典型案例是 *Demir and Baykara v. Turkey* 案，[①]该案起源于土耳其最高法院的一项判决，在该判决中土耳其最高法院以市公务员无权组织工会为由拒绝承认他们组织的工会具有合法地位，而且以工会无权和政府进行集体谈判为由溯及既往地废除了它们与政府达成的集体协议。对该案的判断涉及《欧洲人权公约》第 11 条的解释，该条规定："1. 每个人都享有自由和平集会和自由与他人结社的权利，其中包括为保护自身利益而组建和加入工会的权利。2. 除非下列所明示的情况，上述权利的行使不受任何限制：由法律所规定，并且是在民主社会中所必需的，合乎国家安全或公共安全等利益，出于健康或道德保护，或者出于他人权利和自由保护。本条不应当阻碍对于国家武装力量、警方或者行政管理机关的成员行使上述权利而施加的一些合法的限制。"

从这两个条款的关系可以看出，第 2 款对第 1 款的"每个人"做出了限制，欧洲人权法院需要对两个问题作出决定：一是土耳其是否能以申诉人属于第 2 款中的"行政管理机关的成员"为理由限制他们组织工会的权利；二是结社自由中是否包括集体谈判权。土耳其主张所有的公务员都属于第 2 款规定的"行政管理机关的成员"，他们的结社自由可以被缔约国合法限制，而且即使市公务员有不受限制的结社自由，这项自由中也不包含和政府进行集体谈判的权利。如果单纯从公约文本来考察，土耳其的主张都是可以得到公约第 11 条支持的，因为一方面"行政管理机关成员"包括所有政府雇员的解释在字义上是可以接受的；另一方面第 11 条的文本没有提及集体谈判权，在欧洲人权法院 1976 年的判例中曾明确否认第 11 条第 1 款包含集体谈判权。[②]

但是在本案中，大审判庭没有接受土耳其完全基于公约文本的解释，

---

① Demir and Baykara v. Turkey, [2008] ECHR 34503/97.

② 在 1976 年的一项判决意见中，法院的审判庭坚持认为公约第 11 条第 1 款没有保证政府对工会或其成员有任何特殊对待，诸如政府应当和它们签订集体协议等，这样的权利在公约文本中没有被提到，也不能当然地被认为是有效享有工会自由的必不可少的条件。See Swedish Engine Drivers' Union v. Sweden, [1976] ECHR 5614/72, para. 38.

它认为《欧洲人权公约》应当被放到更广阔的国际法的环境下进行解释，最后大审判庭一致认为土耳其政府在拒绝承认申诉人组织工会的自由和废除工会的集体协议两方面都侵犯了《欧洲人权公约》第 11 条保护的结社自由。在推理过程中，法院以《条约法公约》第 31 条第 3 款（丙）项为依据，援引全球性和区域性国际人权文件中的劳动权概念来解释和发展第 11 条的结社自由，将《欧洲人权公约》带入到国际劳动权保护的框架之内。

关于第一方面，法院认为第 11 条第 2 款对于“行政管理机关的成员”结社自由的限制必须根据国际人权文件进行严格解释。经过考察法院发现除了《经济、社会和文化权利国际公约》外，大部分国际人权文件，包括《公民权利和政治权利国际公约》和国际劳工组织的相关文件都将公务员与警察和武装力量区别开来，承认公务员有不受限制的组织工会的权利，《欧洲基本权利宪章》第 12 条第 1 款则规定每个人都不受限制地享有组织和参加工会的权利。参照上述国际文件，欧洲人权法院认为公务员本身并不完全等同于“行政管理机关的成员”，只有那些实际上从事行政管理的公务员才会受到第 11 条第 2 款的限制，而本案申诉人不在这个范围之内。

关于第二方面，欧洲人权法院并没有明确推翻 1976 年的判决，而是认为在过去的几年间《欧洲人权公约》已经随着国际法的发展而实现了演进。法院首先参考了国际劳工组织第 98 号公约（《组织和集体谈判权利公约》），这项公约把工人的集体谈判权置于他们的结社权之中，虽然 98 号公约没有明确提到从事行政管理的公务员，但是国际劳工组织专家委员会对例外条款进行了狭义解释，认为例外条款排除的只是直接从事行政管理的人员而不是所有的公务员。此外，法院也发现一些欧洲文件，如《欧洲社会宪章》第 6 条第 2 款和《欧盟基本权利宪章》第 28 条都承认所有的工会，包括代表公务员的工会都有集体谈判的权利。基于国际法的这些发展，欧洲人权法院选择重新考虑它的案例法，认为今天的公约第 11 条包含了 1976 年没有包含的内容，和雇主的集体谈判权原则上已经成为第 11 条“组建和加入工会”权的实质要素。

与欧洲人权法院相比，国际法规则这一因素在联合国人权条约机构的解释实践中的作用并不是十分突出，虽然近年来人权事务委员会、禁止酷刑委员会和消除种族歧视委员会等条约机构都出现了一些参考其他国际人权文件的案例，但是在这些案例中，委员会引用国际人权文件的目的主要不是为了发展公约权利，而是为了确定某公约文本的通常含义或支持对某项公约权利的理解。前者如在 *Sharma v. Nepal* 案中，人权事务委员会在判断申诉人的丈夫是否构成强迫失踪时，援引了《国际刑事法院罗马规约》第 7 条第 2 款(i)项（“强迫人员失踪”是指国家或政治组织直接地，或在其同意、支持或默许下，逮捕、羁押或绑架人员，继而拒绝承认这种剥夺自由的行为，或拒绝透露有关人员的命运或下落，目的是将其长期置于法律保护之外），并认为凡是导致这类失踪的法案都会构成对多项公约权利的违反。[①] 又如在 Jewish Community of Oslo 案中，申诉人主张他们是《消除一切形式种族歧视公约》第 4 条和第 6 条规定的“受害人”，并援引了其他国际人权机构，主要是人权事务委员会和欧洲人权法院的法理来支持自己的主张，消除种族歧视委员会接受了申诉人提交的材料，并认为它没有理由不采用上述机构关于“受害人”地位的解释。[②]

后者如在 *Pelit v. Arzerbaijan* 案中，禁止酷刑委员会为了确认申诉人的难民地位有域外效力，援引了联合国难民署执行委员会“关于难民地位决定的域外效力”的第 12 号结论，因为该结论指出：“1951 年难民公约和 1967 年议定书的目的表明由一个缔约国决定的难民地位也应被其他缔约国承认。”[③]在上述 Jewish Community of Oslo 案中，消除种族歧视委员会在解释《消除一切形式种族歧视公约》第 4 条中的“充分顾及”（due regard）时，除了援引自己的第 15 号一般性评论外，还参考了《世界人权宣言》和其他国际人权文件，并指出所有保护言论自由的国际人权文件都为限制该权利提供了可能性，因此在公约第 4 条的情境下对言论自由作限制性解释不

---

① Sharma v. Nepal, Communication No. 1469/2006, UN Doc. CCPR/C/94/D/1469/2006 (2008), para. 7.4.

② Jewish Community of Oslo et al. v. Norway, Communication No. 30/2003, UN Doc. CERD/C/67/D/30/2003 (2005), para. 7.3.

③ Pelit v. Arzerbaijan, Communication No. 281/2005, UN Doc. CAT/C/38/D/281/2005 (2007), para. 11.

会减少“充分顾及”条款的重要意义。[1]

3. 参照“国际法规则”可能存在的问题

如前文所述,参照国际法规则在促进国际人权法发展和解决国际人权法碎片化问题方面发挥了积极作用,但是其中可能存在的对其他国际法规则不当参照的现象也引起了学者们的关注,荷兰格罗宁根大学 Adamantia Rachovitsa 教授从三个方面分析了不当参照引发的问题。[2]

首先,解释者可能会过度依赖其他国际法规则而忽视或曲解被解释条约的文本含义,典型案例是欧洲人权法院的 Zolotukhin Case 案,[3]该案申诉人主张他基于《欧洲人权公约第 7 议定书》第 4 条享有的权利受到了侵犯,该条规定“任何人不得在同一国家司法权限内对于依照该国的法律及刑事程序已被最后判决无罪或有罪的罪行(offence)而再次受到刑事程序的审判或惩罚”,为了解释该条中“offence”的含义,大审判庭参照了其他包含“一事不二审”原则的公约中的类似条款,这些条款包括《公民权利和政治权利公约》第 14 条第 7 款、《国际刑事法院规约》第 20 条第 1 款、《欧盟基本权利宪章》第 50 条、《实施〈申根协定〉公约》第 54 条和《美洲人权公约》第 8 条第 4 款,大审判庭认为欧洲联盟法院和美洲人权法院采用的解释方法最有利于保护申诉人的权利,因此推翻了先前判决中的狭窄解释并扩大了《第 7 议定书》第 4 条的适用范围。但是《实施〈申根协定〉公约》第 54 条和《美洲人权公约》第 8 条第 4 款中使用的相关术语分别是“行为”(acts)和“原因”(cause),这两个术语的范围都比“罪行”(offence)的范围广泛,因此大审判庭实际上是依靠《实施〈申根协定〉公约》和《美洲人权公约》作出解释,而忽略了第 7 议定书文本本身的含义。

其次,解释者在参照其他国际法规则时通常只关注不同国际法规则之间的相似性,而忽略不同规则之间在目的、功能等方面存在的语境差异。

---

① Jewish Community of Oslo et al. v. Norway, Communication No. 30/2003, UN Doc. CERD/C/67/D/30/2003(2005), para. 10. 5.

② See Adamantia Rachovitsa, "The Principle of Systemic Integration in Human Rights Law", *International and Comparative Law Quarterly* 66, 2017, pp. 561 – 573.

③ See Sergey Zolotukhin v. Russia, [2009] ECHR 14939/03.

欧洲人权法院审理的 National Union of Rail, Maritime and Transport Workers 案[①]中,法院主张《欧洲人权公约》保护“同情罢工”,在它的法律推理中大量援引了国际公约和国际条约机构的观点,但却没有细致分析这些公约中的标准与《欧洲人权公约》之间的相关性,也没有说明这些标准如何帮助解释《欧洲人权公约》第 11 条,法院只是强调国际劳工组织专家委员会和结社自由委员会都支持禁止同情罢工将构成对罢工权的侵犯,并在没有认真考虑语境差异的情况下,强行将这一观点移植到《欧洲人权公约》中。

最后,解释者在参照其他国际法规则时,有时会以解释当前人权条约的名义实际上适用其他国际法规则,甚至监督其他国际法规则的实施。最典型的案例涉及欧洲人权法院对待《国际诱拐儿童民事方面公约》的态度,“参照国际法规则”的方法不仅为欧洲人权法院将海牙公约中的技术性条款移植进《欧洲人权公约》第 8 条[②]提供了便利,而且欧洲人权法院坚持认为对海牙公约保障的削弱就是对《欧洲人权公约》权利保护的削弱,法院在多项判例中强调,如果缔约国未能满足在六周内就返还被诱拐儿童迅速作出判决或未能积极执行该判决,就会自动构成对《欧洲人权公约》第 8 条的侵犯,这样,欧洲人权法院表面上是参照海牙公约解释《欧洲人权公约》,但实际上也有效地监督了海牙公约的实施。

美洲人权法院在解释健康权时也存在这种情况,《美洲人权公约》并没有明确规定一项健康权,但是美洲人权法院通过参照其他国际法规则来支持健康权,并以此作为评估缔约国是否履行公约义务的标准,这些规则包括《美洲人权公约补充议定书》《儿童权利公约》《经济、社会和文化权利国际公约》和经济、社会和文化权利委员会的一般性意见。对于美洲人权法院的这一解释方法,波尔图(Humberto Antonio Sierra Porto)法官在一起针对厄瓜多尔的案件的协同意见中提出了不同见解,他指出如果法院根据

---

① See National Union of Rail, Maritime and Transport Workers v. United Kingdom, [2014] ECHR 31045/10.

② 《欧洲人权公约》第 8 条规定:“人人有权享有使自己的私人和家庭生活、家庭和通信得到尊重的权利。”

其他公约来界定一项权利的全部内容和范围，必然会导致美洲人权公约的修改和对法院合法性的质疑。[①]

(四)准备工作

解释主体在解释人权条约条款时，也会将条约的准备工作作为上述解释的补充资料，其中利用准备工作解释人权条约最成功的一个典型案例是人权事务委员会审理的 *JB and others v. Canada* 案。在该案中，人权事务委员会需要解决的问题是罢工权是否受《公民权利和政治权利国际公约》第 22 条第 1 款[②]的保护，因为罢工权没有被明确地包含在第 22 条中，因此人权事务委员会需要解释第 22 条规定的结社自由是否必然地暗含着罢工权。在解释第 22 条的范围时，人权事务委员会除了重点考察文本的通常含义，还考虑了公约的准备工作。它注意到在起草《公民权利和政治权利国际公约》和《经济、社会和文化权利国际公约》的过程中，人权委员会将它的工作建立在《世界人权宣言》的基础上，该宣言并没有包含罢工权。1951 年人权委员会采纳了一项包含 73 条的单一的人权公约草案，草案中包含两个相关的条款：第 16 条结社自由和第 27 条工会权，在 1952 年的小组会议上关于在第 27 条中增加罢工权的提议被拒绝。联合国大会最后决定将单一的人权公约草案分成两个人权公约，草案第 16 条变成了《公民权利和政治权利国际公约》第 22 条，草案第 27 条变成了《经济、社会和文化权利国际公约》第 8 条，该条款后经修改为“工会有权罢工，但应按照各个国家的法律行使此项权利”，而《公民权利和政治权利国际公约》既没有关于罢工权的规定也没有类似的修改。基于这一背景，人权事务委员会发现它无法推论出起草者有通过《公民权利和政治权利国际公约》第 22 条保护罢工权的意图。[③]

虽然存在一些利用准备工作成功解释人权条约的案例，但是从总体来

---

① See Gonzales Lluy et al. v. Ecuador, IACtHR Series C 298(2015).

② 《公民权利和政治权利国际公约》第 22 条第 1 款规定：“人人有权享受与他人结社的自由，包括组织和参加工会以保护他的利益的权利。”

③ JB and others v. Canada, Communication 118/1982, UN Doc CCPR/C/28/D/118/1982 (1986), para. 6.3.

看,准备工作在人权条约的解释中并不处于优先地位,相反,全球和区域层面的解释主体在依靠准备工作解释公约条款方面都持谨慎态度。欧洲人权法院自 Tyrer 案后一再重申欧洲人权公约是一项活文件,必须按照当代的条件加以解释,在 Loizidou 案①和 Selmouni 案②中,法院参照公约的客观性质来决定准备工作在公约解释中的角色,宣布公约不能仅仅根据数十年前表达出来的缔约者的意图进行解释,将准备工作作为公约解释的一般性指导是不可靠的。人权事务委员会虽然不乏使用准备工作的案例,但是在这些案例中准备工作似乎都没有发挥特别重要的作用,它们或者被作为解释的注脚,或者被认为无足轻重,前者如上述 *Stewart v. Canada* 案,委员会参考了起草公约第 12 条第 4 款时的准备工作,指出当时不仅"国籍国"的表述被拒绝,"永久居住国"的建议也没有被采纳,以此来补充委员会对"本国"这一术语的解释③;后者如在 *Broeks v. The Netherlands* 案中,人权事务委员会在考虑公约第 26 条关于平等权的条款是否仅适用于实质权利时,参照了缔约时的准备资料,但却认为:"起草公约时关于第 26 条的适用范围能否延伸到公约未保障的权利的讨论是非决定性,不能改变基于文本的通常意义的解释得出的结论。"④之所以出现这种情况,是因为在人权公约起草过程中存在大量的政治妥协,因此从准备工作中并不总是能发现为什么某一特殊的术语被使用或者它的含义应当是什么。

虽然不同的解释主体对上述解释因素和解释方法的重视程度不同,但是它们在解释公约和公约条款时都很少只采用某一种单一的解释方法,而是会将不同的解释方法结合起来使用。

三、国内法院对各种解释方法的适用

对于《条约法公约》第 31 条和第 32 条,国内法院的态度大体可以分为

---

① Loizidou v. Turkey, [1998] ECHR 15318/89.

② Selmouni v. France, [1999] ECHR 25803/94.

③ Stewart v. Canada, Communication 538/1993, UN Doc CCPR/C/58/D/538/1993 (1996), para. 12. 5.

④ Broeks v. the Netherlands, Communication 172/1984, UN Doc CCPR/C/29/D/172/1984 (1987), para. 12. 2.

以下三类:第一类是国内法院明确援引这些条款作为人权公约的解释规则;第二类是国内法院只是使用这些条款中的解释规则,但在判决中并不引用相应的公约条款;第三类是在未批准《条约法公约》或《条约法公约》无法在国内法院直接适用时,法院会将公约中的解释规则看作习惯国际法。

(一)美国 *Abbott v. Abbott* 案①

在本案中,原告是一名英国公民,他和他的妻子和儿子 A. J. A. 共同生活在智利,在双方离婚后,智利家庭法院授予阿博特夫人单独监护权,授予阿博特先生探视权,按照智利法律,一旦父母一方被授予探视权,他就自动拥有一项禁止离境权,也就是说本案中母亲在没有取得父亲或法院许可的情况下不能带孩子离开智利。但是,2005 年,阿博特夫人没有取得阿博特先生和法院许可带领 A. J. A. 离开智利并最终在美国得克萨斯州定居。阿博特先生在美国法院提起诉讼,主张 A. J. A. 被非法带离智利,违反了《国际诱拐儿童民事方面的公约》,并要求将 A. J. A. 返回智利。

在返回请求先后被得克萨斯西区地方法院和第五巡回上诉法院拒绝后,阿博特先生向联邦最高法院提起上诉,该案是最高法院解释海牙公约的第一个案例。最高法院面临的问题是:阿博特夫人带走 A. J. A. 的行为是否构成海牙公约中的"非法带走",而海牙公约第 3 条规定:

带走或扣留儿童,应视为非法的,如果:(一)根据儿童被带走或被扣留前当时的惯常居所地国家的法律规定,如有侵犯属于个人、机构或任何其他团体的共同或单独监护权;而且(二)在带走或扣留的当时,实际上业已共同或单独行使上述监护权,或者如无带走或扣留情事,则将行使此项权利。

由此规定可以看出,"非法带走"是以"侵犯另一方监护权"为要件的,因此本案的焦点转换为:没有监护权的阿博特先生是否能因为拥有禁止离境权而获得监护权,最高法院的结论是:阿博特先生的禁止离境权实际上构成了海牙公约意义上的监护权,因此阿博特夫人非法带走

① Abbott v. Abbott,560 U. S. 1(2010).

A. J. A. 违反了海牙公约的规定，为了证明这一结论，最高法院在解释海牙公约第 3 条时采用了上下文解释、相关国际法规则和目的解释等多种解释方法。

首先，法院对海牙公约文本的相关条款进行了上下文解释，尤其是公约第 5 条，该条款将监护权界定为“包括有关照顾儿童人身的权利，特别是决定儿童居所地的权利”，法院认为本案中阿博特先生的禁止离境权就是一项“决定儿童居所地的权利”，因为在 A. J. A. 被允许离开智利前必须得到阿博特先生的同意，而阿博特先生有权决定 A. J. A. 生活在智利就意味着他有权决定 A. J. A. 的居所地，因此阿博特先生的禁止离境权实际上是一项监护权。在这里，法院对监护权进行了广义的界定，阿博特先生的禁止离境权被界定为一种共同监护权。

其次，最高法院还参考了海牙公约其他缔约国的实践，通过对各国实践的考察，法院发现虽然加拿大法院持相反观点，法国法院的观点是分裂的，但是英国、以色列、德国、南非、澳大利亚等国都接受了“禁止离境权构成监护权”的观点。而且学者们也赞同在这个问题上正在达成国际共识，公约发展的历史更充分印证了这个结论，即禁止离境权仅仅是监护权得以实施的众多方式中的一种。

最后，最高法院指向了公约的目的，宣称法院的观点与公约“阻止儿童诱拐”的宗旨和目的是一致的。如果否定阿博特先生的返回请求，就会导致诱拐儿童行为的合法化，相反，满足返回儿童的要求则有助于阻止儿童诱拐，尊重公约的目的，阻止因诱拐给儿童带来的伤害。

（二）香港特别行政区 *Lam Siu Po v. Commissioner of Police* 案

在该案中，香港终审法院在解释《公民权利和政治权利国际公约》第 14 条时使用了准备工作和演进解释的方法。该案上诉人是一名巡警，他因违反《警队条例》而被解雇，《警队条例》中规定了违纪警员申诉的程序，但却禁止律师在该程序中为违纪警员辩护。本案上诉人以《警队条例》的申诉程序不合法为理由向法院申请司法审查，终审法院审查的依据是 1991 年制定的《香港人权法案条例》第 10 条，而该条款又是对《公民权利和政治权利国际公约》第 14 条的实施，因此终审法院在解释人权法案条例

第10条时参考了公约第14条的规定。为了说明公约第14条第1款①使用的术语"诉讼案中的权利和义务"的含义，终审法院注意到在公约的准备工作中"有关代表团承认关于行政机构确定权利和义务的适当方法还没有得到充分的研究解决，应当进行彻底审查"，但是这种"研究解决"并没有发生，因此公约第14条的程序保障不适用于行政过程的缺漏一直存在。②

但是终审法院的分析并没有止步于此，它注意到公约的上述缺漏可能存在的危险，同时也注意到国际法发展中存在一个明显的趋势，即将公约第14条的程序保障适用于行政机构作出的决定。为了说明这一点，终审法院除了援引人权事务委员会在 *Yvon Landry v. Canada* 案中的法理，还援引了欧洲人权法院的 *Yvon Landry v. Canada* 案、*H v. Belgium* 案、*Ringeisen v. Austria*(*No.* 1)案、*R*(*Alconbury Developments Ltd*)*v. Secretary of State for the Environment* 案、*Salesi v. Italy* 案和 *Mennitto v. Italy* 案，因为《欧洲人权公约》第6条第1款是《公民权利和政治权利国际公约》第14条的复制，因此欧洲人权法院对第6条第1款的解释被香港终审法院认为是最有说服力的国际法资源。通过对上述案例法的分析，终审法院认为国际法理的发展不仅填补了公约第14条和《香港人权法案条例》第10条中原有的缺漏，而且极大地扩展了这两个条款的保护范围。③

（三）法国 Klœckner 案④

虽然法国没有签署《条约法公约》，但是法国最高法院和最高行政法院都经常性地援引《条约法公约》中的解释规则来解释各种国际公约，因为法院承认它们都受体现在《条约法公约》第31～33条中的习惯国际法规则的约束。

---

① 《公民权利和政治权利国际公约》第14条第1款规定："所有的人在法庭和裁判所前一律平等。在判定对任何人提出的任何刑事指控或确定他在一件诉讼案中的权利和义务时，人人有资格由一个依法设立的合格的、独立的和无偏倚的法庭进行公正的和公开的审讯。"

② See Lam Siu Po v. Commissioner of Police,[2009] HKCFA 113, para. 72.

③ See Lam Siu Po v. Commissioner of Police,[2009] HKCFA 113, paras. 73 – 79.

④ Klœckner, Cour de cassation(1996).

Klœckner 案是法国最高法院审理的一起和财政制裁有关的案件,该案涉及对《欧洲人权公约》第 6 条第 1 款中的"公民权利和义务"[①]的解释,即"公民权利和义务"是否包括财政纠纷案件,财政纠纷案件的当事人是否受公约第 6 条第 1 款的保护。欧洲人权法院的判例法对该条款作了比较狭窄的解释,认为与税收责任相关的争议不在"公民权利和义务"的范围之内。法国最高法院的解释与欧洲人权法院相反,它认为任何法院在审理财政纠纷时都能援引公约第 6 条第 1 款,这就意味着通过解释,《欧洲人权公约》第 6 条所保障的公正审判的权利在法国法院要比在欧洲人权法院具有更宽泛的内容。法国最高法院声称它对第 6 条第 1 款的解释是根据条约解释的习惯国际法规则进行的,法院认为第 6 条的文字没有为该条款的确切范围提供任何指导,因此"公民权利和义务"的含义不能仅凭公约的文字判断。根据《条约法公约》,《欧洲人权公约》的准备工作作为条约解释的补充方法在本案中能起到指导作用。当时参与公约起草的皮埃尔-亨利·泰让(Teitgen)教授认为要解释公约第 6 条第 1 款的含义并不困难,最容易的方法是参考准备工作,起草时之所以使用"公民权利和义务"的表述,是因为要用这一表述指称所有非刑事性质的问题,以和刑事案件形成对比。[②] 这种解释也可以从参与《世界人权宣言》起草的勒内·卡森(René Cassin)法官的声明中得到证实,因为《世界人权宣言》第 10 条被认为是《欧洲人权公约》第 6 条的基础。提到宣言第 10 条,勒内·卡森法官指出:"我能证明这项事实,起草者注意到一方面是非刑事性质的问题,另一方面是刑事性质的问题,实际上,文本的最终目的是为那些被起诉到行政组织面前的人提供最大程度的保障,因为这些行政组织通常是一些不提供权利保护的委员会。"[③]由此可见,根据公约起草者的意图,法国最高法院认为公约第 6 条中"公民权利和义务"的范围远比后来欧洲人权委员会

---

① 《欧洲人权公约》第 6 条第 1 款规定:"在决定某人的公民权利和义务或者在决定对某人确定任何刑事罪名时,任何人有理由在合理的时间内受到依法设立的独立而公正的法院的公平且公开的审讯。"

② Teitgen,"Discussion",*Revue des droits de l'homme* 3,1970,para. 717.

③ René Cassin,"Discussion",*Revue des droits de l'homme* 3,1970,paras. 717,719.

和欧洲人权法院在它们的判例法中保护的范围要广泛。

（四）英国 *Brown v. Stott* 案[①]

该案是最能体现英国法院如何根据《条约法公约》中的习惯国际法规则解释国际人权条约的案例，该案也和《欧洲人权公约》第 6 条的解释有关。宾汉姆法官（Lord Bingham）观察到，和解释任何公约一样，在解释《欧洲人权公约》时一般应当推定缔约国已经在公约中包含了它们希望包含的、并已经达成一致的内容，而忽略了那些它们不希望包含或未能达成一致的内容，因此他认为当需要界定缔约国已经承诺保护的权利和自由时，必须特别考虑和依靠公约明确规定的条款。但是这并不意味着公约完全无法容纳任何暗示的条款，毕竟公约大部分条款使用的都是一般性语言，所以有必要从一般性语言中解释出公约文本暗含的内容，欧洲人权法院的判例法表明它支持这样的做法。

埃里克·博尔基（Eirik Bjorge）从三个方面分析了本案的解释方法与《条约法公约》之间的关联性。[②] 首先，本案在推理中指出，原则上《欧洲人权公约》应当和其他类型的条约适用同样的解释方法，这一观点和《条约法公约》的方法是完全一致的，根据《条约法公约》，同样类型的解释方法和解释规则应当适用于包括人权条约在内的所有类型的条约，这种方法后来得到国际法委员会的再次确认，国际法委员会在 2013 年拒绝了一项关于"不同类型的条约应当适用不同的解释方法"的提议，坚持条约解释过程的统一性。[③]

其次，本案认为公约可以容纳暗示条款但必须符合缔约国的意图，并避免通过司法解释使缔约国受到它们没有明确接受的义务和不愿意接受的义务的约束，这也是和《条约法公约》中的解释方法一致的。根据《条约法公约》，条约目的和宗旨是缔约国意图的必要因素，因此应当推定缔约国

---

① Brown v. Stott, [2003] 1 A. C. 681.

② See Eirik Bjorge, "The Vienna rules on treaty interpretation before domestic courts", *Law Quarterly Review* 131, 2015, pp. 102 – 103.

③ ILC, "Draft Conclusions on Subsequent Agreements and Subsequent Practice in Relation to the Interpretation of Treaties", *ILC Report*, 2013, UN Doc. A/68/10, para. 19.

不希望条约的目的和宗旨被随意变更,依据条约目的和宗旨而对条约进行的演进解释是必要的,但是这种演进解释应当受到限制。

最后,本案认为缔约国已经在公约中包含了它们愿意包含并能达成一致的条款,这些条款必须获得法院的尊重,法院在解释条约时无权对条约做出修改。这一点也是和《条约法公约》的方法相符合的。

第二节 人权条约机构的"一般性意见"

国内法院并不是人权标准的唯一解释主体,国际人权法院和联合国人权条约机构也有适用和解释人权标准的权限,虽然这些机构的解释对于大部分非当事国都没有法律约束力,但是因为解释者都是人权公约的实施和监督机构,因此它们的解释可以被视为是一种有说服力的权威,国内法院在解释国际人权公约时除了遵循《条约法公约》规定的一般解释规则,也会以这些机构的解释作为补充资源,其中最常被国内法院使用的是联合国人权条约机构的"一般性意见"。

一、"一般性意见"概述

(一)"一般性意见"的法律基础

为了监督联合国核心人权公约的实施,目前已有十个联合国人权条约机构创设成立,它们分别是人权事务委员会、经济、社会和文化权利委员会、消除种族歧视委员会、消除对妇女歧视委员会、禁止酷刑委员会、儿童权利委员会、移徙工人委员会、残疾人权利委员会、强迫失踪问题委员会和防范酷刑小组委员会。这些委员会是由 14 ~25 名专家组成的独立的专家委员会,委员会的成员虽然由联合国成员国任命,但是他们以个人身份任职,不代表任何特定国家的利益。这些委员会在监督公约实施方面具有广泛的职能,包括针对个人申诉提出意见、和缔约国代表对话、在审查缔约国定期报告的基础上发布结论性意见、在研究缔约国报告和公约条款的基础上提出一般性意见。

最早明确规定“一般性意见”的公约是《公民权利和政治权利国际公约》,[①]该公约第40条第4款规定:“委员会应研究本公约各缔约国提出的报告,并应把它自己的报告以及它可能认为适当的一般建议送交各缔约国。”此后,主要的联合国人权公约都包含了一个授权条款,授权相应的条约机构发布“一般性意见”或“一般性建议”,如《消除一切形式种族歧视公约》第9条第2款规定:“委员会……得根据审查缔约国所送报告及情报的结果,拟具意见与一般建议。”《消除对妇女一切形式歧视国际公约》第21条第1款规定:“委员会……可根据对所收到缔约各国的报告和资料的审查结果,提出意见和一般性建议。”《禁止酷刑公约》第19条第3款规定:“每份报告应由委员会加以审议,委员会可以对报告提出它认为适当的一般性评论,并将其转交有关缔约国。”《儿童权利公约》第45条第1款第4项规定:“委员会可根据依照本公约第44条和第45条收到的资料提出提议和一般性建议。此类提议和一般性建议应转交有关的任何缔约国并连同缔约国作出的任何评论一并报告大会。”《保护所有移徙工人及其家庭成员权利国际公约》第74条第1款规定:“委员会应审查每一缔约国所提出的报告,并应将它可能认为适当的这类评论递送有关缔约国。”《残疾人权利公约》第39条规定:“委员会……可以在审查缔约国提交的报告和资料的基础上,提出提议和一般建议。”《保护所有人免遭强迫失踪国际公约》第29条第3款规定:“委员会应对每份报告进行审议,之后酌情提出评论、意见或建议。评论、意见或建议应当转达有关缔约国。”

与上述公约不同,《经济、社会和文化权利国际公约》并没有包含一个专门的条约监督机构,而是由经济及社会理事会执行监督职能,1985年5月28日经济及社会理事会通过第1985/17号决议设立了“经济、社会和文化权利委员会”,作为监督缔约国落实公约情况的独立专家机构。委员会发布一般性意见的法律基础是经济及社会理事会1987年5月26日通过

---

① 从生效时间看,同样规定“一般性意见”的《消除一切形式种族歧视公约》(1965年)比《公民权利和政治权利国际公约》要早,但是该公约尽管在联合国人权两公约之前生效,但其起草时间晚于人权两公约,因此实际上第一个规定“一般性意见”的联合国人权公约是《公民权利和政治权利国际公约》。

的第1987/5号决议,该决议授权委员会在公约各条款的基础上准备一般性意见,以帮助缔约国履行他们的报告义务。

此外,根据《禁止酷刑公约任择议定书》成立的防范酷刑小组委员会(SPT)是联合国人权体系内的一个新型条约机构,它的主要功能有两项:第一,它可对缔约国进行访问,并在期间前往任何可能有人被剥夺自由的场所。第二,它具有顾问功能,这包括就《禁止酷刑公约任择议定书》要求设立国家防范机制(NPM)事宜向缔约国提供援助和建议,并就国家防范机制的工作事宜向机制本身和缔约国提供援助和建议。可见,该委员会并不具有发布"一般性意见"的权限。

综上所述,联合国十个人权条约机构中有九个机构是有发布一般性意见的权限的,这九个机构中,除了强迫失踪问题委员会至今未发布一般性意见,截至2018年8月,八个委员会共发布了163份一般性意见。

表4.1 各委员会一般性意见统计

序号	发布机构	最早发布时间(年)	最后发布时间(年)	数量(份)
1	消除种族歧视委员会	1972	2013	35
2	人权事务委员会	1981	2014	35
3	消除对妇女歧视委员会	1986	2018	37
4	经济、社会和文化权利委员会	1989	2017	24
5	禁止酷刑委员会	1998	2012	3
6	儿童权利委员会	2001	2017	23
7	移徙工人委员会	2011	2017	4
8	残疾人权利委员会	2014	2014	2
总计				163

(二)一般性意见的产生和发展

从1972年消除种族歧视委员会发布第一份一般性意见至今已经47年,这47年间联合国人权条约机构和缔约国对待一般性意见的态度、一般性意见的内容和形式都发生了很大变化。

1. 各委员会早期的实践

虽然条约机构发布一般性意见的权力都有各自的基础，但是关于一般性意见的性质并不是十分清晰，对于“一般性意见”是针对单个缔约国提出还是针对缔约国全体提出、可以对缔约国报告进行评估还是只能提出程序性的建议都存在较大争议。例如针对《公民权利和政治权利国际公约》第 40 条第 4 款的规定，人权事务委员会中来自社会主义国家的委员坚持对“一般意见”这一术语做严格解释，他们声称“没有理由认为‘一般性意见’应该被赋予一种新的解释——通过具体评估国家或公约的实施，或者确认个别缔约国对人权的违反——从而改变某些惯例或者引入某些措施”，这种主张的主要理由是报告程序不是一个授权委员会监督公约在具体国家的实施的一个监控程序，而且第 40 条第 4 款在“各缔约国”之前没有一个“有关”的字样，由此这些委员认为委员会只可以将其建议同时针对所有缔约国。[①] 而来自西方国家的委员则认为“一般意见”可以是针对个别国家的建议，而且应当成为一种协助监督和保证缔约国遵守公约义务的机制，委员会能利用这一机制“解释公约、告知缔约国关于公约解释的错误、处理某一缔约国或缔约国整体对公约的违反或其他问题”。[②]

针对上述争议，人权事务委员会在 1980 年 10 月通过了一项《有关人权事务委员会在〈公约〉第 40 条下的职责的决定》，该决定要求“一般性意见”的制定应遵守以下原则：它们应该是按照公约第 40 条第 4 款为所有缔约国准备的；它们应该促进缔约国之间为公约的实施而开展的工作；应该总结委员会在审议缔约国报告过程中所获得的经验；应该提请缔约国注意有关报告程序的改进和公约的实施方面的问题；应该鼓励缔约国和国际组织在促进和保护人权方面的活动。根据该决议，一般性意见可以涉及以下问题：公约第 40 条下的提交报告义务的履行；保障公约所规定的权利和义务的实施；有关公约中各条规定的适用和内容的问题；有关缔约国之间为

---

① 参见[奥]曼弗雷德·诺瓦克：《民权公约评注——联合国〈公民权利和政治权利国际公约〉》，毕小青、孙世彦主译，生活·读书·新知三联书店 2003 年版，第 562 页。

② See Statements of Tomuschat, UN Doc. CCPR/C/SR. 50(1978), para. 13.

适用和发展公约规定而开展的合作的建议。① 从决定的内容可以发现，虽然人权事务委员会承认一般性意见的多项原则和内容，但是对一般性意见进行严格解释的观点取得了优势地位，一般性意见发布对象的非特定指向性和内容的程序性得到了肯定。也就是说，在一般性意见出现的早期，人权事务委员会主要将它界定为：为了鼓励缔约国在它们的报告中提供更完整的信息，帮助缔约国更好履行报告义务而向缔约国整体提出的意见或评论，委员会发布一般性意见的正当性在于它是补充缔约国报告制度的一种方式，在内容上主要是技术性和程序性的。

这种观念在早期各委员会的实践中都得到了反映，如消除种族歧视委员会对《消除一切形式种族歧视公约》第 9 条第 2 款的权力作狭义解释，早期的一般性意见都是为了使缔约国报告程序更加清晰，如第 2 号一般性意见（1972 年）规定无论缔约国领土上有没有种族歧视的现象存在，都应当向委员会提交 1970 年 1 月 28 日函件中所列举的资料；第 3 号一般性意见（1972 年）鼓励缔约国加列它们和南部非洲种族主义政权在外交、经济和其他方面关系状况的资料；第 4 号一般性意见（1973 年）要求缔约国在报告中提供有关人口构成的情况。又如经济、社会和文化权利委员会的第 1 号一般性意见“缔约国报告”（1989 年）从七个方面对缔约国提交初次报告提出了要求；人权事务委员会第 1 号一般性意见（1981 年）针对缔约国延迟提交报告的情况，提醒各国注意其提交报告的义务；第 2 号一般性意见（1981 年）指出了缔约国提交的报告应当涵盖的内容。这些一般性意见虽然由不同机构做出，但其主要目的都在于引起缔约国对报告中的不足之处的注意并提出建议，鼓励缔约国的报告与相关公约的要求相一致，在形式上也比较简洁，通常只有几个段落。之所以出现这种情况，是因为当时的委员会对自己的权力范围持审慎态度，害怕自身权力的行使会影响各国批准和加入公约。

---

① 参见人权事务委员会：《有关人权事务委员会在〈公约〉第 40 条下的职责的决定》，1980 年 10 月 30 日第 11 届委员会第 260 次会议通过，第 2 ~ 3 段。转引自［奥］曼弗雷德 · 诺瓦克：《民权公约评注——联合国〈公民权利和政治权利国际公约〉》，毕小青、孙世彦主译，生活 · 读书 · 新知三联书店 2003 年版，第 891 页。

2. 一般性意见的发展

20 世纪 90 年代初期,冷战的结束缓解了缔约国对人权条约机构权力的担忧,人权事务委员会在 1992 年首次在审议缔约国报告后针对缔约国单独作出评论(结论性意见),[1]同时它也继续沿用“一般性意见”的形式来向缔约国整体提出意见,此后,这种将结论性意见与一般性意见相分离的方式被其他委员会采纳。各委员会虽然仍然强调一般性意见的技术性和程序性,但是却将重点放在了对公约权利的解释和发展上,试图以一般性意见来促进公约权利在国内的落实和保障。

从内容上看,一般性意见更侧重于对特定公约条款的解释,如人权事务委员会的第 19 号、第 20 号、第 21 号、第 22 号、第 23 号、第 25 号和第 27 号一般性意见分别是对公约第 23 条(家庭)、第 7 条(禁止酷刑和其他残忍、不人道或有辱人格的待遇或处罚)、第 10 条(被剥夺自由的人的人道待遇)、第 18 条(思想、良心和宗教自由)、第 27 条(少数群体的权利)、第 25 条(参与公共生活和投票的权利)和第 12 条(迁徙自由)的解释;经济、社会和文化权利委员会第 4 号、第 7 号、第 11 号、第 12 号、第 13 号、第 14 号和第 22 号一般性意见分别是对公约第 11 条第 1 款(适足住房权)、第 11 条第 1 款(强迫驱逐)、第 14 条(初级教育)、第 11 条第 1 款(食物权)、第 13 条(受教育权)、第 12 条(享有能达到的最高健康标准的权利)和第 12 条(关于性健康和生殖健康权利)的解释;残疾人权利委员会第 1 号、第 2 号一般性意见分别是对公约第 12 条(在法律面前获得平等承认)和第 9 条(无障碍)的解释。

通过一般性意见对公约权利和义务的解释,各委员会可以使公约的要求更加清晰,从而协助缔约国促进公约权利的保护。一般情况下,当公约权利涉及的法理非常充分时,委员会的工作主要是根据既有的法理对公约条款作出更细致的解释和说明,如在第 16 号一般性意见中,人权事务委员会对公约第 17 条使用的“非法”“任意干涉”这两个术语的解释都是权利限制的一般法理的具体应用,如委员会认为“非法”就是除法律所设想的

① 1997 年人权事务委员会用“结论性意见”(Concluding Observations)代替了“评论”。

个案以外不得有干涉情事,"任意干涉"这个概念的用意是确保法律所规定的干涉都符合公约的规定和目标,而且无论如何要在个别情况中合情合理。[①] 又如消除种族歧视委员会在第 35 号一般性意见中利用言论自由的一般理论对"种族主义仇恨言论"的形式作出解释,认为种族主义仇恨言论可以采取多种形式,除了明显的种族歧视言论,也可以采用掩饰其目标和目的的间接性语言,而具体的表达方式可以是口头或印刷品、或通过电子媒介,包括互联网和社交网站,也可以是在公众场合(包括体育赛事)中采用显示种族主义符号、图像和行为等非语言形式。[②] 经济、社会和文化权利委员会在第 11 号一般性意见中对公约第 13 条第 2 款"初等教育应属义务性质并一律免费"中的"义务性"和"免费"进行了解释,其中"义务性"包括三个方面:初等教育的非选择性、禁止性别歧视和有质量保证,"免费"则包含了禁止收取间接费用和政府及学校的责任。又如第 17 号一般性意见对第 15 条第 1 款(丙)项中使用的术语"作者""任何科学、文学或艺术作品""享受保护""精神利益""物质利益"和"产生"均作了详细解释。

但是,有时委员会并不满足于对公约条款的细化,尤其是在相关公约条款的法理尚不完善的情形下,各委员会更倾向于通过创新性的解释方法对公约的权利和义务作出新的解释和阐释,以扩大公约权利的保护范围,这些创新性的解释方法既包括对公约术语作扩大解释,也包括基于公约目的和比较国际法对公约作演进解释。前者如《消除对妇女一切形式歧视国际公约》并没有就"针对妇女的暴力行为"作出明确规定,这项疏漏引起了消除对妇女歧视委员会的关注,在 1989 年召开的会议上,消除对妇女歧视委员会就暴力侵害妇女行为的高发生率展开讨论,要求所有国家提供有关该问题的资料。1992 年,消除对妇女歧视委员会通过了第 19 号一般性建议,对公约第 1 条规定的"对妇女的歧视"作了扩大解释,认为该条中的"歧视"包含了基于性别的暴力,这种暴力包括造成身体、

① 人权事务委员会:《第 16 号一般性意见:隐私权》,第 3 ~4 段。

② 参见消除种族歧视委员会:《第 35 号一般性意见:打击种族主义仇恨言论》,第 7 段。

精神或性伤害或痛苦的行为以及此类行为的威胁、胁迫和其他剥夺自由的行为，基于性别的暴力不仅构成对妇女的歧视，也会损害或取消妇女对其他基本权利和自由的享有，如生命权、人身自由和安全权、免受酷刑和不人道待遇的权利、健康权等，[①]通过这样的解释基于性别的暴力被纳入歧视的范围，同时也被纳入公约的范围。

又如人权事务委员会在第 18 号一般性意见中主张《公民权利和政治权利国际公约》第 26 条所载的非歧视原则不仅适用于公约规定的权利，禁止公共当局管理和保护的任何领域中法律上或事实上的歧视，[②]也适用于经济、社会和文化权利方面的歧视，人权事务委员会认为公约第 26 条虽然不要求缔约国必须制定社会保障立法，但是一旦缔约国制定了这样的法律，则这些法律必须与公约第 26 条所规定的平等和非歧视原则保持一致，从而将公约第 26 条的适用范围扩大到公约权利以外的领域。

后者如儿童权利委员会在第 8 号一般性意见中，以演进解释将儿童免受体罚的权利纳入《儿童权利公约》的保护范围，儿童权利委员会承认公约第 19 条和第 28 条第 2 款并未明确地提及体罚，公约的准备工作文件也没有记录阐明在起草会议的讨论期间，对体罚问题进行过任何讨论。但是公约与所有其他人权文书一样，都必须被视为一项活的文书，对文书的解释应与时俱进。[③] 为此，儿童权利委员会除了从公约的目的和宗旨论证体罚构成对儿童尊严的侵害，还援引了《世界人权宣言》、国际人权两公约、《欧洲社会宪章》的规定以及欧洲人权法院、美洲人权法院和非洲人权委员会的判例法为消除体罚提供支持。

与上述各委员会的做法相比，经济、社会和文化权利委员会对公约的解释更加大胆，它的几个一般性意见已经突破了解释的界限，具有很强的规范创制的特征。经济、社会和文化权利委员会进行规范创制的一个例子是关于公约第 11 条的解释和发展。公约第 11 条第 1 款规定：

---

① 参见消除对妇女歧视委员：《第 19 号一般性意见：针对妇女的暴力》，第 7 段。

② 参见人权事务委员会：《第 18 号一般性意见：非歧视》，第 12 段。

③ 儿童权利委员会：《第 8 号一般性意见：儿童受保护免遭体罚和其他残忍或不人道形式惩罚的权利》，第 20 段。

“本公约缔约各国承认人人有权为他自己和家庭获得相当的生活水准，包括足够的食物、衣着和住房，并能不断改进生活条件。”该条并没有规定独立的住房权，住房只是相当生活水准权的一个要素，但是委员会通过第4号和第7号一般性意见将它发展成了一项独立的权利，并从使用权的法律保障、基础设施的可提供性、可承受性、适居性、可获得性、便利性和文化适足性等方面明确了该权利的规范内容。

如果说住房权的发展还可以从公约第11条中寻找到法律依据，那么水权则完全源于委员会对公约第11条和第12条的创新性解释。在第15号一般性意见(水权)中，委员会认为第11条第1款中使用的“包括”一词表明该条列举的食物、衣着和住房并不是相当生活水准权的全部，水权明显是相当生活水准的必要保障之一，而且水权还与健康权、食物权、生命权和人的尊严密不可分。在论证了水权的存在后，委员会用较大的篇幅集中阐述了水权的规范性内容、缔约国义务、侵犯水权的行为以及国家的执行措施，①使水权成为一项具有明确规范内容的权利。

经济、社会和文化权利委员会进行规范创制的另一个例子是最低核心义务。关于缔约国的义务，《经济、社会和文化权利国际公约》第2条第1款要求每一缔约国尽最大能力采取立法以及其他措施逐渐达到本公约中所承认的权利的充分实现，但是经济、社会和文化权利委员会却坚持认为每个缔约国均有责任承担最低限度的核心义务，在第3号一般性意见中委员会详细阐释了最低核心义务的含义，即“如果在一缔约国内有任一较大数目的个人被剥夺了粮食、基本初级保健、基本住房或最基本的教育形式，该缔约国就等于没有履行该公约下的义务。如果不把该公约看作确定了此种最起码的核心义务，就等于使其基础上失去了存在的理由……一缔约国如果将未履行最低核心义务归因于缺乏资源，它就必须表明已经尽了一切努力利用可得的一切资源作为优先事项履行最起码的义务”。② 在经济、社会和文化权利的法理尚不完善的情况下，该解释对经济、社会和文化

---

① 参见经济、社会和文化权利委员会:《第15号一般性意见:水权》。

② 经济、社会和文化权利委员会:《第3号一般性意见:缔约国义务的性质》,第10段。

权利的理解产生了深远的影响,委员会在接下来的几项一般性意见中进一步发展了最低核心义务的方法,在第12号一般性意见(取得足够食物的权利)中,委员会指出“根据第11条第2款的规定,国家负有核心义务,须采取必要行动减缓饥饿状况,甚至在发生自然灾害或其他灾害时也应这样做”。在第15号一般性意见和第17号一般性意见中,委员会认为在水权方面和“作者”的物质和精神利益保护方面至少可以提出一些需要立即履行的核心义务,不受“逐渐实现”的限制。① 在第14号和第15号一般性意见中,委员会宣称健康权和水权的核心义务是不可减损的,缔约国不得以任何理由为不履行这些核心义务辩护。②

3. 对一般性意见合理性的判断

虽然创新性解释扩大了公约权利的范围,但是学者和缔约国对于这种解释的合理性多持谨慎态度。③ 当需要对某项一般性意见的合理性进行判断时,可以考虑的相关因素包括委员会的权限、一般性意见的内容和解释的方法等。首先,从委员会权限的角度看,因为各委员会解释公约的权力并非来自公约的明确授权,而是从它们的监督职能中暗示地发展出来的,所以各委员会解释公约的权力应以履行委员会监督职能所需为限,超出这一限度的解释权的行使和具有规范创制性质的内容可能要面对合法

---

① 参见经济、社会和文化权利委员会:《第15号一般性意见:水权》,第37段;《第17号一般性意见:人人有权享受对其本人的任何科学、文学和艺术作品所产生的精神和物质利益的保护》,第25段。

② 经济、社会和文化权利委员会:《第14号一般性意见:享有能达到的最高健康标准的权利》,第47段;《第15号一般性意见:水权》,第40段。

③ 这也是我国政府关于条约机构及其人权文书的一贯立场,我国在赞赏人权条约机构为促进和保护人权所发挥的积极作用的同时,也对条约机构行使职权时超出公约授权和扩张解释公约条款的情况表示担忧。在联合国大会有关人权文书和条约机构的议题中,我国政府代表一再声明条约机构的法律基础和任务直接衍生于人权条约及其缔约国,条约机构应尊重条约授权,充分征求和吸纳缔约国意见,避免单方面采取行动。条约机构在审议各缔约国报告时,应充分考虑各国不同的国情和经济发展水平及社会文化背景,提出的意见应切合缔约国的实际情况,具有针对性和可操作性。对于条约机构发布的人权文书,我国的立场是尊重并积极考虑其中的建设性意见和可行建议,并结合我国国情予以采纳和落实。参见《中国代表团梁恒在第70届联大三委人权文书执行议题下的发言》《中国常驻联合国副代表刘振民大使在第64届联大三委关于执行人权文书(议题69A)的发言》《中国代表团顾问任义生在联合国第57届人权会上关于人权机制的有效运作(议题18)的发言》《中国常驻联合国副代表刘振民大使在第61届联大三委关于“人权文书的执行”(议题66a)的发言》等。

性的质疑。

其次,从一般性意见的内容看,因为一般性意见的发布是在公约的法律框架之内并受公约的约束,因此合理的公约解释应当满足一定的条件,建立或产生于公约的保证,涉及的应当是公约特定条款或公约所涵盖的主题。具体而言,关于缔约国报告程序的要求和对于公约核心条款的解释通常被认为具有较大的合理性,对于公约条款所作的超出字面含义的扩大解释,其合理性要受到解释内容与公约主题紧密程度的影响,而对于那些完全处于公约范围之外的事项的解释则难以为缔约国所接受。

最后,从解释的方法看,合理解释应当满足一定的解释标准。约翰·托宾(John Tobin)在谈到人权条约的结构性解释方法时指出,为了使一种条约解释能够说服解释共同体(interpretive community),就需要一种能够提高说服力的解释方法,为此他提出这样的解释应当满足四个标准:一是原则性标准,即合理的有说服力的解释应当符合一般的解释原则,其中最重要的是1969年维也纳《条约法公约》第31条和第32条确立的规则,它们可以为在众多潜在的含义中选择一种含义提供指导;二是清晰和实践性标准,即解释应当有助于增加权利内容的清晰度,并能适用于日常生活和实践的现实情形;三是一致性标准,包括单个解释推理过程的一致性和解释与整个法律体系的一致性两个方面;四是情境敏感性标准,即解释应当对特定缔约国的社会政治情境和整个国际法律秩序保持敏感度。①

如果我们以上述标准来评价一般性意见的内容,一些超越监督权限、与公约主题关联性较弱、缺乏实践性和情境敏感性的解释的合理性可能需要重新进行评估。以前述"最低核心义务"为例,虽然经济、社会和文化权利委员会将这一概念视为公约存在的基础,但是约翰·托宾在谈到健康权的最低核心义务时认为,虽然这一概念的目的在于协助公约权利的实施,但它本身仍然缺少关于权利实施的清晰而实践性的理解,因为和公约所要求的健康权的充分实现一样,这一概念对于大多数国家而言还是十分模

① See John Tobin, "Seeking to Persuade: A Constructive Approach to Human Rights Treaty Interpretation", *Harvard Human Rights Journal* 23, 2010, pp. 25 - 26.

糊,而且委员会要求各国必须保证这些最低核心义务立即实现也忽略了各国面临的实际情况。[①]

又如关于国家的域外义务,经济、社会和文化权利委员会在第15号、第18号、第19号、第23号等一般性意见中都提到了国家在经济社会权利方面的域外义务,并在第24号一般性意见中将域外义务明确划分为尊重的义务、保护的义务和实现的义务,其中保护的义务和实现的义务中可能存在以下问题:其一,在规定国家预防义务时要求各国“必须建立适当监测和问责程序”而没有考虑各国的具体情况,无法满足实践性和情境敏感性标准;其二,从公约第2条第1款无法合理地解释出要求缔约国承担“帮助其境外的人享有经济、社会及文化权利”的义务,无法满足人权条约解释的原则性标准。而且意见中关于实现义务的一些要求,如“为了应对跨国公司的恶劣税务做法,各国应打击转移定价,深化国际税务合作,探讨对多国公司集团作为单一公司征税的可能性,在过渡期内由发达国家设定公司收入税征收起码标准”等已经超出了公约的范围。

二、“一般性意见”的法律地位

从一般性意见的产生和发展可以看出,它们已经从单纯的技术性和程序性机制发展为公约权利的解释甚至创制机制,这种变化在促进公约权利发展的同时,也引发了学者和缔约国对它们法律地位和司法价值的争论。这些争论涉及两个方面:其一,一般性意见是否具有拘束力;其二,一般性意见是否构成相关公约的权威性解释。

(一)一般性意见的拘束力

多数国际法学者和缔约国都认为一般性意见和人权公约不同,对缔约国并没有传统意义上的规范拘束力,一方面它们无法被传统国际法渊源所容纳;另一方面也没有充足的理由认为它们构成了新的国际法渊源。[②] 但

---

① See John Tobin, “Seeking to Persuade: A Constructive Approach to Human Rights Treaty Interpretation”, *Harvard Human Rights Journal* 23, 2010, pp. 25 – 26.

② See Conway Blake, “Normative Instruments in International Human Rights Law: Locating the General Comment”, *Center for Human Rights and Global Justice Working Paper* 17, 2008, pp. 27 – 29.

是也有一些学者认为“没有如公约本身一般的规范拘束力,并不表示这些一般性意见的内容对于缔约国就毫无拘束的可能”,支持这一观点的理由有两个:其一,各委员会在审议缔约国报告和审理个人申诉来文时都会依据一般性意见中对公约内容所做的阐释和表现出来的法律见解,只要各委员会确切遵循其所做成的一般性意见来监督各缔约国,那么这些一般性意见就在实际上发挥着规范的拘束功能;其二,一般性意见所使用的文字呈现出较强的规范性,并依赖习惯国际法和强行国际法作为论述的基础,以此强化一般性意见的规范性,因此基于这些基础所形成的一般性意见,即使其拘束力并不直接来自于一般性意见本身,也会来自于习惯国际法和强行国际法所具有的拘束力。[①]

(二)作为公约权威解释的“一般性意见”

虽然关于一般性意见有无拘束力还存在各种争论,但是作为当代国际人权法和国际人权实践中最有影响力的规范工具之一,它们覆盖了联合国核心人权公约中的大部分权利,在人权标准的解释和适用方面发挥着重要作用,实际上,很多时候公约权利的定义和讨论都是围绕一般性意见展开的,一般性意见作为公约权威解释的地位得到了越来越多的认可。当然,如前文所述,因为各委员会解释公约的权力并非来自公约的明确授权,而是从委员会的监督职能中暗示地发展出来的,所以各委员会解释公约的权力应以履行委员会监督职能所需为限,超出这一限度的解释权的行使可能要面对合法性的质疑。

1. 各委员会的实践

(1)人权事务委员会的实践

援引一般性意见来界定权利和义务的范围是各委员会解释人权公约的主要方法,在各委员会的审查实践中都有大量的案例可以佐证,其中案例最丰富的当属人权事务委员会。例如在前文提到的 *Yoon and Choi v. Korea* 案中,人权事务委员会除了使用文义解释、目的解释和演进解释外,

① 参见张淑贞:《演进中的法:一般性意见作为国际人权公约的权威解释》,载《台湾人权学刊》2012 年第 2 期。

还特别参考了第22号一般性意见的第11段以支持自己的推理:"委员会重申它在第22号一般性意见中表达的一般观点:强迫一个人使用致死力量可能严重抵触他的良心自由或宗教信仰,那么这种强迫就会落入公约第18条禁止的范围。"①又如在 *Zoolfia v. Uzbekistan* 案中,申诉人的父亲因非法越过乌兹别克斯坦和土库曼的边界线而被逮捕,申诉人声称她的父亲出国出差,不构成对国家安全、公共秩序、公共卫生或道德或他人权利和自由的威胁,对其定罪的决定违反了《公民权利和政治权利国际公约》第12条第2款和第3款的规定,委员会在解释第12条第3款时参考了它的第27号一般性意见,该意见第14段指出:"限制仅仅有利于可允许的意图是不够的,它们必须是为保护这些意图而必不可少才行。限制性措施必须符合相称原则;必须适合于实现保护功能;必须是可用来实现预期结果的诸种手段中侵犯性最小的一个;必须与要保护的利益相称。"而在当前的案件中,缔约国并没有提供任何能证明其限制措施必要性的信息,因此委员会认定缔约国的行为违反了公约第12条的规定。②

人权事务委员会援引一般性意见除了支持申诉人的主张,有时也会作为驳回申诉的理由,例如在 *Gbondo Sama v. Germany* 案中,针对申诉人提出的他未在上诉程序中获得口头听证的问题,委员会援引了它的第32号一般性意见,该意见第48段指出"只要法庭的复审能够研判案件的案情实情,则第14条第5款不要求完全重新审判或'听证'",委员会据此认为来文的这一部分没有得到充分证实,根据"任择议定书"第2条决定不可受理。③

(2)儿童权利委员会的实践

儿童权利委员会援引一般性意见的典型案例是 *I. A. M. v. Denmark* 案,该案的申诉人及其女儿被丹麦驱逐回索马里的邦特兰,她声称如果她

① Yoon and Choi v. Republic of Korea, Communication No. 1321/2004 and 1322/2004, UN Doc. CCPR/C/88/D/1321 – 1322/2004(2007), para 8. 3.

② Zoolfia v. Uzbekistan, Communication No. 1585/2007, UN Doc. CCPR/C/96/D/1585/2007(2009), para 8. 3.

③ Gbondo Sama v. Germany, Communication No. 1771/2008, UN Doc CCPR/C/96/D/1771/2008(2009), para. 6. 8.

的女儿被驱逐回索马里就有可能遭受女性生殖器残割,丹麦政府在做出决定时没有考虑儿童最大利益,违反了《儿童权利公约》第 1 条、第 2 条、第 3 条和第 19 条。儿童权利委员会在解释这些条款时参考了第 6 号和第 16 号一般性意见,第 6 号一般性意见指出:“各国不得将一名儿童遣返回有充分的理由相信存在着对这名儿童产生不可弥补损害的实际风险的国家,这些风险包括但绝不局限于公约第 6 条和第 37 条所设想的那些伤害……无论对公约所保障的这些权利的严重侵犯行为是否由非国家行为者作出,或这种侵犯行为是出于直接的目的,或是由任何行动或不行动造成的间接后果,都必须适用不驱回义务”。第 16 号一般性意见建议:必须采取对年龄和性别敏感的方式解读公约所提出的难民定义,兼顾迫害儿童的独特动机、形式和表现。因家族血缘遭受迫害;未成年兵招聘;贩卖儿童卖淫;性剥削或女性生殖器残割等等都是迫害儿童的具体形式和表现……各国在国家难民身份确认程序中应高度重视这类专门针对儿童的迫害形式和表现以及性别暴力。①

(3)禁止酷刑委员会的实践

禁止酷刑委员会虽然只有三项一般性意见,但其被援引的频率并不低,其中最具标志性的案件是 1997 年的 *Haydin v. Sweden* 案,该案的申诉人是一名土耳其公民,他因政治原因向瑞典政府提出避难申请但被拒绝,并将被强制遣返回土耳其。禁止酷刑委员会需要决定的问题是:将申诉人强制遣返回土耳其是否违反了瑞典基于《禁止酷刑公约》第 3 条所负担的义务,该条规定如有充分理由相信任何人在另一国家将有遭受酷刑的危险,任何缔约国不得将该人驱逐、遣返或引渡至该国。禁止酷刑委员会在解释这一条款时认为:根据第 3 条的目的,相关个人在他将要被驱回的国家必须面对可预测的、真实的、个人的酷刑危险,而这种危险的必然性和可预测性应当根据第 1 号一般性意见加以解释,该意见第 6 段指出:“铭记缔约国和委员会有义务评估是否有充足理由相信申诉人一旦

---

① I. A. M. v. Denmark, Communication No. 003 /2016, UN Doc CRC/C/77/D/3/2016 (2018), para. 11. 3.

被驱逐、遣返或引渡至另一国家，将遭受酷刑的危险，在评估遭受酷刑的危险时绝不能仅仅依据理论或怀疑，但是也不必证明这种危险的发生具有高度可能性。”[①]此后，在与难民和驱回相关的案件中，委员会多次援引第 1 号一般性意见来解释公约第 3 条。[②]

（4）经济、社会和文化权利委员会的实践

由于经济、社会和文化权利的相关法理主要体现在经济、社会和文化权利委员会的一般性意见中，因此经济、社会和文化权利委员会在审理申诉案件时凡是涉及法律和法理的部分都会大量援引一般性意见，例如在委员会审理的两起住房权案件 *I. D. G. v. Spain* 案和 *Ben Djazia et al. v. Spain* 案中，委员会在阐释“住房权及其法律保护”“被驱逐者的住房权和获取公共住房的机会”“可能影响住房权的抵押权执行诉讼程序中的充分通知”等法律问题时，都在多处援引了第 3 号、第 4 号、第 7 号和第 9 号一般性意见。在第一个案例中，“委员会回顾，根据其第 7 号一般性意见，适当的法律程序上的保护和正当的法律手续是所有人权必不可少的因素，在强迫驱逐等问题上尤为重要；这些法律程序上的保护包括由缔约国在预定的驱逐日期之前向所有受影响的人发送充分和合理的通知以及为这些人行使辩护权提供法律援助”，[③]在第二个案例中“委员会提到第 7 号一般性意见对强迫驱逐的定义（第 3 段），强调该定义不限于集体或大规模驱逐行动或由缔约国当局直接推动的驱逐行动”。[④]

除了在正文中明确指向一般性意见外，经济、社会和文化权利委员会更多的是使用一般性意见中的表述作为推理和论证的主体，并同时在

---

① Haydin v. Sweden, Communication No. 101/1997, UN Doc CAT/C/21/D/101/1997 (1998), para. 6. 5.

② See E. J et al. v. Sweden, Communication No. 306/2006, UN Doc CAT/C/41/D/306/2006 (2008), para. 8. 3; T. Z. v. Swiss, Communication No. 688/2015, UN Doc CAT/C/62/D/688/2015 (2017), para. 8. 4; J. B. v. Swiss, Communication No. 721/2015, UN Doc CAT/C/62/D/721/2015 (2018), para. 7. 4.

③ I. D. G. v. Spain, Communication No. 2/2014, UN Doc E/C. 12/55/D/2/2014 (2015), para. 12. 1.

④ Ben Djazia et al. v. Spain, Communication No. 5/2015, UN Doc E/C. 12/61/D/5/2015 (2017), para. 13. 3.

脚注中标明其在一般性意见中的具体出处,委员会审理的一起社会保障权案件就完全采用了这种方式,在“享有社会保障的权利以及不受歧视地获得非缴费福利的权利”和“社会保障与在监狱服刑的犯人”两部分,委员会广泛使用第 5 号和第 19 号一般性意见中的语言来支持自己的观点,①却没有在正文明确指向一般性意见。

2. 区域人权法院的实践

区域人权法院在援引联合国人权公约时也注意到了一般性意见的解释功能,并将其作为解释相关人权公约的依据。以欧洲人权法院为例,由于受到活文件理论的影响,欧洲人权法院在解释欧洲人权公约时除了依据客体内的解释因素也会考虑客体外的解释因素,对欧洲人权体系以外的法理资源,尤其是联合国人权条约越来越重视,在它的判例中不仅参考人权条约,还曾不断讨论和适用过多个人权条约机构通过的一般性意见。在援引一般性意见时,欧洲人权法院一般将它们作为相关的国际法资源对待,赋予它们和自己的先例类似的地位。例如在 *Kurt v. Turkey* 案中,法院注意到个人失踪带来的严重的权利侵害问题导致人权事务委员会通过了关于生命权的第 6 号一般性意见,并在该意见中要求“缔约国应当采取具体、有效的措施防止个人失踪,建立有效的机构和制定有效的程序彻底调查可能侵害生命权的个人失踪案件”。②

又如在 *Hirst v. United Kingdom*(*No.* 2)案中,法院在“相关国际资源”部分除了列举《公民权利和政治权利国际公约》第 25 条和第 10 条外,还明确提到了人权事务委员会为解释公约第 25 条通过的第 25 号一般性意见以及该意见第 14 条的规定,即“缔约国应该在其报告中说明和解释剥夺公民投票权的法律规定。剥夺这种权利的理由应该客观合理。如果因某一罪行而被判罪是丧失投票权的依据,丧失投票权的期限应该与所犯罪行和刑期相称。被剥夺自由但没有被判罪的人应有权行使投票权”。③ 在

---

① Miguel Ángel López Rodríguez v. Spain, Communication No. 1/2013, UN Doc E/C. 12/57/D/1/2013(2016), paras. 10. 1 – 11. 3.

② Kurt v. Turkey, [1998] ECHR 24276/94, para. 69.

③ Hirst v. United Kingdom(No. 2), [2005] ECHR 7402/01, para. 27.

Öcalan v. Turkey 案中,法院在提到与死刑相关的国际法的发展时,参考了人权事务委员会在 *Reid v. Jamaica* 案中的意见,该意见指出如果作出死刑判决的审判过程没有遵循《公民权利和政治权利国际公约》第 14 条的正当程序,那么该死刑判决将会构成对公约第 6 条的违反,在该案的推理中,委员会援引了人权事务委员会关于公约第 6 条(生命权)的第 6 号一般性意见,指出死刑的判处只能按照犯罪时有效并且不违反本公约规定的法律行之。公约规定的程序保证必须遵守,包括有权由一个独立的法庭进行公正的审讯、无罪推定原则、对被告方的最低限度保证和由较高级法庭审查的权利。① 类似的案例还有 *Makaratzis v. Greece* 案和 *Melnychenko v. Ukraine* 等案例。②

欧洲理事会的人权保护机制是二元的,由欧洲社会权利委员会负责经济社会权利的监督实施,③该委员会在审理集体申诉案件时,除了考虑欧洲人权公约和欧洲人权法院判例法等欧洲理事会内部法律资源外,也会参考联合国人权公约和相关的一般性意见。截至 2018 年年底,在该委员会做出的 678 项申诉决定中有 27 项明确援引了联合国各条约机构的一般性意见,其中有 16 项决定援引了经济、社会和文化权利委员会的一般性意见,这些意见主要集中在住房权、健康权和受教育权领域。值得注意的是,欧洲社会权利委员会在援引一般性意见时主要是将它们作为“相关的国际法资源”对待,它们在委员会决定中发挥的作用并不明显。④

非洲人权委员会非常重视不同国际法资源间的协调,它在一起针对尼日利亚的案件中声称:“在解释和适用《非洲人权和民族权宪章》时,委员会不仅依靠正在不断增加的在它自己的判决中确立起来的先例,也依靠其

---

① Öcalan v. Turkey, [2005] ECHR 46221/99, para. 60.

② See Makaratzis v. Greece, [2004] ECHR 50385/99, para. 29; Melnychenko v. Ukraine, [2004] ECHR 17707/02, para. 28.

③ 郭曰君、杜倩:《论欧洲理事会的经济和社会权利的集体申诉制度》,载《广州大学学报》(社会科学版)2012 年第 1 期。

④ 以上数据来源于 HUDOC-ESC 欧洲社会权利委员会案例数据库:https://hudoc.esc.coe.int/eng#["ESCDcType":("DEC")],最后访问日期:2019 年 1 月 2 日。

他的国际人权标准,其中包括联合国人权条约机构的决定和一般性意见。”该案在两个问题上参考了人权事务委员会的一般性意见,第一个问题是判断宪章第7条规定的公正审判权是否适用于特别军事法庭,非洲人权委员会提到“人权事务委员会的第13条一般性意见宣称《公民权利和政治权利国际公约》第14条各款适用于该条规定范围内的所有法庭和裁判所,无论它们是普通法庭和裁判所,或者是特别法庭和裁判所,委员会还指出许多国家设有审判平民的军事法庭或特别法庭。从公正、无偏倚和独立司法的角度看这方面可能产生严重问题。设立这种法庭的原因往往是为了实施不符合正常司法标准的例外审判程序”。第二个问题是关于公开审讯,非洲人权委员会注意到宪章没有规定这一权利,但是它参考了国际人权法和人权实践的发展,尤其是人权事务委员会的一般性意见中的立场,即“公开审判是对个人利益和整个社会利益的重要保障……除了一些例外情况,委员会认为审讯应开放给一般民众,包括新闻界参加,不应仅限于某几种人……”。①

非洲人权委员会参考联合国人权法理的另一个突出领域是经济、社会和文化权利,经济、社会和文化权利委员会几乎垄断了经济、社会和文化权利的解释和法理,非洲人权委员会在相关案例中经常性地援引经济、社会和文化权利委员会的一般性意见作为解释的指导,有时甚至在《非洲人权和民族权宪章》缺乏同类规定时被作为论证的主要依据。例如在另一起针对尼日利亚的案件中,申诉人主张尼日利亚政府及其代理人的石油开发行为导致数以千计的奥格尼人无家可归,违反了宪章的规定。非洲人权委员会注意到宪章没有明确规定强迫驱逐,因此它参考了经济、社会和文化权利委员会第7号一般性意见关于强迫驱逐的定义,即“个人、家庭乃至社区在违背他们意愿的情况下被长期或临时驱逐出他们所居住的房屋或土地,而没有得到或不能援引适当的法律或其他形式的保护”。而且,还重申了经济、社会和文化权利委员会关于强迫驱逐可能产生的严重伤害的论述,

---

① Civil Liberties Organisation and Others v. Nigera, Communication No. 218/98 (2001), paras. 24, 27, 35.

承认它们会导致身体、心理和情绪的困扰，增加经济损失和贫困，甚至破坏家庭并增加现有的无家可归程度。基于上述考虑，非洲人权委员会同意经济、社会和文化权利委员会在第 4 号一般性意见中的观点，“所有人均应拥有一定程度的住房使用权的保障，以保证得到法律保护，免遭强迫驱逐、骚扰和其他威胁”。而尼日利亚政府的行为明显地侵犯了奥格尼人享有的集体权利。[①]

美洲国家间人权委员会和美洲国家间人权法院也都有援引一般性意见的实践，如在一起针对危地马拉的案件中，美洲人权法院在论及生命权时参考了人权事务委员会第 6 号一般性意见，并据此认定危地马拉政府的行为构成了对申诉人生命权的侵害。在该意见中，人权事务员会认为《公民权利和政治权利国际公约》第 6 条规定的不得任意剥夺生命是极其重要的，各缔约国应当采取措施，不仅防止和惩罚剥夺生命的犯罪行为而且防止本国保安部队任意杀人。国家当局剥夺人民生命是极其严重的问题，因此法律必须对这种国家当局剥夺人民生命的各种可能情况加以约束和限制。[②] 在经济、社会和文化权利方面，美洲国家间人权委员会和美洲国家间人权法院的方法与欧洲社会权利委员会相似，经济、社会和文化权利法理的发展并没有被置于优先地位，经济、社会和文化权利委员会的一般性意见虽然被援引但其解释作用并没有得到足够重视。

三、国内法院援引“一般性意见”的案例

在国内层面，虽然一般性意见的法律地位还存在很大的不确定性，但是在加拿大、日本、印度、美国、澳大利亚、南非、西班牙、匈牙利、中国香港等国家和地区都出现了援引一般性意见解释国际条约和国内法的案例，从总体上看，这些国家法院的立场有一些相似之处，即它们都倾向于认为虽然人权条约机构不是法院，但是它们的一般性意见在某些特定

---

① ACHPR, Social and Economic Rights Action Center (SERAC) and Center for Economic and Social Rights v. Nigeria, Communication No. 155/96 (2001), para. 63.

② IACHR, Efrain Bamaca Velasquez v. Guatemala, [2000] Series C No. 70.

的场合下具有相关性，只是它们很少会承认自己有义务遵守一般性意见中的解释。[①] 在八个委员会发布的一般性意见中，人权事务委员会和经济、社会和文化权利委员会的一般性意见被参考的频率较高。

（一）经济、社会和文化权利委员会的一般性意见

如前文所述，经济、社会和文化权利委员会的一般性意见中包含大量经济和社会权利的法理，一些国家的法院在审理经济社会权利案件时，会明示或暗示地参考委员会的一般性意见。以南非为例，国际人权法对南非宪法有特别重要的意义，南非宪法中的许多基本权利条款都以国际人权条约为模板，甚至有的条款直接使用了人权条约中的术语，正是这种相似性使南非法院更愿意参考人权条约及人权条约机构的一般性意见来解释宪法权利，这时法院通常会承认人权条约机构的“一般性意见在国际法上具有权威地位”。[②] 例如，在著名的格鲁特姆案中，在解释宪法第 26 条第 2 款中“逐渐实现”这一术语时，宪法法院认为这一术语源于国际法，尤其是源于《经济、社会和文化权利国际公约》第 2 条，而且法院注意到经济、社会和文化权利委员会已经在第 3 号一般性意见中对这一术语在住房权语境下的要求进行了有意义的分析，宪法法院在援引第 3 号一般性意见的第 9 段[③]后认为“尽管委员会的这些分析目的在于解释公约项下缔约国义务的范围，但是对南非宪法中‘逐渐实现’的含义的解释也同样有帮助，因为公约第 2 条使用这一术语的语境和南非宪法使用这一术语的语境是

---

① See International Law Association, “Committee on International Human Rights Law and Practice, Final Report on the Impact of Findings of the United Nations Treaty Bodies”, Berlin, 2004, para. 8.

② Residents of Bon Vista Mansions v. Southern Metropolitan Local Council, 2002 (6) BCLR 625 (W), para. 17.

③ 第 3 号一般性意见第 9 段：“……不应把本《经济、社会和文化权利国际公约》中长期实现或逐步实现误解为解除了有其充分含义的义务。一方面这是一种有必要灵活性的安排，反映了当今世界的现实和任何国家争取充分实现经济、社会和文化权利面临的困难；另一方面，必须结合《经济、社会和文化权利国际公约》的总目标，即其存在的理由来理解这句话，这一目标就是为缔约国确立充分实现所涉各种权利的明确义务。因而它确立了尽可能迅速和有效地争取目标的义务。而且，在这方面的任何后退的措施都需要最为慎重的考虑，必须有充分的理由，顾及到《经济、社会和文化权利国际公约》规定权利的完整性，并以充分利用了所有可能的资源为条件。”

一致的,因此没有任何理由不接受宪法第 26 条第 2 款具有和公约第 2 条同样的意义”。①

在另一起与强迫驱逐有关的案件中,南非宪法法院注意到经济、社会和文化权利委员会的第 7 号一般性意见要求任何时候发生的强迫驱逐都应当遵循某些程序保护,如让那些受影响的人有一个真正磋商的机会;在预定的迁移日期之前做出充分、合理的通知;向所有被影响的人提供关于迁移目的的信息;如果牵涉一大批人,在迁移的时候必须有政府官员或其代表在场;执行迁移任务的人的身份必须得到明确确认;除非得到受影响的人的同意,否则迁移不得在恶劣气候或在夜间进行。宪法法院认为第 7 号一般性意见的上述要求为决定政府执行迁移任务时应当履行的义务提供了有用的指导,其中和受影响的人进行真正磋商的要求与我们一直坚持的法理和做法是一致的,因此,作为一项一般性原则,在诸如本案这样涉及迁移的案件中,第 7 号一般性意见的要求必须被遵守。②

其他国家和地区的国内法院也有类似的实践,如在拉脱维亚的一起社会保险案中,该国社会保险法被认为与本国宪法和《经济、社会和文化权利公约》第 9 条和第 11 条不一致,拉脱维亚宪法法院援引经济、社会和文化权利委员会的第 3 号一般性意见论证虽然社会经济权利的实施和各国的能力密切相关,但它们不仅是宣告性的,缔约国不能忽视它们。③ 在 Tengur 案中,毛里求斯最高法院依据委员会关于受教育权的第 13 号一般性意见认定被告中学为信仰天主教的学生保留 50% 的学位是违宪的。④ 2013 年德国联邦宪法法院援引委员会第 13 号一般性意见支持大学一般学费的合宪性。⑤ 2010 年印度德里高等法院为了解释公约中的健康权援引

---

① Government of the Republic of South Africa and Others v. Grootboom and Others, 2001(1) SA 46(CC), para. 45.

② Residents of Joe Slovo Community, Western Cape v. Thubelisha Homes and Others, 2009 ZACC 16.

③ Case No. 2000 – 08 – 0109, judgment of 13 March 2001.

④ Tengur v. The Minister of Education and the State of Mauritius, Record No 77387.

⑤ German Federal Constitutional Court (BVerfG), Order of the First Senate of 8 May 2013, para. 43.

了委员会第14号一般性意见。[1]

值得注意的是，对于争议比较大的一般性意见，如前文提到的最低核心义务，国内法院通常持比较谨慎的态度。在前述格鲁特姆案中，南非宪法法院认为第3号一般性意见第10段并没有精确界定“最低核心”是什么，而且这一概念也缺乏对特定国家经济社会的历史和环境的关注，至少本案中住房权最低核心义务的确定就必然要考虑收入、失业、土地、贫困、城乡等多种复杂因素，这是法院所力不能及的。[2] 又如在加拿大的Gosselin案中，魁北克政府制订了一项社会援助计划，该计划以年龄为基础对30岁以下和30岁以上的人进行区别对待。虽然魁北克上诉法院Robert法官认为该计划违反了《魁北克宪章》第45条，并注意到该条款与《经济、社会和文化权利国际公约》第11条非常相似，而且第3号一般性意见第10段也明确承认每个缔约国均有责任承担最低限度的核心义务，[3]但是这种观点无论是在魁北克上诉法院还是在加拿大最高法院都是少数观点，并没有得到多数法官的支持。

（二）人权事务委员会的一般性意见

加拿大最高法院在援引《公民权利和政治权利国际公约》时经常会同时援引人权事务委员会的一般性意见对公约条款进行解释，如在Sauvé案中，加拿大最高法院认为加拿大选举法第51条第(e)项禁止在监狱服刑两年及两年以上的犯人在联邦选举中投票的规定侵犯了加拿大《权利和自由宪章》第3条保障的选举权，而且这一侵犯无法在宪章第1条下获得正当性，法院的多数意见参考了《公民权利和政治权利国际公约》第25条关于“每个公民应有选举的权利和机会，这种权利和机会不受不合理限制”的规定，并注意到人权事务委员会第25号一般性意见要求对选举权的限制应当是客观合理的，如果因某一罪行而被判罪是丧失投票权的依据，丧失

① Laxmi Mandal v. Deen Dayal Harinagar Hospital & Ors, WP(C), No. 8853 of 2008, and 10700 of 2009(India, High Court of Delhi, 2010), para. 23.

② Government of the Republic of South Africa and Others v. Grootboom and Others, 2001(1) SA 46(CC), paras. 30 – 33.

③ See Gosselin v. Quebec(Attorney General), [2002] 4 S. C. R. 429, para. 147.

投票权的期限应与所犯罪行和刑期相称。[①]

在 Suresh 案[②]中，加拿大最高法院进一步对公约条款与一般性意见的关系进行了分析。该案申诉人来自斯里兰卡，他是恐怖组织“泰米尔猛虎”的成员，该组织在斯里兰卡从事恐怖活动，它的成员在斯里兰卡遭受到酷刑对待。申诉人向加拿大申请移民身份，但加拿大政府以国家安全为由拒绝了他的申请并决定将他驱逐回斯里兰卡。加拿大最高法院在判断政府的驱逐决定是否合法时援引了《公民权利和政治权利国际公约》第 4 条和第 7 条，前者规定“在社会紧急状态威胁到国家的生命并经正式宣布时，本公约缔约国得采取措施克减其在本公约下所承担的义务，但克减的程度以紧急情势所严格需要者为限，此等措施并不得与它根据国际法所负有的其他义务相矛盾。……不得根据本规定而克减第 6 条、第 7 条、第 8 条（第 1 款和第 2 款）、第 11 条、第 15 条、第 16 条和第 18 条”，后者规定“任何人均不得加以酷刑或施以残忍的、不人道或侮辱性的待遇或刑罚……”法院认为虽然公约本身没有特别处理缔约国是否能将一个人驱逐到具有酷刑危险的国家的问题，但是人权事务委员会的第 20 号一般性意见却清楚地表明公约第 7 条包含了这种情形，在该意见的第 9 段，委员会明确要求“缔约国不得通过引渡、驱逐或驱回手段使个人回到另一国时有可能遭受酷刑或残忍、不人道或有辱人格的待遇或处罚”。

很明显，第 20 号一般性意见第 9 段与公约第 7 条在内容存在较大差异，原审法院的法官正是以前者与后者的明确规定相冲突为理由拒绝考虑前者的规定。最高法院没有采纳原审法院的观点；相反，它认为在两个条款之间并不存在冲突，第 20 号一般性意见没有违背公约第 7 条，没有减损第 7 条保护的权利，而是在解释它，任何事情都不能阻止缔约国同时遵守这两个条款，将公约第 7 条与第 20 号一般性意见一起解读的目的在于阻止缔约国将个人驱逐到可能遭受酷刑的国家。

---

① Sauvé v. Canada (Chief Electoral Officer), [2002] 3 S. C. R. 519, para. 133.

② Suresh v. Canada (Minister of Citizenship and Immigration), [2002] 1 S. C. R. 3.

除了加拿大,其他国家和地区也有援引人权事务委员会一般性意见的案例,如在一起土地剥夺的案件中,南非法院为了判断原告土地的剥夺是否是种族歧视行为的结果援引了人权事务委员会第 18 号意见中关于歧视的定义。① 在一起选举权的案件中,拉脱维亚宪法法院援引第 25 号一般性意见认定被挑战的选举法条款(政党在选举中只有获得至少 5% 的选票才能在立法机关获得席位)不构成对选举权的合理限制。② 在一起刑事案件中,美国第十一巡回上诉法院承认人权事务委员会的一般性意见是公约条款的权威解释资源,在没有令人信服的理由背离委员会解释的情况下,法院支持了委员会的观点,认为即使被告人已经在另一缔约国被定罪,公约也不禁止在美国法院基于同一事由对他提起诉讼。③ 在一起公正审判权的案件中,香港高等法院参考了第 13 号一般性意见,该意见将公约第 14 条第 3 款(a)项保护的权利解释为“被告有权以口头或书面的方式被告知对他提出的指控所根据的法律和事实”。④ 在一起人身自由案件中,肯尼亚高等法院援引关于个人自由和安全的第 35 号一般性意见解释公约第 9 条第 1 款,并最终判决拘留不能支付医疗费用的申请人是任意和不合宪的。⑤

(三)其他委员会的一般性意见

与上述两个委员会相比,其他委员会的一般性意见被援引的频率要低一些,但是仍然有一些案例可以作为例证。例如在 Abankwah 案中,美国第二巡回上诉法院援引了消除对妇女歧视委员会的第 14 号一般性评论来支持它的结论,即残割女性生殖器已经被国际社会视为侵犯妇女和女童权利的行为。⑥ 在 2005 年的试验基金案中,荷兰地方法院在解释《消除对

---

① See Jacobs v. Dept of Land Affairs In re The Farm UAP 28A, [2000] JOL 6203, para. 7.

② Case No 2002 - 08 - 01.

③ See United States v. Duarte-Acero, 208 F. 3d 1282 (11th Cir. 2000).

④ YBL v. LWC [2016] HKCA 629; [2017] 1 HKLRD 823; [2017] 1 HKC 555; CACV 244/2015 (2016), para. 38.

⑤ Millicent Awuor Omuya alias Maimuna Awuor & Another v. The Attorney General and Others, [2015] Petition No. 562 of 2012 (High Court of Kenya. 2015), paras. 92, 94.

⑥ See Abankwah v. INS, 185 F 3d 18 (2d Cir. 1999), para. 23.

妇女一切形式歧视公约》第7条时援引了同一委员会“关于政治和公共生活”的第23号一般性评论。[①] 又如在2007年的Cal案[②]中，伯利兹最高法院援引了消除种族歧视委员会关于土著人土地权利的第23号一般性评论，并注意到《消除一切形式种族歧视国际公约》已经确认缔约国没有承认和尊重土著人习惯土地权利构成种族歧视。在一起驱逐案中，香港特别行政区终审法院援引了禁止酷刑委员会第1号一般性意见，作为判断驱逐是否会导致酷刑待遇的参考。[③]

（四）对国内法院援引一般性意见的评论

虽然不同委员会的一般性意见被国内法院援引的频率不同，但是从总体上看，国内法院援引各委员会的一般性意见有一些共同特点。

首先，在援引的数量方面，虽然上述案例的研究表明一般性意见已经渗透到一些国家国内法院的推理中，但是这类案件在数量是非常有限的，而且国内法院在援引一般性意见时也有很大的选择性和不确定性。以日本为例，同样针对人权事务委员会的一般性意见，法院的态度并不一致，东京地方法院在2001年宣称，人权事务委员会的一般性意见既不代表《公民权利和政治权利国际公约》的权威解释，也没有法律拘束力。[④] 而2004年大阪地方法院却注意到在解释《公民权利和政治权利国际公约》时应在相当程度上考虑人权事务委员会的一般性意见，因为它们类似于《条约法公约》第31条第3款（b）项的嗣后实践或第32条规定的补充解释方法。[⑤]

其次，在援引的目的方面，各国国内法院通常把一般性意见作为理解相关国际条约的参考，并最终为国内宪法和国内人权法的解释提供有用的信息，而很少把它们作为法院裁判的独立基础。当然，法院在解释

---

① See Test Trial Fund Clara Wichmann (Stichting Proefprocessenfonds Clara Wichmann) and ors v. Netherlands, ILDC 221 (The Netherlands, District Court, 2005), paras. 3. 18 – 3. 22.

② See Cal v. Attorney-General, 135 ILR 77 (Belize, Supreme Court, 2007).

③ See Secretary for Security v. Sakthevel Prabakar, [2004] HKCFA 43, para. 52.

④ 东京地方裁判所 13·3·15 判例时报第1784号67页。

⑤ 大阪地方裁判所 16·3·9 判例时报第1858号79页。

相关国际条约时对一般性意见的依赖程度也有不同，在多数案件中法院援引一般性意见只是为了增强或进一步确认说理效果，在少数案例中法院也会通过一般性意见赋予相关人权条约、国内宪法和人权法以新的含义。例如在上述 Cal 案中，伯利兹最高法院认为在理解伯利兹的国际义务和解释宪法人权条款时，应将消除种族歧视委员会的一般性评论作为考虑的关键因素。①

最后，在援引的原因方面，多数法院援引一般性意见并不是因为承担国际法上的义务，而是因为它们认为一般性意见本身具有说服力。对于条约机构的一般性意见和其他形式的解释资源，虽然它们本身没有法律拘束力，但是"说服力"可以为国内法院援引这些资源提供理由，当然，也正是因为说服力不以法律地位为条件，因此国内法院在决定哪些资源有说服力以及某一资源是否有说服力时有很大的自由裁量权。

一般而言，国内法院在对一般性意见（或条约机构的其他解释资源）的说服力进行判断时通常会考虑以下两个因素：一是某项一般性意见与国内法院要解释的人权条约条款在制度上的关联性，例如国内法院要解释的是《公民权利和政治权利国际公约》中的条款，那么作为其监督机构的人权事务委员会发出的一般性意见就比其他条约机构的文件有更强的说服力。二是作出一般性意见的主体的公正性和客观性，具体体现在条约机构成员的公正性和作出意见的程序的公正性两个方面。②

第三节　国内因素对国内法院解释国际人权法的影响

国内法院对国际人权法的解释并不总是依照《条约法公约》的一般解释规则进行，也并不完全是一个独立无偏私的过程，因为国际人权法在国

① See Cal v. Attorney-General, 135 ILR 77 (Belize, Supreme Court, 2007), para. 126.

② See Machiko Kanetake, "UN human rights treaty monitoring bodies before domestic courts", International and *Comparative Law Quarterly* 67, 2018, pp. 224 – 226.

内的适用受到国内法律文化、宪法原则、普通立法甚至行政命令的影响，这些因素会以各种不同方式体现在国际人权法的解释之中。

一、国内法律原则的影响

国内法院在援引国际人权法解释本国法时不可避免地会受到本国法律原则的影响，尤其是在国际人权法与国内法存在相互补充和相互增强的关系的情况下，法院会根据本国法律原则理解国际人权法。我们仍以前面屡次提到的 Baker 案为例，该案争议的问题涉及非法移民的子女具有本国国籍时，政府能否驱逐这些非法移民，《儿童权利公约》对此并没有作出明确规定，与本案最相关的条款是公约第 3 条“关于儿童的一切行为，无论是由公私社会福利机构、法院、行政当局或立法机构执行，均应以儿童的最大利益为一种首要考虑”。针对该条款，加拿大上诉法院和最高法院作出了截然不同的解释，上诉法院采用字面解释方法，认为“关于”儿童一切行为的措辞将公约第 3 条的适用范围限制在儿童作为驱逐对象的情形，而父母作为驱逐对象时则不能适用该条款，上诉法院还采用了体系解释方法来增强自己的观点，它注意到公约第 9 条在处理儿童与父母分离问题时使用了“影响”一词，并据此认为“关于”和“影响”在公约文本中的含义是不同的，因此公约第 3 条无法适用于本案，因为驱逐父母只是“影响”儿童的行为，而不是“关于”儿童的行为。至于公约第 9 条，则只规定因驱逐父母而导致儿童与父母分离的情况下，政府有义务将父母的下落告知儿童，而并没有要求政府在驱逐父母时必须考虑儿童的最大利益。最高法院则不赞成上诉法院的这种狭窄的、形式主义的解释，认为这种解释方法没有反映加拿大语境下对儿童权利和利益首要性的关注。最终，最高法院没有拘泥于公约的特定条款，而是将公约的解释建立在促进儿童权利的公约目的和本国重视儿童权利的法律原则之上，要求政府在驱逐父母时必须考虑儿童的最大利益。

二、特殊解释规则的影响

拉丁美洲国家的法院在解释国际人权法时形成了自己独特的解释原

则,即个人权利优先(pro homine)的原则,[①]该原则承认个人在人权条约解释中的中心地位,具体可以分解为三项解释规则:其一,对于人权标准必须作宽泛解释,而对于权利限制则必须进行限制性解释;其二,在存在不同权利标准相互冲突的案件中,应当采纳最能保护个人的保护标准;其三,在国内司法实践中,当国内法和国际标准发生冲突时,不应按照不同标准的等级决定适用的标准,而应选择在特定情形下最能保护个人的标准。

以墨西哥为例,该国 2011 年完成了宪法改革,"个人优先"原则与一致性原则一起被新宪法正式确立为国内法院解释人权条约的首要原则,[②]此后,这一原则被法院广泛适用,而且在适用的过程中出现了不断膨胀的趋势,虽然最高法院在解释人权公约的规范内容时会重申《条约法公约》的解释规则,但是这些解释规则的严格性已经被"个人优先"原则冲淡,在司法实践中,那些与"个人优先"原则相抵触的解释因素通常不会得到真正地考虑,除"个人优先"原则之外的条约解释方法也通常会成为该原则的附庸。墨西哥最高法院审理的一起姓名权案件最能说明"个人优先"原则在条约解释中的优势地位,该案原告想要改变他的联姓(double surname),要求删除他姓氏中的第二部分,行政当局和州法院都拒绝了他的要求,因为州的民法典对删除姓氏设置了严格的程序,而原告的申请没有满足这些程序要求。当该案被上诉至最高法院后,原告主张他基于《美洲人权公约》第 18 条享有的变更姓名的权利被侵犯,该条规定:"人人有权取名和使用其父母的姓氏或使用其父母姓氏之一的姓氏。法律应当规定保证所有人都享有这种权利的方式,如有必要可以使用假名。"

除此之外,原告还特别主张下级法院没有根据"个人优先"原则解释公约第 18 条。最高法院在判决中分析了本国宪法第 29 条和墨西哥作为

---

① 个人权利优先(pro homine)是美洲人权法院采用的主要解释方法,该方法认为《美洲人权公约》和其他人权文件应当以最能保护人权的方式被解释,能为这一方法提供规范依据的是《维也纳条约法公约》第 31 条第 1 款中的目的解释。

② 《墨西哥宪法》第 1 条规定:(1)墨西哥合众国内,人人享有本宪法以及墨西哥作为一方的条约认可的人权,以及对人权的保障。除本宪法规定的情况和条件外,人权的行使不得受限制或中止。(2)涉及人权的规范应根据本宪法和有关该事项的国际条约进行解释,在任何时候均应给予个人最大可能的保护。

缔约一方的相关的国际公约，并承认根据宪法第 1 条，宪法保障的姓名权必须根据“个人优先”原则进行解释，为此法院不仅援引了公约第 18 条，还参考了美洲人权法院判例对该条款的解释，其中 *Las Dos Erres Massacre v. Guatemala* 案判决认为公约第 18 条包括“一个人有权使用其自己或父母取的姓名登记，从登记之日起他的姓名权不受任何种类的限制，他选择姓名的决定不受任何干涉”。墨西哥最高法院最终依据“个人优先”原则和美洲人权法院的法理认定：“一旦一个人登记了姓名，那么他维持或修改姓名的可能性应当得到保证。”①

在本案中，法院对公约第 18 条的创新性解释完全抛开了《条约法公约》中的一般解释规则，不仅没有采用文义解释、系统解释、目的解释、历史解释等传统解释方法，而且在参考“相关国际法规则”时，也没有说明被参考的国际法规则与“公约第 18 条包含一项改名权”之间的相关性，因为被参考的国际法规则，如《公民权利和政治权利国际公约》第 24 条第 2 款、《儿童权利公约》第 8 条和《消除对妇女一切形式歧视公约》第 16 条第 1 款(g)项都只规定了拥有和选择姓名的权利，而没有规定改名权。虽然本案只是“个人优先”原则适用中的一个极端案例，但也可以说明该原则在解释宪法权利和公约权利中的重要地位。

三、国内行政和立法机关观点的影响

在国内层面，法院并不是国际人权公约唯一的解释主体，立法机关和行政机关都有解释公约的权限，因此法院在解释公约人权标准时有时会参考甚至完全服从立法和行政机关的解释。

美国联邦最高法院在不同时期采用的条约解释规则和解释方法是不同的，有学者按照时间顺序将联邦最高法院的解释实践分为三个时期，并指出每个时期所采用的不同解释规则实际上是美国对待国际法和国际关系的态度的反映：第一个时期从 19 世纪晚期到 20 世纪中期，这一时期法

① Las Dos Erres Massacre v. Guatemala, SCJN, Amparo en revision 2424/2011 (2012), para. 57.

院对国际法持善意履行的态度，国际条约的自由解释方法和一致性解释方法占据了主导地位；第二个时期是20世纪中叶到21世纪初，尤其是伦奎斯特法院时期（1986～2005年），最高法院对国际法资源和条约解释方法不感兴趣，条约通常被当作与国内立法同等对待，与外部资源相比，法院更倾向于以国内行政机构对条约的解释和条约批准前参议院的争论作为条约解释的指导；第三个时期是当前最新的发展，近期发生的案例显示最高法院对待条约解释的态度似乎正在发生改变，开始对国际条约的国内适用持更积极的态度，在解释方法上也更重视条约术语的国际理解。[①]

虽然遵从立法机关和行政机关的解释在各个时期的条约解释中都不同程度的存在，但在第二个时期最为明显，这一时期最典型的关于人权条约解释的案例是 *Sale v. Haitian Centers* 案。[②] 在该案中，海岸警卫队接到一项行政命令，要求他们阻止几艘来自海地的非法运送乘客的船只，并在没有确认他们是否具有难民身份的情况下将船上乘客遣返回海地。被上诉人是几个代表被遣返的海地难民的组织，它们提出的抗辩理由是遣返的行政命令违反了《移民和国籍法》第243条第h款（1）项和联合国《关于难民地位的公约》第33条，前者规定"司法部长不应将任何外国人驱逐或送回会对其生命或自由产生威胁的国家"，后者规定"任何缔约国不得以任何方式将难民驱逐或送回（推回）至其生命或自由因为他的种族、宗教、国籍、参加某一社会团体或具有某种政治见解而受威胁的领土边界"。最高法院采纳了立法机关和行政机关的观点，认为《移民和国籍法》第243条第h款（1）项必须被解释为只能适用于美国领土之内，该条款中使用的"送回"一词虽然不限于在美国的外国人，但是也不能据此得出该条款可以在域外适用的结论，因为国会使用"驱逐或送回"的表述仅仅是为了使该条款可以适用于驱逐已经在美国境内的外国人和已经在边境的外国人的程序。接下来在解释《关于难民地位的公约》第33条时，最高法院使用了《移民和国籍法》的条款，因为两个条款使用的术语非常相似，因此法院认

① See Helmut Philpp Aust, "Alejandro Rodiles and Peter Staubach, Unity or Uniformity? Domestic Courts and Treaty Interpretation", *Leiden Journal of International Law*, 27, 2014, pp. 85－92.

② Sale v. Haitian Centers Council, Inc., 509 US 155（1993）.

为公约第33条的"送回"和《移民和国籍法》第243条第h款(1)项一样,应当作比普通含义更狭窄的解释,即仅适用于已经在美国国内的外国人。

前文提到的Abbot案虽然引入了对监护权的国际解释,但是最高法院在推理过程中仍然十分重视国务院儿童问题办公室长期以来一直持有的观点,该办公室是《国际性诱拐儿童民事方面的公约》在美国的主要实施机构,最高法院对该机构对公约的解释表现出极大的尊重。法院认为在本案中没有理由怀疑既存的成熟标准,因为行政机关在处理像国际儿童诱拐这样的对外关系事务时拥有更多实践方面的信息,例如其他缔约国对特定公约条款解释的反应以及公约解释对政府各部门交回被诱拐儿童的能力的影响等。[①]

小　　结

国内法院在援引国际人权法时不可避免地会涉及对被援引的国际人权法的解释。作为国际公法的一部分,国际人权法的解释要遵循体现在《条约法公约》第31条和第32条中的国际法解释的一般规则,但是由于国际人权法自身的特点,《条约法公约》所列举的解释因素和解释方法对于人权条约解释的意义又有一些不同:一方面,与上下文和准备资料相比,解释主体在确认人权条约文本含义时更倾向于依靠条约的目的和宗旨;另一方面,客体外的解释因素对人权条约的解释有重要影响。具体而言,目的解释、有效性解释和演进解释都是人权条约解释中经常采用的方法。

此外,国内法院并不是人权标准的唯一解释主体,区域人权机构和联合国人权条约机构也有适用和解释人权标准的权限,虽然这些机构的解释对于大部分非当事国都没有法律约束力,但是因为解释者都是人权公约的实施和监督机构,因此它们的解释可以被视为是一种有说服力的权威,国内法院在解释国际人权公约时除了遵循《条约法公约》规定的一般解释规

① Abbott v. Abbott,560 U.S. 1(2010).

则，也会以这些机构的解释作为补充资源。

最后，与区域人权机构和联合国人权条约机构不同，国内法院在解释国际人权法时会受到国内政治、法律和文化环境等因素的影响，一般来讲，国内法律原则、国内特殊的解释规则和国内立法机关、行政机关的观点都会以各种不同方式被引入国际人权法的解释之中。

第五章　我国采用解释性适用方法的潜力

通过以上章节的分析，我们已经了解了解释性适用方法在一些国家司法实践中的运用，本章将在上述讨论的基础上，探讨解释性适用方法在我国适用的可能性，并发展出我国法院适用国际人权法的适当方法。

第一节　国际人权法在我国的适用方式

一、我国签署批准的国际人权公约

截至2018年年底，我国共签署批准了26项国际人权公约，其中包括6项联合国核心人权公约和2项任择议定书（见表5.1）。

表5.1　我国批准加入的国际人权公约

序号	公约名称	生效时间	保留条款
1	《改善战地武装部队伤者病者境遇之日内瓦公约》	1957年5月28日	第4条
2	《改善海上武装部队伤者病者及遇船难者境遇之日内瓦公约》	1957年5月28日	第10条
3	《关于战俘待遇之日内瓦公约》	1957年5月28日	第10条、第12条、第85条
4	《关于战时保护平民之日内瓦公约》	1957年5月28日	第11条、第45条

续表

序号	公约名称	生效时间	保留条款
5	《消除对妇女一切形式歧视公约》	1980 年 12 月 4 日	第 29 条第 1 款
6	《消除一切形式种族歧视国际公约》	1982 年 1 月 28 日	第 22 条
7	《关于难民地位的公约》	1982 年 12 月 23 日	第 14 条后半部分、第 16 条第 3 款
8	《关于难民地位的议定书》	1982 年 9 月 24 日	第 4 条
9	《禁止并惩治种族隔离罪行国际公约》	1983 年 5 月 18 日	
10	《防止及惩治灭绝种族罪公约》	1983 年 7 月 17 日	第 9 条
11	1949 年 8 月 12 日《日内瓦四公约》关于保护国际性武装冲突受难者的附加议定书	1984 年 3 月 14 日	第 88 条第 2 款
12	1949 年 8 月 12 日《日内瓦四公约》关于保护非国际性武装冲突受难者的附加议定书	1984 年 3 月 14 日	第 88 条第 2 款
13	《反对体育领域种族隔离国际公约》	1988 年 4 月 3 日	
14	《禁止酷刑和其他残忍、不人道或有辱人格的待遇或处罚公约》	1988 年 11 月 3 日	第 20 条、第 30 条第 1 款
15	《男女工人同工同酬公约》	1990 年 11 月 2 日	
16	《儿童权利公约》	1992 年 4 月 1 日	第 6 条
17	《就业政策公约》	1998 年 12 月 17 日	
18	《经济、社会和文化权利国际公约》	2001 年 5 月 27 日	第 8 条第 1 款(甲)项
19	《儿童权利公约》关于买卖儿童、儿童卖淫和儿童色情制品问题的任择议定书	2003 年 1 月 3 日	
20	《禁止和立即行动消除最有害的童工形式公约》	2003 年 8 月 8 日	

续表

序号	公约名称	生效时间	保留条款
21	《联合国人员和有关人员安全公约》	2004 年 10 月 22 日	第 22 条第 1 款
22	《跨国收养方面保护儿童及合作公约》	2006 年 1 月	
23	《联合国反腐败公约》	2005 年 12 月 14 日	
24	《儿童权利公约》关于儿童卷入武装冲突问题的任择议定书	2008 年 3 月 20 日	
25	《残疾人权利公约》	2008 年 9 月	
26	《联合国打击跨国有组织犯罪公约》关于预防、禁止和惩治贩运人口特别是妇女和儿童行为的补充议定书	2010 年 3 月 10 日	

对于联合国九项核心人权公约及其任择议定书，我国的签署和批准情况如下（见表 5.2）。

表 5.2　我国签署和批准核心人权公约情况

序号	公约名称	签署时间	批准/加入时间
1	《消除一切形式种族歧视国际公约》		1981 年
2	《公民权利和政治权利国际公约》	1998 年	
2－1	《公民权利和政治权利国际公约》第一任择议定书		
2－2	《公民权利和政治权利国际公约》第二任择议定书		
3	《经济、社会和文化权利国际公约》	1997 年	2001 年
3－1	《经济、社会和文化权利国际公约》任择议定书		
4	《消除对妇女一切形式歧视公约》	1980 年	1980 年
4－1	《消除对妇女一切形式歧视公约》任择议定书		
5	《禁止酷刑和其他残忍、不人道或有辱人格的待遇或处罚公约》	1986 年	1988 年
5－1	《禁止酷刑和其他残忍、不人道或有辱人格的待遇或处罚公约》任择议定书		
6	《儿童权利国际公约》	1990 年	1992 年

续表

序号	公约名称	签署时间	批准/加入时间
6－1	《儿童权利公约》关于买卖儿童、儿童卖淫和儿童色情制品问题的任择议定书	2000 年	2002 年
6－2	《儿童权利公约》关于儿童卷入武装冲突问题的任择议定书	2001 年	2008 年
6－3	《儿童权利公约》关于设定来文程序的任择议定书		
7	《保护所有移徙工人及其家庭成员权利国际公约》		
8	《保护所有人免遭强迫失踪国际公约》		
9	《残疾人权利公约》	2007 年	2008 年
9－1	《残疾人权利公约》任择议定书		

我国缔结和参加了上述国际人权公约，那么这些公约在我国的法律地位如何？是否能直接成为我国国内法律体系的一部分？国内法院是否能直接援引它们作为裁判的依据？在回答这些问题之前，我们先来梳理一下国际法在我国的法律地位和适用方式。

二、国际法在我国的适用方式

我国宪法并没有对国际法与国内法的关系以及国际法的国内适用方式作出明确规定，我们只能通过普通立法、最高法院的司法解释和司法实践来加以分析。

（一）国际条约的直接适用

1．“国际条约优先适用”的规定

在我国所有的法律中，最早规定国际条约具有优先适用性的是 1982 年的《民事诉讼法（试行）》，该法第 189 条规定：“中华人民共和国缔结或者参加的国际条约同本法有不同规定的，适用该国际条约的规定。但我国声明保留的条款除外。”该条款的表述不仅被保留下来成为现行《民事诉讼法》第 260 条，而且被许多后来的立法所采纳，如《卫生检疫法》第 24 条规定：“中华人民共和国缔结或者参加的有关卫生检疫的国际条约同本

法有不同规定的,适用该国际条约的规定。但是,中华人民共和国声明保留的条款除外。"《海洋环境保护法》第 96 条规定:"中华人民共和国缔结或者参加的与海洋环境保护有关的国际条约与本法有不同规定的,适用国际条约的规定;但是,中华人民共和国声明保留的条款除外。"类似的规定还出现在《气象法》《固体废物污染环境防治法》《水法》《民用运输机场突发事件应急救援管理规则》《进出境动植物检疫法》等法律中。

在这种模式下,国际条约优先适用有三个前提条件:其一,优先适用的国际条约应是我国缔结或者参加的国际条约;其二,该条约中我国声明保留的条款不具有优先适用性;其三,只有在该国际条约与国内法有不同规定时才能优先适用。这里可能存在的问题是当国内法没有规定时是否可以优先适用国际条约,对此有学者认为"仅从上述规定的字面表述看,其确未涉及我国国内法无相关规定的情形,但因上述规定目的在于解决国际条约在国内的适用问题,而国内法未作规定与国内法规定与国际条约有冲突这两种情形本质上并无区别,故对于'不同规定'应做广义的理解,即在上述两种情形下,均应优先适用国际条约"。①

2. 国际条约直接适用的规定

与"国际条约优先适用"不同,一些法律还规定了另一种条约直接适用的方式,即无须以国内法与国际条约有不同规定为前提,法院可以直接适用国际条约,如《民事诉讼法》第 261 条规定:"对享有外交特权与豁免的外国人、外国组织或者国际组织提起的民事诉讼,应当依照中华人民共和国有关法律和中华人民共和国缔结或者参加的国际条约的规定办理。"第 267 条规定"人民法院对在中华人民共和国领域内没有住所的当事人送达诉讼文书",可以"依照受送达人所在国与中华人民共和国缔结或者共同参加的国际条约中规定的方式送达"。《企业破产法》第 5 条规定:"对外国法院作出的发生法律效力的破产案件的判决、裁定,涉及债务人在中华人民共和国领域内的财产,申请或者请求人民法院承认和执行的,人民法院依照中华人民共和国缔结或者参加的国际条约,或者按照互惠原则进

---

① 张广良、芮松艳:《TRIPS 协议及相关国际公约在我国的适用》,载《知识产权》2007 年第 5 期。

行审查,认为不违反中华人民共和国法律的基本原则,不损害国家主权、安全和社会公共利益,不损害中华人民共和国领域内债权人的合法权益的,裁定承认和执行。”

除了法律,司法解释中也有类似规定,如最高人民法院与最高人民检察院在《关于适用犯罪嫌疑人、被告人逃匿、死亡案件违法所得没收程序若干问题的规定》中规定,“违法所得或者其他涉案财产在境外,受理没收违法所得申请案件的人民法院经审理裁定没收的,应当制作没收令以及协助执行没收令的请求函,层报最高人民法院后,由最高人民法院依照刑事司法协助条约、多边公约,或者按照对等互惠原则,向违法所得或者其他涉案财产所在地国(区)的主管机关请求协助执行”。最高人民法院《关于执行我国加入的〈承认及执行外国仲裁裁决公约〉的通知》中指出,“根据我国加入该公约时所作的互惠保留声明,我国对在另一缔约国领土内作出的仲裁裁决的承认和执行适用该公约”。

3. 其他方式

《反恐怖主义法》第 11 条规定:“对在中华人民共和国领域外对中华人民共和国国家、公民或者机构实施的恐怖活动犯罪,或者实施的中华人民共和国缔结、参加的国际条约所规定的恐怖活动犯罪,中华人民共和国行使刑事管辖权,依法追究刑事责任。”

4. 关于“未对中国生效的国际条约”的规定

在《最高人民法院关于适用〈中华人民共和国涉外民事关系法律适用法〉若干问题的解释(一)》中对未对中国生效的国际条约的适用问题作出了规定,即“当事人在合同中援引尚未对中华人民共和国生效的国际条约的,人民法院可以根据该国际条约的内容确定当事人之间的权利义务,但违反中华人民共和国社会公共利益或中华人民共和国法律、行政法规强制性规定的除外。”

(二)国际惯例适用的规定

最早对国际惯例的国内适用作出规定的是《民法通则》第 8 章“涉外民事关系的法律适用”,该章第 142 条规定“涉外民事关系的法律适用,依照本章的规定确定。中华人民共和国缔结或者参加的国际条约同中华人民共和国的民事法律有不同规定的，适用国际条约的规定，但中华人民共和国声明保留的条款除外。中华人民共和国法律和中华人民共和国缔结或者参加的国际条约没有规定的，可以适用国际惯例”。从本条的整体结构看，这里所指的“国际惯例”是指实体法上的国际商事惯例，[①]在适用的逻辑顺序上，国际惯例的适用需要以我国的国内法和我国缔结或者参加的国际条约均没有规定为前提。类似的规定还有《票据法》第95条、《海商法》第268条和《民用航空法》第184条等。

除了上述法律规定，最高人民法院在《关于适用〈中华人民共和国刑事诉讼法〉的解释》中也规定在没有国际条约时法院可以选择适用国际惯例，该解释第397条规定：“需要向有关国家驻华使、领馆通知有关事项的，应当层报高级人民法院，由高级人民法院按照下列规定通知：(一)外国籍当事人国籍国与我国签订有双边领事条约的，根据条约规定办理；未与我国签订双边领事条约，但参加《维也纳领事关系公约》的，根据公约规定办理；未与我国签订领事条约，也未参加《维也纳领事关系公约》，但与我国有外交关系的，可以根据外事主管部门的意见，按照互惠原则，根据有关规定和国际惯例办理。”

当然，国际惯例的适用并不总是以国内法和国际条约没有规定为前提，也并不总是强制性适用，最高人民法院在《关于印发〈全国沿海地区涉外、涉港澳经济审判工作座谈会议纪要〉的通知》中承认了当事人约定适用国际惯例的效力：“涉外涉港澳经济纠纷案件的双方当事人在合同中选择适用的国际惯例，只要不违背我国的社会公共利益，就应当作为解决当事人间纠纷的依据。”据此，法院可以直接依据被约定适用的国际惯例作为裁判的依据，前提是该国际惯例不违背我国的社会公共利益。

(三)国际条约的转化适用

上述立法和司法解释中关于条约直接适用的规定并不具有普遍意义，在没有立法和司法解释明确规定的领域，将国际条约的内容转化为国内立

---

① 李健男：《论国际惯例在我国涉外民事关系中的适用——兼评〈涉外民事关系法律适用法〉》，载《太平洋学报》2011年第6期。

法,再由法院以国内立法为依据审理案件可以回避直接适用这些国际条约可能遇到的法律障碍。实际上,为了在国内更好地实施国际条约,我国政府一般会在签署和批准国际条约的前后制定相应的国内立法对公约条款进行转化,或者对于已经生效的相关立法进行修改或重新制定,例如为了实施《维也纳外交关系公约》和《维也纳领事关系公约》,我国于1986年和1990年先后颁布了《中华人民共和国外交特权与豁免条例》及《领事特权与豁免条例》;为了实施《联合国海洋法公约》,我国于1992年和1998年颁布了《领海及毗连区法》和《专属经济区和大陆架法》。

同样,为了与世贸组织规则保持一致,我国在加入世贸组织前后制定了《合同法》《个人独资企业法》《反倾销条例》《反补贴条例》《货物进出口管理条例》《技术进出口管理条例》等新的法律和行政法规,并对原有的《对外贸易法》《著作权法》《商标法》等法律进行了修订。虽然没有宪法和法律上的明确规定,但是我国和绝大多数世贸组织成员国一样,不承认世贸组织规则在国内具有直接适用的效力:一方面,任何个人和企业不得直接援用世贸组织规则向法院起诉和抗辩;另一方面,法院在裁判文书中不得直接援用世贸组织规则作为裁判依据。这两方面均可以从《最高人民法院关于审理国际贸易行政案件若干问题的规定》中得到印证,该规定第3条规定个人和企业可以"依照行政诉讼法以及其他有关法律、法规的规定"向人民法院提起诉讼,第7条和第8条规定人民法院审理国际贸易行政案件应当依据法律、行政法规和一定范围内的地方性法规,参照部门规章和一定范围内的地方政府规章,从而排除了世贸组织规则在我国法院的直接适用。

虽然世贸组织规则不被国内法院直接适用,但是按照国外法院的通常做法,它们还可以作为解释国内法律的依据和法理,依据一致性解释的原则,法院对国内法律的解释应尽量避免与世贸组织规则相抵触,最高人民法院在上述《关于审理国际贸易行政案件若干问题的规定》中采纳了这一解释原则,并在第9条明确规定"人民法院审理国际贸易行政案件所适用的法律、行政法规的具体条文存在两种以上的合理解释,其中有一种解释与中华人民共和国缔结或者参加的国际条约的有关规定相一致的,应当选择与国际条约的有关规定相一致的解释，但中华人民共和国声明保留的条款除外”，从而确认了世贸组织规则可以在我国法院获得间接适用。

三、国际人权法在我国的适用方式

和其他国际法一样，国际人权法（包括国际人权公约、国际人权惯例、国际组织的宣言、决议和国际人权法院的判例法）在我国国内法律体系中的地位和适用方式问题都没有宪法上的明确规定，而上文列举到的可以直接适用的国际条约中并不包括我国缔结或参加的国际人权公约，因此可以推定国际人权公约在我国的适用方式应当主要是以转化适用，①而不是直接适用为主的。

这一推定虽然没有明确的法律条文作为依据，但是可以从我国政府向各人权条约机构所做的履约报告和问题答复中得到印证。例如中国政府在《对〈儿童权利公约〉执行情况第三、四次合并报告相关问题清单的答复》中指出：公约经中国全国人大常委会批准，已在中国发生法律效力。但中国法院审理案件的依据是国内成文法（包括法律和司法解释），不直接援引公约条款。中国通过国内立法程序把公约的规定（声明保留的除外）转化为国内法，如《未成年人保护法》《预防未成年人犯罪法》《民法通则》《民事诉讼法》《刑法》《刑事诉讼法》《婚姻法》《收养法》等，形成了较为完备的保护儿童权利的法律体系。此外，最高人民法院制定的相关司法解释，除了根据国内法律的规定，也以公约的精神、原则和规定为指导。②

这一立场在《中华人民共和国关于经济、社会及文化权利委员会就第

① 将国际人权公约转化为国内法的途径有两条：一是将公约条款合并入国内宪法；二是审查和修改原有立法使之与公约相一致或制定新的立法落实公约条款，我国目前主要采用的是第二条途径。这种转化方式在实践中需要具有一定的条件才能充分发挥作用：首先，相关主体应当认真对待并为检视、修改原有立法和制定新立法提供充足的资源；其次，相关主体需要有能力克服转化过程本身存在的固有困难，例如对现有立法进行全面审查需要对每一项立法进行仔细解读并对照公约中的权利进行检视，这不仅要求从事检视的主体具有足够的时间、精力和相关的专业知识，也要求他们要在一定程度上预测人权公约在未来会被如何解释，甚至需要预测未来某项立法可能侵犯人权的所有方式。

② 儿童权利委员会：《中国政府对〈儿童权利公约〉执行情况第三、四次合并报告相关问题清单的答复》，第1段。

二次履约报告所提问题清单的答复材料》中变得更为清晰，针对委员会提出的第 3 个问题“请说明是否已将公约所载的各项权利纳入国内法以及在何种程度上纳入了国内法，并说明在缔约国管辖之下的所有人是否可以在国内法院援引这些权利”，我国政府强调“对于公约所载的有关权利，除中国作出保留的有关条款外，均已纳入国内法”，并专门对“公约权利可诉性问题”作出了明确阐释，指出“中国一贯恪守条约必须信守的原则，严肃认真地履行《经济、社会和文化权利国际公约》规定的国际条约义务。但是，按照国际条约在中国适用的惯例，中国法院审理涉及公民的经济、社会及文化权利的案件时不能直接援引国际人权条约作为法律依据，而是适用将公约内容经过立法程序转化后的国内法。中国一贯重视保护公民的经济、社会和文化权利，在中国的诸多法律、法规中对中国公民应当享有的经济、社会和文化权利作出了具体详细的规定，并对侵犯公民上述权利的行为规定了相应的法律责任，形成了符合公约要求的完备的国内法律体系。人民法院在审理涉及公民的经济、社会和文化权利的案件时适用中国法律，能够使公民的相关权利得到有效保护，确保公约的精神得以实现”。①

关于国际人权公约在我国的适用方式，学者们的观点也是比较一致的，多数学者都认为“我国实施国际人权公约的方式是‘转化’。具体说，当事人不能直接在人民法院中直接引用我国已经批准的国际人权公约来保护自己的权利，而必须依据实施国际人权公约的国内立法的规定来保护自己的权利。法官也不能在审判案件时直接引用国际人权公约的规定作为判决案件的法律依据”。②

在转化适用的模式下，我国法院实际适用的是经过转化后的国内立法，这种情况与英联邦国家对待国际人权公约的方式十分相似，也与我国对待世贸组织规则的方式十分相似，在这些相似的情况下需要面对的问题

① 经济、社会及文化权利委员会：《中华人民共和国关于经济、社会及文化权利委员会就第二次履约报告所提问题单的答复材料》，第 18 段。

② 莫纪宏：《国际人权公约在中国的实施——访中国社会科学院法学所莫纪宏研究员》，载《人权》2008 年第 1 期。同样的观点参见张晓玲：《论国际人权法在我国法律中的实施》，载《中共中央党校学报》2009 年第 2 期；陈立虎、黄涧秋：《国际人权公约与人权保护——国内司法实施的分析》，载《现代国际关系》2003 年第 3 期。

都是:已经被转化为国内法的国际公约是否就失去了在国内法院适用的意义?没有被转化为国内法的国际公约是否意味着完全没有在国内法院适用的可能性?如前文所述,国外法院已经在直接适用之外发展出了一系列间接适用的方法,我国的最高法院也已经在国际贸易行政案件中有限地承认了国际条约的间接适用("一致性解释"),如果我们将这些间接适用的方法有选择地适用于我国的人权司法实践,那么必然会在直接适用和转化适用之外为国际人权法在我国的适用开辟一条新的路径。

第二节　我国法院适用国际人权法的实证分析

虽然国际人权法在我国法律体系中的地位尚不明确,但是在司法实践中已经出现了援引国际人权文件的案例,在"中国裁判文书网"上以"权利公约""人权公约""人权宣言"为关键词进行全文检索,共找到43个在判决书中出现国际人权文件的案例(见表5.3),本节将对这些案例进行分析,并提出我国法院适用国际人权法的可行路径。

一、法院判决(裁定)书中出现国际人权文件的案件

表5.3　我国法院裁判文书中出现国际人权文件的案件

编号	案件名称	案件来源	涉及的国际人权文件	法院的态度
1	弗某某·荻某某与董某某离婚纠纷案	(2013)沪二中民一(民)终字第1661号	《儿童权利公约》	作为判决的说理依据
2	肖某与高某某变更抚养关系纠纷案	(2013)徐少民初字第50号	《儿童权利公约》	被告引用公约主张权利,法院未回应
3	李某某等诉广州市公安局海珠区分局行政赔偿案	(2013)穗中法少行终字第46号	《儿童权利公约》	上诉人援引公约,法院未回应

续表

编号	案件名称	案件来源	涉及的国际人权文件	法院的态度
4	蒋某某等生命权、健康权、身体权纠纷案	(2014)三中民终字第03516号	《经济、社会和文化权利国际公约》《消除对妇女一切形式歧视公约》	上诉人援引公约主张权利,法院未回应
5	秦某与耿某抚养权纠纷案	(2014)穗中法少民终字第120号	《儿童权利公约》	作为判决的说理依据
6	丁某某与合肥市人力资源和社会保障局劳动保障行政确认案	(2014)蜀行初字第00023号	《残疾人权利国际公约》	原告作为证据提供,法院认为无关联性,不予认定
7	白某与北京竞知业人力资源服务有限公司、北京市朝阳区城市管理监督指挥中心劳动争议案	(2014)三中民终字第13000号	联合国人权公约	上诉人引用公约主张权利,法院未回应
8	叶某某、叶某某等与金华市人民政府行政复议案	(2015)浙金行初字第26号	《消除对妇女一切形式歧视公约》、第四次妇女大会通过的《北京宣言》、行动纲领	原告援引国际人权文件主张权利,法院未回应
9	罗某某、谢某某与陈某监护权纠纷案	(2015)沪一中少民终字第56号	《儿童权利公约》	作为判决的说理依据
10	丰某某与淄博市博山区劳动就业办公室特殊工种退休申请受理案	(2015)淄行终字第224号	《公民权利和政治权利国际公约》	上诉人援引公约主张权利,法院未回应
11	李某故意伤害案	(2015)宁少刑终字第19号	《儿童权利公约》	检察机关援引公约,法院未回应

续表

编号	案件名称	案件来源	涉及的国际人权文件	法院的态度
12	王某奇与王A和王B继承纠纷案	(2015)沈河少民初字第00032号	《儿童权利公约》	原告援引公约主张权利,法院未回应
13	吴某诉深圳市宝安区法律援助处确认违法及赔偿案	(2015)深宝法行初字第214号	《儿童权利公约》《公民权利和政治权利国际公约》《关于律师作用的基本原则》	原告援引公约作为证据,法院未回应
14	某某与东莞市民族宗教事务局、东莞市人民政府其他行政纠纷案	(2015)东三法行初字第127号	《世界人权宣言》《公民权利和政治权利国际公约》	原告援引宣言主张权利,法院未回应
15	赵某某利用邪教组织破坏法律实施案	(2015)萨刑初字第322号	《世界人权宣言》	原告援引宣言主张权利,法院未回应
16	解某某诉长沙市岳麓区住房和城乡建设局房屋登记案	(2015)长中行终字第00428号	《世界人权宣言》	上诉人援引宣言主张权利,法院未回应
17	陈某某与林德气体(厦门)有限公司劳动争议纠纷案	(2015)集民初字第2006号	《世界人权宣言》	原告援引宣言主张权利,被法院驳回
18	义乌市人民政府与叶某某不履行法定职责案	(2016)浙行终1129号	《消除对妇女一切形式歧视公约》	上诉人援引公约主张权利,法院认为公约不能作为起诉理由
19	张某某与中国铁路总公司、中国铁路信息技术中心、中国铁道科学研究院人格权纠纷案	(2016)京0108民初4852号	《残疾人权利国际公约》	被告援引公约提出抗辩,法院未回应(被告和法院对"基于残疾的歧视"的理解可能有误)

续表

编号	案件名称	案件来源	涉及的国际人权文件	法院的态度
20	广州众升安药业有限公司与彭某产品责任纠纷案	(2016)粤01民终1788号	《儿童权利公约》	原审原告引用公约作为证据,两审法院未回应
21	陈某与天安财产保险股份有限公司惠州中心支公司机动车交通事故责任纠纷案	(2016)粤13民终1958号	《儿童权利公约》	被上诉人援引公约,法院未回应
22	周某某与长沙众群食品贸易有限公司买卖合同纠纷	(2016)浙0402民初3742号;(2016)浙04民终1908号	《儿童权利公约》	原告援引公约,两审法院未回应
23	张某甲与张乙抚养费纠纷案	(2016)沪0112民初18286号	《儿童权利公约》	作为判决的说理依据
24	天安财产保险股份有限公司惠州中心支公司与陈某1机动车交通事故责任纠纷案	(2016)粤13民终1958号	《儿童权利公约》	被上诉人援引公约支持自己的主张,法院未回应
25	柴某某组织、利用会道门、邪教组织、利用迷信破坏法律实施案	(2016)冀02刑终636号	《世界人权宣言》	辩护人作为证据提交,法院未采纳
26	张某某与成都市金牛区人民医院、四川省人民医院医疗损害责任纠纷案	(2016)川01民终11274号	《世界人权宣言》	上诉人援引宣言主张权利,法院未回应
27	秦某、徐某甲等组织、利用会道门、邪教组织、利用迷信破坏法律实施案	(2016)鲁0785刑初134号	《世界人权宣言》	辩护人援引宣言主张权利,法院未回应

续表

编号	案件名称	案件来源	涉及的国际人权文件	法院的态度
28	傅某某与张某某民间借贷纠纷案	(2016)浙01民终6842号	《世界人权宣言》	上诉人援引宣言支持自己主张,法院未回应
29	戚某某、毛某某等诉上海市静安区人民政府行政诉讼案	(2016)沪02行初630号	《世界人权宣言》《残疾人权利国际公约》	原告作为起诉依据,法院未回应
30	杨某甲、马某故意杀人案	(2017)粤0115刑初255号	《儿童权利公约》	法院援引公约支持裁判结果
31	中国太平洋财产保险股份有限公司淮南中心支公司与鄂尔多斯市舜龙物流有限责任公司、鄂尔多斯市晟淮昭日汽车服务有限公司财产保险合同纠纷案	(2017)皖04民终742号	《儿童权利公约》	作为判决的说理依据
32	谢某某与北京市公安局朝阳分局治安管理行政处罚案	(2017)京03行终235号	《公民权利和政治权利国际公约》《反腐败公约》	上诉人依据公约主张权利,法院未回应
33	郑某某诉衢州市国土资源局房屋行政登记及行政赔偿案	(2017)浙08行终69号	《残疾人权利国际公约》	上诉人援引公约支持自己的主张,法院未回应
34	蒋某某与中国社会科学院等一般人格权纠纷案	(2017)京0111民初18282号	《经济、社会和文化权利国际公约》	原告援引公约支持自己的主张,法院未回应
35	王某某等与北京市东城区房屋土地经营管理二中心天坛分中心房屋租赁合同纠纷	(2018)京02民终6443号	《世界人权宣言》《经济、社会和文化权利国际公约》《消除一切形式种族歧视公约》	上诉人援引人权文件支持自己的主张,法院未回应

续表

编号	案件名称	案件来源	涉及的国际人权文件	法院的态度
36	宇某某与东莞市纤美电子商务有限公司网络购物合同纠纷案	(2018)京0105民初28079号	《儿童权利公约》	原告援引公约作为证据,法院未回应
37	宇某某与随州市楚年堂网络科技有限公司网络购物合同纠纷案	(2018)京0105民初28080号	《儿童权利公约》	原告援引公约作为证据,法院未回应
38	宇某某与山东胶东食疗健康产业有限公司网络购物合同纠纷案	(2018)京0105民初28081号	《儿童权利国际公约》	原告援引公约作为证据,法院未回应
39	邓某某与内蒙古伊利实业集团股份有限公司等产品责任纠纷案	(2018)渝05民终2067号	《儿童权利公约》	原告援引公约主张权利,法院未采纳(法院认为公约应转化后适用)
40	张某甲与张某乙姓名权纠纷案	(2018)京02民终2523号	《儿童权利公约》	原告援引公约主张权利,法院未回应
41	重庆鑫斛药房连锁有限公司、重庆鑫斛药房连锁有限公司鑫斛药庄五里店与高文成产品销售者责任纠纷	(2018)渝01民终6614号	《儿童权利公约》	上诉人援引公约主张权利,法院未回应
42	王某某诉营口市交通局行政诉讼案	(2018)辽08行终219号	《残疾人权利公约》	上诉人援引公约主张权利,法院未回应
43	严某某因诉厦门市集美区人民政府集美街道办事处不履行拆迁安置职责案	(2018)闽行申571号	《残疾人权利公约》	申请人援引公约主张权利,法院未回应

上述43个案件涉及的国际人权文件比较广泛，既包括我国已经批准的《儿童权利公约》《残疾人权利公约》《消除对妇女一切形式歧视公约》《经济、社会和文化权利国际公约》《消除一切形式种族歧视公约》《反腐败公约》，也包括我国已经签署但尚未批准的《公民权利和政治权利国际公约》，以及《世界人权宣言》、《关于律师作用的基本原则》、第四次妇女大会通过的《北京宣言》、行动纲领等国际人权文件。其中，《儿童权利公约》和《世界人权宣言》被援引的次数最多，援引前者的案例有21个，援引后者的案例有10个，其他人权公约和人权文件被援引的次数相对较少，如援引《残疾人权利国际公约》和《公民权利和政治权利国际公约》的案例各有6个和4个，援引《经济、社会和文化权利国际公约》和《消除对妇女一切形式歧视公约》的案例各有3个，援引《消除一切形式种族歧视公约》《反腐败公约》《北京宣言》《关于律师作用的基本原则》的案例各有1个。

如果从援引国际人权文件的主体的角度来观察，我们发现多数案件都是当事人在起诉或者上诉时援引国际人权文件来支持自己的主张，在上述43个案件中，只有6个案件是由法院主动援引，其他37个案件均是当事人援引，下面分别对这两种情况下法院对待国际人权文件的态度和适用国际人权文件的方法进行分析。

二、法院对待当事人援引国际人权文件的态度

面对当事人援引国际人权文件的情况，法院通常持以下两种态度：

(一)未做明确回应

法院在绝大多数案件(32个)中对当事人援引国际人权文件采取了回避态度，对于国际人权文件能否适用以及如何适用未做出明确回应。当然，其中也有一些案件法官虽然没有做出明确回应，但通过间接方式接受或排除了当事人援引的国际人权法规则，前者如在“李某故意伤害案”中，李某因故意伤害8岁的养子施某某而被一审判处6个月有期徒刑，李某在上诉中辩称“一审判决缺乏人文关怀，无视儿童权益，造成本案被害人施某某辍学的后果，未能真正做到未成年人利益最大化”。针对这一辩护意见，二审检察员援引了《儿童权利公约》中的儿童利益最大化原则，指出儿童

的生存权应予以优先考虑。二审法官虽然只援引了《未成年人保护法》,但却在判决意见中接受了《儿童权利公约》的观点,认为“未成年人的父母或其他监护人依法对其有抚养教育的权利和义务,但该项权利的行使不得超越法律边界,应受到国家法律的监督。未成年人并非父母或其他监护人的私有财产,其生命健康权不应以任何理由受到侵害,物质生活的优越性不应亦无法替代对未成年人生命健康及人格尊严的权利保障”。后者如在“宇某某与山东胶东食疗健康产业有限公司网络购物合同纠纷案”中,原告虽然援引《儿童权利公约》主张“儿童系指 18 岁以下的任何人”,但是法院并未对此做出正面回应,而是通过明确指出“公约文件中对儿童年龄的界定应在我国范围内作广泛、一般意义上的理解”从而间接地排除了公约的适用。

(二)明确表示不予适用

在另外五个案件中,法院对当事人援引国际人权文件做出了回应,明确表示不采纳或不予适用。

1. 案例 6:丁某某与合肥市人力资源和社会保障局劳动保障行政确认案。在该案中,原告丁某某因不服被告合肥市人力资源和社会保障局对其做出的老工伤人员确认行为向法院提起行政诉讼,并提供《残疾人权利公约》作为证据,用以证明“原告伤残等级明确,被告不予认可违法”,但法院认为该“证据的证明内容与本案审查的具体行政行为无关联性,不予认定”。

2. 案例 17:陈某某与林德气体(厦门)有限公司劳动争议纠纷案。在该案中,原告请求法院“确认被告承诺的遵守《世界人权宣言》的细节对被告本身有约束力,可以作为本案的判案依据”,但是法院认为该项诉求“未经劳动仲裁,且与原告诉求具有可分性,故依法应予驳回”。

3. 案例 18:义乌市人民政府与叶某某不履行法定职责案。在该案中,义乌市佛堂镇小吴溪村村民委员会做出本村经济土地征收补偿分配和收益分配的决定,将被上诉人等外嫁女排除在外,这一决定得到了义乌市佛堂镇人民政府的承认。被上诉人要求上诉人义乌市人民政府依照《地方各级人民代表大会和地方各级人民政府组织法》《妇女权益保障法》《消除对妇女一切形式歧视公约》等相关规定和宗旨，履行查处佛堂镇人民政府和小吴溪村村民委员会歧视妇女和侵害妇女合法权益违法行为的职责，二审法院认为“上述法律法规及国际公约的规定并不能构成上诉人义乌市人民政府履行行政管理法定职责的依据。”法院接下来对国内法律法规不能构成上诉人履行职责的依据做出了说明，但没有对《消除对妇女一切形式歧视公约》与案件的关系作进一步解释。

4. 案例 25：柴某某组织、利用会道门、邪教组织、利用迷信破坏法律实施案。该案被告人因从事法轮功活动被指控犯有“利用邪教组织破坏法律实施罪”，辩护人提供《世界人权宣言》、英国和美国法律作为书证，合议庭认为这些证据“不具备来源合法性、关联性、客观真实性，不能作为认定被告人无罪的证据”。

5. 案例 39：邓某某与内蒙古伊利实业集团股份有限公司等产品责任纠纷案。本案原告邓某某在新世纪百货公司建设村店购买了涉案“QQ 星儿童成长牛奶”，该产品添加了新资源食品乳矿物盐，原告诉称，根据《食品安全法》和《新资源食品管理办法》，乳矿物盐的使用范围不包括婴幼儿食品，而该产品标签仅标注适用人群为儿童，属于有缺陷的不安全食品，并援引《儿童权利公约》关于“儿童系指 18 岁以下的任何人”（包括婴幼儿）的规定支持自己的主张，但二审法院认为“《儿童权利公约》属于国际公约，应先转化为国内法才能在我国适用，因此对于‘儿童’的界定应适用我国的相关法律规定”。虽然同样是排除了国际公约的适用，但在本案中法院对国际公约在我国的适用方式做出了明确回应，即国际公约在我国法院不能直接适用，只能通过转化为国内法的方式才能由法院适用。

三、法院主动援引国际人权公约的案例

由法院主动援引的案例共有六个，分别是上述列表中的第 1 号、第 5 号、第 9 号、第 23 号、第 30 号和第 31 号案例，在这六个案例中法院援引的都是《儿童权利公约》中的“儿童最大利益”条款。

（一）公约中的“儿童最大利益”条款

“儿童最大利益”（the best interests of child）最早由《儿童权利宣言》确

认,此后为众多国际人权文件重申,[①]其中1989年的《儿童权利公约》的规定最具有代表性。该公约第3条第1款规定:“关于儿童的一切行动,不论是由公私社会福利机构、法院、行政当局或立法机构执行,均应以儿童的最大利益为一种首要考虑。”作为开放性的原则,“儿童最大利益”与所有的人权原则一样,不可避免地具有不确定性,而这种不确定性又成为影响它在各缔约国国内实施的不利因素之一。为了增强“儿童最大利益”条款在国内的实施,2013年5月,儿童权利委员会以各国立法和司法实践为基础,发布了针对公约第3条第1款的第14号一般性意见,[②]对“儿童最大利益”作出了解释,这一解释虽然对各缔约国没有法律约束力,但却可以为各国国内法院解释和适用“儿童最大利益”条款提供指导。

该意见奠定了一个评判儿童最大利益的框架,具体包括以下内容:

1. 儿童最大利益概念包含三个层面的内容:其一,肯定了“儿童最大利益”是一项实质性权利,即当审视各不同层面的利益时,儿童有权将他或她的最大利益列为一种首要的评判和考虑,且每当涉及某一儿童、一组明确或不明确指定的儿童或一般儿童的决定时,都得保障这项权利,第3条第1款为各国确定了这一项固有的义务,既可直接(自行)适用,亦可在法庭上援用;其二,“儿童最大利益”是一项基本的解释性法律原则,若一项法律条款可作出一种以上的解释,则应选择可以最有效实现儿童最大利益的解释;其三,作为一项行事规则,要求每当作出一项将会影响到儿童的决定时,该决定的进程必须包括对此决定可能对所涉儿童的影响的评判,而且对儿童最大利益的评判和确定必须具备程序性的保障。

2. 对相关术语进行了解释。如“行动”一词不仅包括决定,而且还包括所有的行动、举措、提议、服务、程序及其他措施,不作为或不采取行动也是“行动”;“关于”一词应作广义理解,不仅包括直接涉及儿童的措施和决定,也包括其他可对儿童产生影响的措施,即使这些儿童并不是上述措施

---

① 如《消除对妇女一切形式歧视公约》第5条第2款;《关于儿童保护和儿童福利、特别是国内和国际寄养和收养办法的社会和法律原则宣言》第5条;《非洲儿童权利和福利宪章》第4条。

② 儿童权利委员会:《第14号一般性意见:儿童将他或她的最大利益列为一种首要考虑的权利》。

的直接针对者;"儿童最大利益"是一个复杂的概念,其内容须逐案确定;"首要考虑"的表述意味着,儿童的最大利益与所有其他考虑并非处于同等的分量级别,最大利益不只是被列为"一种优先考虑",而且是"最重大的考虑"。

3. 明确了"儿童最大利益"原则与其他一般原则的关系。在评判和确定儿童的最大利益时,各国必须确保所有儿童切实平等地享有儿童权利公约所载权利;确保充分尊重儿童的生命权、生存权和发展权;尊重儿童表达他本人意见的权利,并赋予所涉儿童所有相关意见应有的分量。

4. 提供了评判儿童最大利益的框架。评判儿童的最大利益是一项特殊的活动,应参照每一个儿童和一般儿童的具体情况,按逐个案情进行。首先,应考虑以下因素:按照儿童年龄或成熟程度考虑儿童意见;考虑儿童的不同身份,如性别、性取向、民族血统、宗教和信仰、文化多样性、个人性格;在实施分离政策时应将之作为最后措施等。其次,应对各要素进行权衡,每项要素依据与其他各要素权衡后形成的分量,就儿童最大利益对所有相关的要素作出总体评判。在权衡各要素时,还应考虑到儿童发展的可能情形,并对儿童作出短期和长期的分析。

此外,"意见"还对"儿童最大利益"条款的司法适用作出了特别规定。在刑事案件中,对于与法律产生冲突(被告或被确认为违法)的儿童,或法律所触及到的儿童(作为受害人或证人),以及因家长触犯法律而受到影响的儿童,均须适用儿童最大利益原则。儿童权利委员会强调,保护儿童最大利益意味着在处置儿童罪犯时,履行刑事司法的传统目标(诸如实施遏制或惩罚)必须让步于悔过自新和恢复正义的目标。在收养、离婚、监护、居住、虐待或忽视儿童等可能对儿童利益产生影响的程序中,法院必须考虑儿童的最大利益,且必须显示出法院已经明确考虑了儿童的最大利益。当需要与其他利益权衡时,如果法院的判决不符合儿童的最大利益,就必须列明这么做的理由,以证明尽管结果如此,但还是首要考虑了儿童最大利益。泛泛地声称其他考虑压倒了儿童最大利益是不够的,法院必须将处置具体案件所涉及的一切考虑都具体列明,并就具体案情解释清楚为何其他考虑具有更重大的分量。

（二）法院对《儿童权利公约》的直接适用

在我国法院援引“儿童最大利益”条款的六起案件中，只有案例1“弗某某·荻某某与董某某离婚纠纷案”采用了直接适用国际人权公约的方式。在该案中，一审法院认为：“我国是联合国《儿童权利公约》的缔约国，且该公约已经全国人民代表大会常务委员会批准，于1992年4月2日正式生效。依照涉外民事关系法律适用法以及民法通则关于法律适用的有关规定，本案应当优先适用《儿童权利公约》。依照《儿童权利公约》的规定，缔约国应确保其管辖范围内每一儿童均享受公约所列举的权利，不因种族、肤色、性别等而有任何差别。关于儿童的一切行动，法院及其他行政、立法机构均应以儿童的最大利益为一种首要考虑。”此后，法院从儿童能够得到的照顾、儿童本身的健康情况、儿童的种族和国籍情况、儿童生活环境、儿童教育环境、父母的收入情况、儿童权利保障情况等多种因素综合考虑，依据公约中的“儿童最大利益”条款作出子女应由母亲抚养的判决。

法院在论证《儿童权利公约》可以优先适用时，主要依据有两个，一是“涉外民事关系法律适用法”，二是“《民法通则》关于法律适用的有关规定”。前者主要指《民事诉讼法》第260条关于涉外民事诉讼程序的特别规定，即“中华人民共和国缔结或者参加的国际条约同本法有不同规定的，适用该国际条约的规定，但中华人民共和国声明保留的条款除外”。后者指《民法通则》第142条第2款关于涉外民事关系的法律适用的特别规定，即“中华人民共和国缔结或者参加的国际条约同中华人民共和国的民事法律有不同规定的，适用国际条约的规定，但中华人民共和国声明保留的条款除外”。虽然该案因涉及跨国婚姻而具有了涉外因素，但是我国法律关于子女抚养权归属的规定与《儿童权利公约》之间并不存在“不同规定”，因此并不满足优先适用《儿童权利公约》的条件。

（三）法院对《儿童权利公约》的间接适用

除了上述“弗某某·荻某某与董某某离婚纠纷案”，另外五个案例均未直接援引公约条款作为判决依据，而是采用了间接适用的方式，所不同的只是在不同案例中法院对公约条款的倚重程度略有不同。将《儿童权利公约》中的“儿童最大利益”条款作为解释本国国内法的工具，是各国国内法院实施该条款的主要方法，这种方法的弹性较大，既可以单纯地为司法推理提供支持，也可以为儿童权利提供更高水平的法律保护。

1. 为司法推理提供支持

这也是国内法院广泛采用、大部分国家都能接受的一种解释方法，法院在解释本国法律文本时，主要基于本国法律价值的分析，援引“儿童最大利益”条款只是为国内法律文本的解释提供附加支持。上述列表中的案例5、案例23、案例30和案例31都采用了这种方式。

案例5和案例23是两起抚养费纠纷案件，法院在法律对父母离婚后子女抚养费问题已有明确规定的情况下，援引“儿童最大利益”条款只是为了增强说理效果，为司法推理提供更多支持，前者中法院判决是依据《婚姻法》第25条、第38条，《最高人民法院关于人民法院审理离婚案件处理子女抚养问题的若干具体意见》第3条、第7条，《民事诉讼法》第64条第1款和第170条第2项的规定作出的；后者中法院判决的依据是《婚姻法》第37条的规定。案例30是一起刑事案件，在该案中法院援引了《儿童权利公约》关于儿童生命权的保护来支持拒绝对两被告人适用缓刑的决定，案例31是一起财产保险合同纠纷案，法院在论证胎儿应参与死亡赔偿金分配时，除了将“儿童最大利益”作为一般法律原则加以援引，还强调了我国作为公约缔约国的义务，以增强《婚姻法》和《民法总则》中胎儿利益保护条款的说服力。

2. 提供更高水平的权利保护

在仅仅基于国内法律资源的分析而得出的结论不够充分、无法保护儿童权利时，法院援引“儿童最大利益”条款就不再只是一种司法推理的附加支持，有时甚至会成为法院结论的主要支撑。我国采用这种适用方式的典型案例是案例9“罗某某、谢某某与陈某监护权纠纷案”。

该案被称为我国首例“争夺代孕子女监护权案”。罗某某与陈某于2007年4月28日登记结婚，婚后罗某某与陈某通过购买他人卵子，并由罗某提供精子，采用胚胎移植技术，出资委托其他女性代孕，于2011年2月13日生育一对异卵双胞胎。孩子出生后随罗某某、陈某共同生活，2014年

2月7日罗某某因病去世后则随陈某共同生活。同年12月,罗某某的父母就孩子的监护权向法院提起诉讼。2016年6月,上海市第一中级人民法院作出终审判决,驳回了祖父母要求担任孩子监护人并进行抚养的诉讼请求,监护权仍归"抚养母亲"陈某所有。① 法院作出这一判决有两个重要的理由,其一,确认"抚养母亲"与代孕子女的继父母子女关系;其二,《儿童权利公约》第3条规定的"儿童最大利益"条款,法院认为"联合国《儿童权利公约》第三条确立了儿童最大利益原则,我国作为该公约的起草参与国和缔约国,亦应在立法和司法中体现这一原则,法院在确定子女监护权归属时,理应尽可能最大化地保护子女利益。就本案而言,无论是从双方的监护能力,还是从孩子对生活环境及情感的需求,以及家庭结构完整性对孩子的影响等各方面考虑,将监护权判归陈某更符合儿童最大利益原则"。在本案中,法院在我国法律没有明确代孕子女监护权归属的情况下,援引"儿童最大利益"条款为"继父母子女关系"的认定提供了有力支持,为法院的判决结果提供了重要的确认。

四、我国法院适用国际人权法的分析

我国裁判文书中援引国际人权文件的案例虽然不多,但是通过对这些案例的简要分析,我们还是可以从中看出我国法院适用国际人权法的趋势和一些存在的问题。

(一)以间接适用为主的趋势

如前文所述,直接适用是国际人权公约在国内法院适用的更好选择,但是由于我国宪法和相关立法都没有关于直接适用的明确规定,因此,间接适用成为当前主要的适用方式,法院现有的案例也印证了这一点。实际上,国际人权公约在国内法中的地位,对国内法院对待公约条款的态度和解释方法都有重要的影响,我们仍然以"儿童最大利益"条款为例,从比较

---

① 参见吴心远:《全国首例:一对代孕龙凤胎有三个"妈",监护权到底归谁?》,载人民网:http://sh.people.com.cn/n2/2016/0617/c134768-28527003.htm,最后访问日期:2017年9月20日。

法的视角我们可以把该条款在国内法上的地位归纳以下三种模式,在不同的模式之下法院对待该条款的态度是不同的。

1. 赋予"儿童最大利益"条款以独立的宪法地位,如《南非宪法》第 28 条第 2 款规定:"在涉及儿童的每一项事务中,儿童最大利益是最重要的。""在宪法中包含一项保护儿童的一般标准(儿童最大利益),能为审查所有涉及儿童的行动提供基准,法院和行政机关有宪法上的义务,必须考虑他们的决定对儿童生活的影响。"①南非宪法法院正是以该条款为依据对国内立法进行合宪性审查,并以《儿童权利公约》第 3 条的"儿童最大利益"条款作为重要的解释资源。

2. "儿童最大利益"条款被合并入家庭法、青少年司法、收养法等普通立法中。一般情况下,在法律中明确写入"儿童最大利益"条款会对法官的行为产生积极影响,法官在权衡不同利益时会重点考虑儿童利益,甚至将儿童利益作为首要考虑,在解释这些立法中的"儿童最大利益"条款时也会以公约条款作为解释依据。

3. 未单独规定"儿童最大利益",其国内法律地位取决于国际法国内地位的一般规定。在二元论国家,如英国、印度,虽然没有将《儿童权利公约》合并入国内法,但《儿童权利公约》条款一直起着国内法解释辅助工具的作用,其中"儿童最大利益"条款因其原则性和灵活性得到了最广泛的适用。而在一元论国家,国际公约的直接效力是由单个条款的内容决定的,法院会综合考虑某一条款的性质、内容、含义及其与其他条款之间的关系。除了在极个别的情况下,法院一般不会承认"儿童最大利益"条款的直接效力,而只是认可它的解释功能。

在上述三种模式中,第一种模式的优势是十分明显的,一方面可以解决国际公约合并入国内法的问题,为国内法院适用公约条款提供国内法的桥梁;另一方面,法官可以充分利用本国既有的宪法制度,将"儿童最大利益"条款与宪法的其他条款相结合,赋予"儿童最大利益"更明确的含义。

---

① Sloth-Nielsen, "Chicken soup or chainsaws: some implications of the constitutionalisation of children's rights in South Africa", *Acta Juridica* 6, 1996, p. 25.

但是这种模式不具有普遍性,而且宪法文本中也不可能容纳数量众多的国际人权条款。第二种和第三种模式对于我国的实践具有重要的借鉴意义。

首先,为了履行国际人权公约的义务,我国实施公约的主要方式就是将公约条款转化为国内法,如转化《儿童权利公约》条款的《未成年人保护法》《预防未成年人犯罪法》《刑事诉讼法》《婚姻法》《收养法》;转化《残疾人权利公约》条款的《残疾人保障法》《残疾人就业条例》;转化《经济、社会和文化权利公约》的《妇女权益保障法》《老年人权益保障法》《就业促进法》《社会保险法》等,这些立法或者体现人权公约精神,或者直接合并公约的关键条款,并采用公约的术语或表述,法院在适用和解释这些立法时,它们背后被转化的公约条款可以作为重要的解释资源。

其次,我国立法虽未明确规定国际人权公约在国内法律体系中的地位,但是我国政府在向人权条约机构提交的履约报告中明确表达了公约必须经过转化为国内法才能在法院适用的立场,这与模式三中的二元论国家的情况非常相似。对于那些未转化为国内法的公约条款,法院仍然可以援引作为司法推理的工具。上述两种间接适用的路径与我国现有的法律框架并不存在冲突,而且从现有的司法实践看,间接适用也是法院能够接受的公约适用方式。

(二)法院回避态度的原因

除了国际人权法在国内法的地位这个影响因素外,"国内法院在适用国际人权条约和习惯国际法规则方面权限的大小、意愿的强弱、效能的高低等因素"[①]也会影响国际人权法在国内的适用。就我国而言,当间接适用方式被逐渐接受,法官的态度将成为影响国际人权法国内适用程度的关键因素。

如前文所述,在37个当事人援引国际人权文件的案例中,有32个案例法官采取了明显的回避态度。我国法院回避和不愿适用国际人权法有多方面的原因,除了没有明确的法律授权以及对国际人权法干预本国政府政策的担忧外,还有一个很重要的原因是法官对相关的国际人权标准不是

① 万鄂湘主编:《国际法与国内法关系研究》,北京大学出版社2011年版,第403页。

很熟悉,对适用国际人权法规则存在不适感,甚至有的法官还存在认识上的偏差,担心它们会破坏、威胁到本国已经确立的人权标准。此外,在一些案件中,当事人在援引国际人权文件时存在过于牵强、引用不明确等问题,也是导致法官无法做出回应的原因。如在案例7"白某与北京竞知业人力资源服务有限公司、北京市朝阳区城市管理监督指挥中心劳动争议案"中,上诉人在上诉时提出被上诉人"违背了联合国的人权公约第二十三条第一项规定",这里只是笼统的提到"联合国的人权公约"而并未明确指出是哪一项人权公约;又如在案例29"戚某某、毛某某等诉上海市静安区人民政府行政诉讼案"中,原告虽然明确援引了《世界人权宣言》第13条和《残疾人权利公约》第12条和第18条,但并未提出具体的诉讼请求。

(三)通过人权培训改善法官态度和当事人援引质量

在我国法律没有明确授权、法院以间接适用为主的背景下,加大国际人权法的培训和宣传力度是改善法院态度、增加公约援引频率的一个可行路径。一方面,法官通过培训和学习了解我国参加的人权公约的主要内容、国家承担的义务及其性质以及国际人权标准与我国国内法之间的联系等,可以为更好地援引公约条款做好知识上的储备;另一方面,通过学习,从观念上消除对国际人权法的排斥,纠正对国际人权公约的片面认识,接受国际人权法在我国法治建设中的地位和作用,尤其是在人权公约与我国公民权利保护之间建立起真切的联系。此外,通过人权培训,当事人援引国际人权法的质量也会得到普遍提升,从而间接增加法院适用国际人权法的机会。

1. 利用现有的人权教育资源和途径

首先,把握国家人权行动计划制定的契机,将国际人权法的教育与培训纳入新的国家人权行动计划,为国际人权法教育的开展提供更多政策支持。我国分别于2009年、2012年、和2016年制定了三个《国家人权行动计划》,这三个人权行动计划都在第四部分专章规定了"人权教育"问题,但是对国际人权法教育的规定都略显单薄。2009～2010年的《国家人权行动计划》有两处与国际人权法的教育有关,其一,在高中阶段的规划中明确提到:"在高级中学,除了进行一般性的人权观念培育外,要在有关课程中,系统开展有关中国宪法‘公民的基本权利与义务’教育和国际人权知识的教育。”其二是在高等教育阶段的规划中,“鼓励高等院校面向本科生开设人权公共选修课,面向法学专业本科生开设人权法课程”。这可以解释为人权公共选修课和人权法专业课程都包括了国际人权法课程。而2012 年和 2016 年的《国家人权行动计划》则没有任何一处明确提到与国际人权法有关的教育,我们只能从其中的一些表述,如“传播人权理念,普及人权知识”“开设人权公选课程和专业课程”中加以引申,这种现状十分不利于国际人权知识的传播和观念的培育。如果在未来制定国家人权行动计划中增加普及国际人权知识的安排和具体举措,对国际人权法的传播与国内实施都会有所助益。

其次,把握新建人权教育基地的契机,发挥人权教育基地在国际人权法教学与传播中的优势。到目前为止,教育部共批准在 8 所高校分别设立“国家人权教育与培训基地”。这些基地“是人权领域的‘国家队’,肩负开展人权教育和培训工作的重任”。[①] 这些国家级基地可以充分整合利用高校的人才、学科、研究和基础条件等资源,在以下方面发挥积极作用:一是在大学增设国际人权法课程,培育专业的国际人权法人才;二是组织编写适合不同对象的国际人权知识读本、国际人权法通识教材和国际人权法专业教材;三是通过人权教育领域的国际交流与合作,开发更多适合国际人权法教育的合作项目和课程。

最后,把握普法教育的契机,将国际人权法纳入法治宣传范围。国家定期组织的普法活动具有机制健全、渠道广泛、参与度高等优势,是开展人权教育的重要渠道。例如,在“七五”普法任务中,有两个可以容纳国际人权法的切入点:一是“大力宣传保障公民基本权利的法律法规,推动全社会树立尊重和保障人权意识,促进公民权利保障法治化”;二是“在传播法律知识的同时,更加注重弘扬法治精神、培育法治理念、树立法治意识”。[②]

---

① 常健:《在第二批国家人权教育与培训基地授牌仪式上的发言》,载《人权》2014 年第 4 期。

② 中央宣传部、司法部:《关于在公民中开展法治宣传教育的第七个五年规划(2016 - 2020 年)》,载网易新闻:http://news.163.com/16/0418/05/BKTNOULA00014AED.html,2018 - 10 - 16,最后访问日期:2019 年 4 月 28 日。

2. 改革国家教育和考试政策、拓宽人权教育渠道

国家教育政策是国家为实现其整体发展而制定的，既包括宏观教育政策也包括中微观教育政策，对一个国家或地区教育发展具有重要意义。人权教育只有落实到各项具体的教育政策中才能得到真正发展，但是我国当前的教育政策并没有对人权教育给予足够重视，至少存在以下需要改进的地方。

首先，在国家教育改革和发展纲要中明确人权教育的地位。我国的人权教育正处于起步阶段，它的发展需要国家的大力扶持。但是在《国家中长期教育改革和发展规划纲要(2010－2020年)》中并没有对人权教育作出特别安排，这样就不会引起政策制定者的特别关注，在课时有限的情况下，人权课程或者不会受到关注，或者被安排在次要位置。

其次，在国家课程政策中将人权课程纳入国家课程体系。就国际人权观念的培育而言，至少从高中阶段开始，就应当有专门的课时，对《世界人权宣言》和我国缔结的人权公约进行较为系统的学习。高中的思想政治课是可供利用的载体，但是由于课时有限，且经常被挪用、挤占，因此无法容纳更多人权方面的内容。相比之下，高等教育阶段的人权课程设置更为灵活，除了在法学核心课程之一的《国际法》中可以包含国际人权法的内容，教师还可以根据个人兴趣和研究专长开设通识课或者公选课。但是由于没有制度保障，人权课程的边缘地位并没有得到明显改善。未来可以考虑人权专业教育与人权通识教育相结合的课程设置方向，将人权教育纳入高校(甚至高中)通识教育改革之中，通过国际人权知识的传授，培育学生的公民责任、对多元文化的尊重和全球视野。

最后，在国家统一法律职业资格考试中增加国际人权方面的内容。虽然一直以来，以司法考试为导向的法学教育模式备受诟病，[①]但司法考试在很大程度上影响着法学教育也是不争的事实，“近年来众多法学院在课程设置、教学方法等方面的变革，很大程度上可以说就是对司法考试的回

① 参见张利民：《评司法考试导向性法学教育——对中国法学教育可持续发展的关注和思考》，载《法制与社会发展》2002年第6期。

应”。[①] 2015 年 12 月，中共中央办公厅、国务院办公厅印发了《关于完善国家统一法律职业资格制度的意见》，更是明确提出要加强国家统一法律职业资格制度与法学教育制度的衔接。在这种背景下，如果能为国际人权法在职业资格考试中争取到一席之地，将会极大地推进国际人权知识的传播和人权观念的提升。

3. 把握国际人权公约批准与实施的契机

首先，把握人权公约批准前后的时机开展宣传教育。以《公民权利和政治权利国际公约》为例，自 1998 年我国政府签署该公约后，学者们对公约的研究就从未停止过，这为公约的传播奠定了坚实的基础。同时，为了批准该公约，我国对相关立法即《刑事诉讼法》《行政诉讼法》《刑法》等进行了修改，法律修改过程中对我国现有立法的检讨和与相关公约条款的对比，也为人们提供了更多深入认识和理解公约内容的机会。

其次，把握准备“定期履约报告”的契机。由于没有接受任何个人申诉程序，对于我国来说，国际人权公约在国际层面的实施主要表现为向人权条约机构提交定期履约报告。定期报告的准备过程是一个对相关公约的内容和价值进行宣传的过程。一方面，为了保证报告的质量，应对参加报告起草的立法、司法和行政部门的工作人员进行培训，使他们能熟悉公约权利义务的性质和要求，并据此评估我国的国内立法和政策；另一方面，在报告撰写过程中，工作人员还应当征询非政府组织、学术机构和社会公众的意见，[②]在交流和沟通中亦可增进对公约内容的理解和价值的认同，达到宣传教育的目的。

（四）积累司法解释和推理经验

国际人权公约在国内法院的适用过程实际上是一个法律解释和推理的过程，但是由于长期以来缺乏适用国际人权法的经验，我国法院在援引

---

① 李红海：《统一司法考试与合格法律人才的培养及选拔》，载《中国法学》2012 年第 4 期。

② 例如，在中国根据《残疾人权利国际公约》提交的首次报告中指出：“为做好报告撰写工作，中国外交部于 2010 年 2 月牵头成立报告撰写跨部门工作组，成员单位包括 22 家立法、司法、行政部门。在报告撰写过程中，工作组征询了多家非政府组织、学术机构及社会公众的意见。”UN Doc CRPD/C/CHN/1, 8 February 2011.

“儿童最大利益”条款时更多的是对《儿童权利公约》第3条内容的简单重复，对该条款的含义、该条款与《婚姻法》《收养法》等国内立法之间的关系、儿童最大利益与父母权利以及公共利益之间的平衡等都缺乏细致的分析。解决这一问题不是单纯依靠熟悉国际人权法规范就能实现的，还需要在司法实践过程中不断积累司法解释经验，不断探索具体的解释方法和推理技术。

首先，当被适用的公约条款需要解释时，应当遵循一定的解释规则，其中最主要的是《条约法公约》第31条规定的一般解释规则和第32条规定的补充解释规则。一方面，我国是该公约的缔约国；另一方面这些规则是既存习惯法的法典化，被广泛接受。按照这些解释规则对公约条款进行解释，可以获得解释结果的初步正当性。

其次，法院在援引公约文本的同时，还应将公约条款与当前审理的案件结合起来，在以案件事实和国内法为前提进行法律推理的过程中，说明所援引的公约条款在国内法的解释中如何发挥辅助工具作用。当然，根据援引目的的不同，人权公约与当前案件结合的紧密程度也不同，有时人权公约仅仅是国内法解释的背景，有时则会成为判决结果的强有力支撑。但是无论是哪种情况，人权公约在判决书的作用都应当在司法推理的过程中得到充分体现。

第三节　香港法院适用国际人权法的实践

香港特别行政区法院在审理涉及香港基本法的案件时大量地援用国际法，其范围十分广泛，既包括国际法院的判决、联合国人权公约机构的一般性建议和受理个人申诉来文的决定，也包括欧洲人权法院和美洲人权法院的判决，这些国际法资源在不同程度上影响了《中华人民共和国香港特别行政区基本法》(以下简称《基本法》)权利的解释，在增强法院判决说服力的同时，也引起了人们对其合法性的质疑。本节将以香港法院援引国际人权法的案例为研究对象，对法院援引国际人权法的具体方式进行分析。

一、国际人权法在香港的法律地位

(一)适用于香港的国际人权公约

《基本法》第153条规定:"中华人民共和国缔结的国际协议,中央人民政府可根据香港特别行政区的情况和需要,在征询香港特别行政区政府的意见后,决定是否适用于香港特别行政区。中华人民共和国尚未参加但已适用于香港的国际协议仍可继续适用。中央人民政府根据需要授权或协助香港特别行政区政府作出适当安排,使其他有关国际协议适用于香港特别行政区。"据此,目前在香港特别行政区适用的国际公约由两部分组成:一部分是1997年7月1日香港回归前已适用于香港,并于回归后继续沿用的国际公约;另一部分是1997年7月1日或之后才适用于香港的国际公约。截至2019年5月,共有以下国际人权公约和劳工公约在香港适用①(见表5.4、表5.5)。

表5.4 适用于香港的国际人权公约

序号	国际人权公约
1	《禁止贩卖白奴国际协定》(1904年订立,1949年修订)
2	《禁止贩卖白奴国际公约》(1910年订立,1949年修订)
3	《禁止贩卖妇女和儿童国际公约》(1921年订立)
4	《禁奴公约》(1926年订立,1953年修订)
5	《妇女政治权利公约》(1953年开放签字)
6	《关于无国籍人地位的公约》(1954年订立)
7	《废止奴隶制、奴隶贩卖及类似奴隶制的制度与习俗补充公约》(1956年订立)
8	《关于婚姻的同意、结婚最低年龄及婚姻登记的公约》(1962年开放签字)
9	《消除一切形式种族歧视国际公约》(1969年适用于香港)

① 参见香港特区政府律政司:《适用于香港特别行政区的公约列表》(截至2019年5月5日),载香港特区政府官方网:https://www.doj.gov.hk/sc/laws/interlaw.htm,最后访问日期:2019年5月28日。

续表

序号	国际人权公约
10	《经济、社会和文化权利国际公约》(1976 年适用于香港)
11	《公民权利和政治权利国际公约》(1976 年适用于香港)
12	《消除对妇女一切形式歧视公约》(1996 年适用于香港)
13	《禁止酷刑和其他残忍、不人道或有辱人格的待遇或处罚公约》(1992 年适用于香港)
14	《儿童权利公约》(1994 年适用于香港)
15	《国际诱拐儿童民事方面公约》(1997 年适用于香港)
16	《儿童权利公约》关于儿童卷入武装冲突问题的任择议定书(2000 年订立)
17	《残疾人权利公约》(2008 年适用于香港)

表 5.5　适用于香港的国际劳工公约

序号	劳工公约
1	《失业公约》(第 2 号公约)
2	《分娩保护公约》(第 3 号公约)
3	《失业赔偿(船舶失事)公约》(第 8 号公约)
4	《结社权利(农业)公约》(第 11 号公约)
5	《工人赔偿(农业)公约》(第 12 号公约)
6	《每周休息(工业)公约》(第 14 号公约)
7	《青年体格检查(海上)公约》(第 16 号公约)
8	《工作赔偿(意外)公约》(第 17 号公约)
9	《待遇平等(意外赔偿)公约》(第 19 号公约)
10	《海员协定条款公约》(第 22 号公约)
11	《海员遣返公约》(第 23 号公约)
12	《强迫劳动公约》(第 29 号公约)
13	《防止意外(码头工人)公约》(修订本)(第 32 号公约)
14	《工人赔偿(职业病)公约》(修订本)(第 42 号公约)
15	《海员合格证书公约》(第 74 号公约)
16	《劳工督察公约》(第 81 号公约)

续表

序号	劳工公约
17	《结社自由与保护组织权利公约》(第87号公约)
18	《青年夜间工作(工业)公约》(修订本)(第90号公约)
19	《船员住宿公约》(修订本)(第92号公约)
20	《移居就业公约》(修订本)(第97号公约)
21	《组织权利及集体谈判权利公约》(第98号公约)
22	《有薪假期(农业)公约》(第101号公约)
23	《废除强迫劳动公约》(第105号公约)
24	《海员身份证书公约》(第108号公约)
25	《辐射防护公约》(第115号公约)
26	《就业政策公约》(第122号公约)
27	《青年体格检查(井下作业)公约》(第124号公约)
28	《船员住宿(补充规定)公约》(第133号公约)
29	《最低年龄公约》(第138号公约)
30	《农业工人组织公约》(第141号公约)
31	《人力资源开发公约》(第142号公约)
32	《三方协商(国际劳工标准)公约》(第144号公约)
33	《商船(最低标准)公约》(第147号公约)
34	《工作环境(空气污染、噪音和震动)公约》(第148号公约)
35	《劳动行政管理公约》(第150号公约)
36	《(公务员)劳动关系公约》(第151号公约)
37	《劳工统计公约》(第160号公约)
38	《关于禁止和立即行动消除最有害的童工形式公约》(第182号公约)
39	《海事劳工公约》

和英国一样,香港在国际法与国内法的关系上也采用二元论,“一般来说,根据普通法制度的惯例,适用于香港的条约(包括有关人权的条约),在香港的本地法律制度内,本身并无法律效力,不可以法院直接援引作为个人权利的依据。不过,特区法院在诠释本地法例时,会尽可能避免与适

用于香港的国际条约有所抵触。为使条约所订明的各项义务在本地具有法律效力(遇有须修改现行法例或措施的情况时),一般做法是制订具体的新法例”。[①] 也就是说,“在立法机关未以成文法例方式引入上述各人权公约的情况下,香港法院一概不可在审判案件时直接适用有关公约的条文”,[②]即使《基本法》第39条赋予《公民权利和政治权利国际公约》《经济、社会与文化权利的国际公约》和国际劳工公约以宪法地位,但仍然规定这些公约必须通过香港特别行政区的法律才能实施。[③]

(二)《公民权利和政治权利国际公约》的转化

1975年5月20日,英国政府正式向联合国秘书长交存《公民权利和政治权利国际公约》的批准书,并声明将公约扩展适用于香港,但同时英国政府对公约特定条款作出了保留,“凡是英国对公约作出保留并且该保留适用于香港的条款,不属于在香港适用的公约条款,对香港不产生法律效力”,[④]这些条款包括:公约第10条第2款b项关于“少年被告应与成年被告分别羁押,并应迅速给予判决”的规定;第10条第3款关于“少年犯人应与成年犯人分别拘禁,并应给予适合其年龄及法律地位的待遇”的规定;第12条第1款关于“合法处在一国领土内的每一个人在该领土内有权享受迁徙自由和选择住所的自由”的规定;第12条第4款关于“任何人进入其本国权利不得任意加以剥夺”的规定;第13条关于“合法居留之外侨非经依法作出的决定不得被驱除出境”的规定;第20条关于禁止“任何鼓吹战争的宣传”和“任何鼓吹民族、种族或宗教仇恨的主张”的规定;第25条b项关于选举的规定,其中第13条和第25条b项是专门针对香港作出的保留。

---

① 《中华人民共和国香港特别行政区共同核心文件》,UN Doc. HRI/CORE/CHN/2010 (Part. II-A) HONG KONG, p. 43。

② 陈弘毅:《公法与国际人权法的互动:香港特别行政区的个案》,载《中外法学》2011年第1期。

③ 《基本法》第39条规定:“《公民权利和政治权利国际公约》《经济、社会与文化权利的国际公约》和国际劳工公约适用于香港的有关规定继续有效,通过香港特别行政区的法律予以实施。”

④ 饶戈平:《人权公约不构成香港普选的法律依据》,载《中外法学》2008年第3期。

为了将《公民权利和政治权利国际公约》中适用于香港的规定纳入香港法律,1991 年香港立法局通过了《香港人权法案条例》(以下简称人权法案)。香港回归后该条例被保留,但其中“第 2 条第 3 款有关该条例的解释及应用目的的规定,第 3 条有关‘对先前法例的影响’和第 4 条有关‘日后的法例的释义’的规定”因抵触《基本法》而被全国人大常委会宣布为“不采用为香港特别行政区法律”。[①]

人权法案在结构上由三部分组成:第一部分是“导言”,包括简称、释义、紧急状态、人权法案遭违反时的补救和本条例的约束力;第二部分是“香港人权法案”,是条例的主体部分,共包括 23 个条款;第三部分是“例外及保留条文”,其内容主要是英国政府对公约所作的适用于香港的保留。

表 5.6 《香港人权法案条例》与《公民权利和政治权利国际公约》之比较

人权法案条款	公约条款	比较
第 1 条	第 2 条第 1 款	人权法案用“民族本源”代替公约中的“国籍”
第 2 条	第 6 条	人权法案用“与人权法案的规定不抵触”代替公约中的“与本公约规定不抵触”
第 3 条	第 7 条	相同
第 4 条	第 8 条	相同
第 5 条	第 9 条	相同
第 6 条	第 10 条	相同
		保留——“在任何时候缺乏适当的监狱设施,或凡成年人与少年混合拘禁互相有利,则人权法案第六(二)(乙)及(三)条并不要求被拘禁的少年与成年人分开收押。”
第 7 条	第 11 条	相同

① 参见《全国人民代表大会常务委员会关于根据〈中华人民共和国香港特别行政区基本法〉第一百六十条处理香港原有法律的决定》附件二。关于这三个条款的地位有两个截然不同的观点:有学者认为它们具有凌驾于其他法例之上的地位,因此和《基本法》相抵触,参见袁继成、李明强:《以〈基本法〉为核心的法律体系是香港长期繁荣稳定的保证——兼评〈香港人权法案条例〉》,载《江汉大学学报》1997 年第 4 期。也有学者认为它们只是普通法例,并不具有凌驾地位,参见陈文敏:《香港人权法案生效首年的回顾》,载《法学评论》1992 年第 4 期。

续表

人权法案条款	公约条款	比较
第8条	第12条	人权法案以“香港境内”代替公约中的“一国领土内”,以“人权法案”代替“本公约”
第9条	第13条	人权法案以“合法处在香港境内但没有香港居留权的人”代替公约中的“合法处在本公约缔约国领土内的外侨”
		保留——人权法案第九条并不赋予没有香港居留权的人就驱逐他出境的判定要求复判的权利,亦不赋予他为此目的而委托代理人向主管当局到场申诉的权利
第10条	第14条第1款	相同
第11条	第14条第2~7款	相同
第12条	第15条	人权法案以“香港法律”代替公约中的“国家法”
第13条	第16条	相同
第14条	第17条	相同
第15条	第18条	相同
第16条	第19条	相同
第17条	第21条	相同
第18条	第22条	人权法案以“该公约适用于香港的规定”代替公约中“该公约中所规定的保证”
第19条	第23条	相同
第20条	第24条	人权法案用“民族本源”代替公约中的“国籍”
		人权法案包含公约第24条第3款
第21条	第25条	人权法案以“永久性居民”代替公约中的“每个公民”
		保留——人权法案第21条并不要求在香港设立由选举产生的行政会议或立法会
第22条	第26条	人权法案用“民族本源”代替公约中的“国籍”
第23条	第27条	相同

从上述比较中可以发现,人权法案和《公民权利和政治权利国际公约》之间存在一些形式上和实质内容上的差别:首先,由于英国政府的保留,公约中一些条款没有被纳入人权法案中,如公约第1条(自决权)和第20条(禁止鼓吹战争的宣传和鼓吹民族、种族或宗教仇恨的主张);其次,人权法案第三部分通过“例外和保留”将英国政府对公约作出的其他保留转化为国内法,如第三部分第10~13条分别对第二部分第6条、第9条和第21条作出了例外规定;再次,考虑到香港不是一个主权国家,因此公约第24条保障“每一儿童获得一个国籍的权利”没有被列入人权法案第20条,在涉及平等权的条款中均以“民族本源”代替了公约文本中的“国籍”概念。同样的情况还有以“香港法律”代替“国家法”,以“香港境内”代替“一国领土内”;最后,使用不同术语导致的实质内容的差异,最典型的是两个条款:其一,公约第25条参与公共事务、投票和参加公务的权利主体是“每个公民”,而人权法案第21条将享有这些权利的主体扩大到“永久居民”;其二,人权法案第一部分第7条宣称本条例只对“政府及所有公共主管当局以及代表政府或公共主管当局行事的任何人”有约束力,从而限制了公约在香港的适用范围。①

虽然存在以上差别,但是从总体上看,人权法案基本上复制了《公民权利和政治权利国际公约》的相关内容,使用了和公约几乎同样的语言,正是出于这种认识,香港法院倾向于承认人权法案是《基本法》第39条意义上的公约的实施性法律。② 在香港二元论的体制下,《基本法》和人权法案是可以在法院直接适用的宪法性法律资源,而公约本身在没有实施性法律的情况下并不能独立地创设在香港可直接适用的权利,但是公约与《基本法》和人权法案之间的相关性使香港法院更愿意将公约作为《基本法》和

---

① See Johannes Chan SC and C. L. Lim, *Law of the Hong Kong Constitution*, 2nd edition, London, Sweet & Maxwell, 2015, pp. 528 – 529.

② 例如在香港特别行政区诉吴恭劭案中,法院承认人权法案事实上将《公民权利和政治权利国际公约》的条文纳入香港法例之内。See HKSAR v. Ng Kung Siu, [1999] HKCFA 10, para. 39. 又如在 Lau Cheong and Another v. HKSAR 案中,法院认为《香港人权法案条例》起到了将《公民权利和政治权利国际公约》中适用于香港的规定合并入本地法律的作用。See Lau Cheong and Another v. HKSAR, [2002] HKCFA 46, p. 32.

人权法案的重要解释资源。

（三）其他国际人权公约的转化

我国政府在1997年6月20日通过照会告知联合国秘书长，自1997年7月1日起《经济、社会和文化权利国际公约》中适用于香港的有关规定继续有效，并于2001年4月20日就该公约适用于香港作出如下声明：1.公约第六条不排除香港特区根据出生地点或居留资格订立规定，在香港特区实行就业限制，以保障香港特区本地工人的就业机会；2.公约第八条第一款（乙）项中的"全国性的协会或联合会"应理解为"香港特区内的协会或联合会"，同时，该条款不含有职工协会或联合会有权组织或参加在香港特区以外成立的政治组织或机构的意思。

和《公民权利和政治权利国际公约》不同，就《经济、社会和文化权利国际公约》而言，并没有一部如人权法案一样的法例将其条文纳入其中，使之成为本地法律的一部分，但香港政府在其向经济、社会和文化权利委员会提交的第二份履约报告中指出，公约的条文已通过《基本法》多项条文（例如，第27条、第36条、第37条、第137条、第144条和第149条）以及超过50条香港法例的条文纳入本地法律，并认为在保障公约所载的权利方面，这类具体措施较之在本地法律中重申公约条文的做法更为有效。①

对于已经转化为本地法律的公约条款，国内法院在适用本地法律时通常会将相关的公约条款作为国际法背景或解释的辅助工具，对于那些尚未转化为本地法律的公约条款，它们在法院的适用可能还会受到公约在《基本法》上的地位的影响，如果公约是《基本法》的渊源，那么法院就可以依据公约对普通立法进行审查，消除与公约权利的冲突，即使公约并未合并入国内法。相反，如果公约不具备《基本法》渊源的地位，它的解释功能将会大大削弱。一般情况下，未合并入国内法的公约只能在普通立法模糊不清或缺失时提供解释资源，对那些已经有明确条款但与未合并的公约相冲

① 参见中华人民共和国香港特别行政区根据《经济、社会和文化权利国际公约》提交的第二次报告，第2.3段。报告的附件2A部分列举了特区政府实施公约所采取的立法措施，包括《雇佣条例》《领养条例》《精神健康条例》《空气污染管制条例》《教育条例》等。

突的立法,公约则没有适用的余地。但是,公约作为《基本法》渊源的地位并不是十分确定的,这依赖于对《基本法》第39条第2款的解释,即对尚未通过立法合并入国内法的公约权利是否可以进行限制。香港法院对这一问题并未形成统一的见解,一些法官为了避免处理复杂的合并问题,主张《基本法》是支持公约的,公约是香港法律的一部分;另一些法官则持反对意见,坚持必须制定执行性立法,公约才能得到适用。

其他国际人权公约转化为本地法律的方式与《经济、社会和文化权利国际公约》类似,如《消除对妇女一切形式歧视公约》通过《性别歧视条例》《家庭岗位歧视条例》《残疾歧视条例》《家庭暴力条例》《居籍条例》《残疾人歧视条例》等条例中的相关条款转化为本地法律;《消除一切形式种族歧视公约》通过人权法案、《种族歧视条例》、《公安条例》、《雇佣条例》、《雇佣补偿条例》等条例中的相关条款转化为本地法律;《禁止酷刑公约》通过《刑事(酷刑)罪行条例》《刑事诉讼程序条例》《家庭及同居关系暴力条例》《精神健康条例》等条例中的相关条款转化为本地法律;《儿童权利公约》通过《少年犯条例》《家庭及同居关系暴力条例》《防止儿童色情物品条例》《种族歧视条例》等条例中的相关条款转化为本地法律。

(四)其他普通法适用地区的司法判例

《基本法》第84条规定香港特别行政区法院除依照可适用于香港特别行政区的法律审判案件外,还可以其他普通法适用地区的司法判例作为参考。“其他普通法适用地区的司法判例”包含两部分内容:其一,普通法国家,如英国、澳大利亚、新西兰、南非、美国、加拿大等国的司法判例;其二,适用普通法的区域人权法院的司法判例,其中最常被香港法院参考的是欧洲人权法院的判例,虽然欧洲人权法院并不严格地遵循先例,但它实际上使用的却是普通法的方法,加之《欧洲人权公约》中的条款与《基本法》和人权法案的条款具有极大的相似性,因此香港法院在解释《基本法》和人权法案时经常从欧洲人权法院的判例法中寻求帮助。

二、国际人权公约在香港法院的适用

根据普通法的传统和《基本法》第 39 条和第 84 条的规定，国际人权公约在香港法院不具有直接适用性，它们通常被作为解释本地法律的辅助工具或法院推理的法理背景，但是法院有时也会突破这一限制，将国际人权公约或判例法作为裁判的依据，当然这种做法会引起更多的争议。[①] 以下就香港法院适用国际人权公约最常见的三种情形分别进行阐述。

（一）国际人权公约不具有相关性

这种情况通常表现为申请人以国际人权公约作为诉讼基础，但法院否定这些公约与案件具有相关性。例如，在 *Mok Chi Hung and Another v. The Director of Immigration* 案中，申请人莫女士是大陆居民，她和香港永久居民刘先生于 1985 年在大陆结婚并育有一女刘小姐，1993 年二人离婚后刘先生取得刘小姐的监护权，但刘小姐一直与莫女士在大陆共同生活，1996 年刘小姐持单程证到香港定居。莫女士多次持双程证到香港探望女儿并在香港家庭法院取得了刘小姐的监护权，但因双程证到期而被香港入境事务处下令驱逐，莫女士向入境事务审裁处申诉被驳回，2000 年 3 月入境事务处处长准备执行驱逐命令，莫女士和刘小姐向香港初审法院提起诉讼，要求撤销入境事务处处长执行驱逐命令的决定。她们提出申请的主要依据是入境事务处处长在作出将莫女士驱逐出香港的命令时没有考虑申请人的权利和香港政府在国际公约下承担的义务，作为申请基础的国际公约包括《世界人权宣言》第 25 条第 2 款、《公民权利和政治权利国际公约》第 23 条第 1 款、《经济、社会和文化权利国际公约》第 10 条第 1 款和《儿童权利国际公约》第 2 条、第 3 条、第 9 条、第 10 条、第 12 条。

法院对于人权公约在香港适用的基本立场是：在没有被合并入国内立法之前，国际公约不是国内法的组成部分；国际公约的批准产生一种合法的期待，在没有相反的立法或行政指引的情况下，行政决定应与国际公约保持一致。具体到本案提到的国际公约，法院认为《公民权利和政治权利

---

① 参见李薇薇：《香港法院基本法案件裁判依据的国际化》，载《政法论坛》2015 年第 3 期。

国际公约》通过人权法案适用于香港,该条例虽然在第二部分第 19 条第 1 款规定"家庭为社会之自然基本团体单位,应受社会及国家之保护",但同时也在第三部分作出了保留,即"对于无权进入及停留于香港的人来说,本条例不影响管限这些人进入、逗留及离开香港的出入境法例,亦不影响这些法例的适用"。该保留的直接后果是条例第 19 条第 1 款不能被"无权进入及停留于香港的人"和他们的家庭成员作为实质性权利援引,同样的情况也发生在《儿童权利公约》的相关条款,因为香港加入该公约也作了类似保留。关于《经济、社会和文化权利国际公约》,法院一方面承认虽然该公约从性质上来讲是渐进性的,但它仍然能被用做考虑政府决定和裁量的框架;另一方面又赞同上诉法院在 Hai Ho-tak 案中的观点,认为即使公约没有像上述两项公约那样对移民事务作出保留,但是考虑到香港面临的独特情况,入境事务处处长有权就移民事务作出合法的决定。

通过上述分析,法院最后得出如下结论:莫女士无权在香港停留,她的女儿刘小姐是香港居民,人权法案和《儿童权利国际公约》中的保留适用于莫女士,但刘小姐不受这些保留的影响。根据当前的法律,刘小姐不能援引人权法案的条款作为实质性权利,也不能援引《儿童权利国际公约》和《经济、社会和文化权利国际公约》的条款作为合法期待的基础,即不能以这两项公约作为基础,期待入境事务处处长在做出驱逐她母亲的决定时考虑她的最大利益。总之,法院认为申请人无权依靠相关的国际人权公约来推进其案件。①

(二)作为《基本法》的辅助解释工具

法院引用《经济、社会和文化权利国际公约》解释《基本法》最典型的案例是香港高等法院上诉法庭审理的孔允明诉社会福利署署长(*Kong Yunming v. Director of Social Welfare*)案。该案上诉人孔允明是一名从中国大陆到香港定居的妇女,她于 2005 年持单程证到香港并取得非永久居民身份,在丈夫去世后,她于 2006 年向社会福利署申请援助但被拒绝,因

---

① See Mok Chi Hung and Another v. The Director of Immigration, [2001] HKCFI 103, paras. 10 – 13.

为从2004年起政府将申请综援计划的在港居住年限从1年提高到7年。孔允明在向社会保障上诉委员会申诉失败后,向法院挑战7年居住要求的合宪性,主张7年居住要求与《基本法》第25条、第36条、第145条和《香港人权法案条例》第22条相抵触,香港高等法院原诉法庭和上诉法庭均裁定7年的居住要求并不违反《基本法》,孔允明向终审法院提起上诉。

该案争议的焦点是,领取社会福利的居住年限要求从1年增加到7年是否构成对《基本法》第36条规定的社会福利权的正当限制。高等法院上诉法庭司徒敬法官(Justice STOCK)认为虽然孔允明在申请司法审查时没有将《经济、社会和文化权利国际公约》作为请求的基础,但是《基本法》第36条的解释应当尽可能地与公约的要求保护一致,这不仅是当立法文件在内容上与国际义务重合时被普遍接受的解释方法,也是《基本法》第39条的要求。因此,他在解释《基本法》第36条时参考了委员会第19号"一般性意见",该意见认为,"社会保障计划(包括发放养老金的计划)应是可持续的,以便子孙后代也能实现这种权利"。[①] 同时,他也援引委员会第3号一般性意见关于禁止倒退措施的规定,并认为如果单独以这一规定来解释《基本法》第145条中的"发展和改进"的规定,可以得出如下结论,即将居住要求从1年延长为7年构成故意的倒退措施,不符合"发展和改进"的要求。但是司徒敬法官并没有接受这种解释方法,他在最后的判决指出:"在本案中,倒退不是一个孤立的概念,应同时注意到委员会的关切,即采取的任何措施都应使整个体系具有可持续性,这种可持续性不仅指向当代,也指向后代。"[②]而且他认为正是这种对社会福利体系可持续性的要求,为延长居住时间提供了正当性。

终审法院的包致金法官(Bokhary NP)虽然认为在本案中,无须依靠公约,孔允明的诉讼请求也能得到支持,但是他还是在判决意见中援引了公约的相关资源来解释《基本法》以作为判决的支持。首先,包致金法官援引了香港政府于2003年向经济、社会和文化权利委员会提交的履约报告,

---

① 经济、社会和文化权利委员会:《第19号一般性意见:社会保障权》,第11段。

② Kong Yunming v. Director of Social Welfare,[2012]4 HKC 180(CA),para. 83.

并依据报告的2A项附件指出《基本法》第39条是公约第2条的宪法保护,《基本法》第36条和第145条是公约第9条的宪法保护。其次,包致金法官援引了经济、社会和文化权利委员会2005年针对中国履约报告提出的结论性意见,表明委员会"对于新来港人士碍于七年居留年限规定而无法申领综合社会保障援助"问题的关注。最后,包致金法官援引了经济、社会和文化权利委员会的第3号一般性意见,并认为七年的居住要求将众多移民长时间排除在社会援助之外,而这种排除是《基本法》所没有规定的,构成了一种故意的倒退措施,而根据第3号一般性意见,"任何故意的倒退措施都需要最为慎重的考虑,必须有充分的理由,顾及到公约规定的权利的完整性,并以充分利用了所有可能的资源为条件"。①

虽然本案中司徒敬法官和包致金法官的判决意见不同,但是他们在援引公约解释《基本法》这一点上是相同的,这个案例表明,公约能为《基本法》中权利的解释提供更宽阔的视野,法院在进行司法推理时,能从公约和委员会的详细建议中得到有意义的帮助。

(三)作为普通法律的解释工具

除了援引人权公约解释《基本法》外,法院也援引人权公约解释普通立法,尤其是那些反映各公约权利的立法。迈克尔·拉姆斯登(Michael Ramsden)总结了在社会立法的解释中援引《经济、社会和文化权利国际公约》的理由:第一,如果承认公约是基本法的渊源,那么立法应当与《基本法》相一致是一项一般原则,在立法的语言不明确时,法院应推定即使是最一般的表述也应作与基本权利相一致的解释;第二,如果一项立法是根据《基本法》第39条第1款的规定为实施公约而制定的,那么保护公约权利就成为这项社会立法的立法目的之一;第三,即使公约的某些内容还没有被合并入香港法律,也存在一项普通法原则,即立法解释应当尽可能地与未合并的公约保持一致。② 虽然这一观察是针对《经济、社会和文化权利

① See Kong Yunming v. Director of Social Welfare, [2013] HKCFA 107, paras. 173 – 179.

② See Michael Ramsden, "Using the ICESCR in Hong Kong courts", *Hong Kong Law Journal*, 42, 2012, p. 851.

国际公约》作出的,但也同样适用于其他人权公约。

1. 援引国际人权公约解释社会立法

在 *Chan Noi Heung v. Chief Executive in Council* 案中,第一申诉人是从事公共汽车清洗的工人,她的报酬从每月 4000 美元降到每月 3400 美元,她向法院主张根据《行业委员会条例》(Trade Boards Ordinance),行政长官会同行政会议有行使法定权力为那些收入特别低的职业制定最低工资标准的法律义务,由于行政长官会同行政会议没有按照《行业委员会条例》的要求为清洁工人设定法定最低工资标准,从而导致她无法获得维持生活的工资报酬。

本案涉及的主要问题是《行业委员会条例》第 2 条第 1 款的解释,该条款规定:"行政长官会同行政会议只要确认在任何行业中付给任何雇员的最低工资低至不合理的程度,他可以在他认为合适的任何时间,以公报公布的政府通知的形式,为香港的任何行业确定普遍适用或适用于特定区域的最低工资标准。确定最低工资标准的每项通知可能会不时变更或撤销。"在解释这一条款时,法院援引了两项国际人权公约:其一,国际劳工组织 1928 年制定的《最低工资设定机制公约》(第 26 号公约),英国政府于 1929 年批准该公约,为了实施该公约港英政府于 1932 年制定了《最低工资条例》,该条例在 1940 年被现行的《行业委员会条例》所取代,新条例不仅在目的上与旧条例相同,而且第 2 条第 1 款也沿用了旧条例的表述。此后因英国退出《最低工资设定机制公约》导致该公约在 1986 年起不再适用于香港。但是法院认为:"尽管公约已经停止在香港适用,但是条例仍然有效,因此条例应作与公约的政策和目的相一致的解释,而公约本身并没有为成员国施加除非存在特殊原因必须制定最低工资标准的义务。"①

其二,《经济、社会和文化权利国际公约》第 7 条,该条承认人人有权享受公正或良好的工作条件。夏正民法官(Michael John Hartmann)接受"国内立法的解释应与国际法相一致"这一一般原则,但他认为公约第 7 条虽然要求缔约国采取关于最低报酬的措施,却"没有明确要求必须采取哪些

---

① Chan Noi Heung v. Chief Executive in Council, [2007] HKCFI 486, para. 61.

措施,也没有明确规定在存在其他有效措施可供选择的情况下缔约国必须建立最低工资制度”。[①] 因此,公约第 7 条不能扩大对《行业委员会条例》第 63 条的解释,无法为要求行政长官会同行政会议制定最低工资标准提供国际法上的支持。

2. 援引人权公约和人权事务委员会法理解释《香港人权法案条例》

由于《香港人权法案条例》的条款与《公民权利和政治权利公约》的条款具有极大的相似性,因此法院常将公约等同于人权法案,将对人权法案的解释转换为对公约对应条款的解释,“公约的法理及国际案例甚至公约机构的一般性建议可以作为人权法案下的案例”[②]被用于解释人权法案。例如,在 *Ubamaka Edward Wilson v. The Secretary For Security And Another* 案中,申诉人 Ubamaka 是一名尼日利亚公民,他持尼日利亚护照进入香港,因持有毒品被捕并被判处 24 年监禁,此后香港保安局局长作出了一项驱逐命令,要求他离开香港。根据尼日利亚法律,任何尼日利亚公民在另一国家因持有毒品被判刑,并不影响他在尼日利亚因出口毒品被再次定罪。Ubamaka 依据《香港人权法案条例》第 11 条第 6 款向香港法院提出申诉,主张保安局局长的驱逐命令将使他遭受双重审判并要求撤销驱逐命令,法院在审理过程中需要对《香港人权法案条例》第 11 条第 6 款规定的“禁止双重审判”作出解释,决定该条款是只禁止香港法院做出双重审判还是也禁止其他国家的法院做出双重审判。为此,三级法院的法官都选择将该条款和公约第 14 条第 7 款联系起来,明确前者“任何人依香港法律及刑事程序经终局判决判定有罪或无罪开释者,不得就同一罪名再予审判或科刑”的表述是以后者“任何人已依一国法律及刑事程序经终局判决被判定有罪或无罪开释者,不得就同一罪名再予审判或科刑”为基础的,从而将对人权法案第 11 条第 6 款的解释转换为对公约第 14 条第 7 款的解释。

原诉庭法官认为公约第 14 条第 7 款只提供在某一特定国家内免受双重审判的保护,而不禁止就同一罪行在不同国家被再次起诉,并援引人权

① Chan Noi Heung v. Chief Executive in Council, [2007] HKCFI 486, para. 73.

② 李薇薇:《〈公民权利和政治权利国际公约〉在香港的法律地位》,载《法制与社会发展》2013 年第 1 期。

事务委员会在 *AP v. Italy* 案和 *ARJ v. Australia* 案中的决定来支持自己的观点。在 *AP v. Italy* 案中，申诉人主张他不应当被驱逐到意大利接受审判，因为基于同一罪行他已经在瑞士接受了审判，但是人权事务委员会拒绝了他的主张，在考虑来文是否应当受理时，委员会审查了缔约国的反对意见，即该来文与公约条款不一致，因为申诉人援引的公约第 14 条第 7 款并不保证在两个或两个以上国家管辖范围内享有免于双重审判的权利，人权事务委员会认为该条款所禁止的双重审判只针对在某一特定国家裁定的罪行。*ARJ v. Australia* 案的申诉人是一名伊朗公民，他因非法入境和持有大麻在澳大利亚被判定有罪，在澳大利亚政府作出将他驱逐回伊朗的决定后，他向人权事务委员会主张驱逐决定违反了公约第 14 条第 7 款，人权事务委员会重申了它在 *AP v. Italy* 案中的观点，并拒绝了申诉人的主张。此外，法院还援引了人权事务委员会的第 32 号一般性意见，该意见明确指出公约第 14 条第 7 款并“不保证两个以上国家之法院的一罪不二审”。①

通过援引公约法理和人权事务委员会的决定，香港法院在解释公约第 14 条第 7 款的同时也解释了人权法案第 11 条第 6 款，这种做法在香港各级法院的判例中都十分常见。

小　结

截至 2018 年年底，我国共批准和加入了 26 项国际人权条约，其中包括 6 项联合国核心人权条约，它们和其他国际人权法资源（国际人权惯例、国际组织的宣言、决议和国际人权法院的判例法）在我国国内法律体系中的地位和适用方式问题都没有宪法上的明确规定，而且也不在单行法规定的可以直接适用的国际条约之列，因此可以推定国际人权法在我国的适用方式应当主要是以转化适用为主。

---

① See Ubamaka Edward Wilson v. The Secretary For Security And Another, [2010] HKCA 332, paras. 100 – 103.

在这种转化适用的模式下，我国法院适用国际人权法的方式主要有两种：一是直接适用经过转化后的国内立法；二是援引国际人权法解释国内立法。从对我国法院裁判文书中提到国际人权法的43个案件的分析中，我们可以发现：首先，涉及的国际人权文件范围非常广泛，既有我国缔结的国际人权公约，也有我国签署未批准的公约、世界人权宣言和其他国际人权文件；其次，多数案件都是当事人在起诉或者上诉时援引国际人权文件来支持自己的主张，法院或者未做明确回应或者明确表示不予适用；最后，在6个由法院主动援引的案件中，被援引的条款都是《儿童权利公约》中的"儿童最大利益"条款，法院援引该条款或者为司法推理提供支持，或者为当事人提供更高水平的权利保护。

香港特别行政区法院受到普通法传统的影响，在审理涉及香港基本法、普通社会立法和《香港人权法案条例》的案件时大量地援用国际法，其范围十分广泛，既包括国际法院的判决、联合国人权条约机构的一般性意见和受理个人申诉来文的决定，也包括欧洲人权法院和美洲人权法院等区域人权法院的判决，这些国际法资源在不同程度上影响了基本法和普通立法的解释，在增强法院判决说服力的同时，也引起了人们对其合法性的质疑。

附录　各国宪法关于国际人权法在国内法中地位的规定

一、欧洲国家(16)

序号	国家	关于国际人权法的规定
1	阿尔巴尼亚 1998	S17:一、对本宪法所规定的权利和自由的限制,只能因公共利益或者为保护他人的权利而由法律予以规定,限制应当与规定的情形成比例。二、上述限制不得侵犯权利和自由的本质,并且在任何情况下,不得超过《欧洲人权公约》所规定的限制
2	安道尔 1993	S5:《世界人权宣言》在安道尔法律体系内有效
3	波斯尼亚和黑塞哥维那 1995	序言:确保充分尊重国际人道主义法,遵守《世界人权宣言》《公民权利和政治权利国际公约》《经济、社会和文化权利国际公约》《在民族或族裔、宗教和语言上属于少数群体的人的权利宣言》以及其他人权文书。 S2:(2)在《欧洲保护人权和基本自由公约》及其议定书里阐明的权利和自由应当直接在波斯尼亚和黑塞哥维那适用,并优先于所有其他法律
4	罗马尼亚 1991	S20:(1)宪法中关于公民权利和自由的规定应按照《世界人权宣言》以及罗马尼亚参加的公约和其他条约进行解释和实施。(2)当罗马尼亚参加的人权公约、条约和国内法不一致时,国际法优先,除非宪法或国内法的规定更为有利

续表

序号	国家	关于国际人权法的规定
5	捷克 1993	S49:批准有关下述事项的国际协议须由议会两院同意:(一)个人权利和义务…… S87:二、宪法法院还应在批准第10条之一和第49条所述的国际协议之前,就上述国际协议是否符合宪法秩序作出裁决。在宪法法院作出裁决前,不得批准上述国际协议。 S89:二、如果宪法法院依据第87条第二款的规定在裁决中宣布国际协议不符合宪法秩序,则宪法法院的该项裁决即可阻止批准上述国际协议,直至与宪法秩序不相符合之处被消除
6	马其顿 1991	S8:马其顿共和国宪法秩序的基本价值包括:(1)为国际法承认并写入宪法的个人和公民的基本自由和权利;(11)尊重普遍公认的国际法准则
7	摩尔多瓦 1994	S4:(1)关于人的权利和自由的宪法条款,应当依照世界人权宣言的规定,依照摩尔多瓦共和国作为一方缔约国签署的公约和其他条约的规定予以解释和适用。(2)当摩尔多瓦共和国作为一方缔约国签署的有关人的基本权利的公约和条约与国内法律之间发生冲突时,国际规范具有优先地位
8	葡萄牙 1976	S16:(1)宪法赋予的基本权利,不排除依据法律和可适用的国际规则所享有的权利。(2)宪法和法律中有关基本权利的规定,应依照《世界人权宣言》进行解释和理解
9	瑞典 政府 组织法 1974	S19:不得制定任何与瑞典根据《欧洲保护人权和基本自由公约》所承担义务相违背的法律或其他规定。 S6:一、在欧盟合作框架内,议会可让渡那些不影响瑞典国家治理基本原则的决策权。此种决策权让渡的前提条件是:在决策权让渡所涉及的领域内对权利和自由的保护与本政府组织法以及《欧洲保护人权和基本自由公约》中所提供的保护相一致
10	塞尔维亚 2006	S18:(2)宪法应保障并直接实现广泛接受的国际法规则、批准的国际条约和法律所保障的人权和少数人权利……(3)人权和少数人权利相关规定的解释应有利于促进民主社会的价值,依照人权和少数人权利方面的有效的国际标准,以及监督其实现的国际制度进行实践

续表

序号	国家	关于国际人权法的规定
11	圣马力诺 1974	S1:(1)圣马力诺共和国承认被普遍认可的国际法规范是其内部制度的补充部分,遵守并实施这些国际法规范。遵守那些有关人权和基本自由的国际宣言中所包含的规范。(3)圣马力诺法律承认、保障并实现在有关维护人权基本自由的欧洲公约中列举的权利和基本自由。(4)有关保护人权和自由的国际协定,如果其为正式成立并且具有执行性,则在与国内法规范冲突时具有优先适用性
12	西班牙 1978	S10:(2)本宪法所承认的基本权利及各项自由将根据世界人权宣言和西班牙所批准的其他相关国际条约和协议进行解释
13	英国 人权法 1998	S2:一、法院或法庭裁决与公约权利相关的问题时,一定要考虑:(一)欧洲人权法院的判决、决定、声明或咨询意见;(二)委员会根据《欧洲人权公约》第31条所采纳的报告中提出的意见;(三)委员会根据《欧洲人权公约》第26条或第27条第二款作出的相关决定;或(四)部长理事会根据《欧洲人权公约》第46条作出的决定。 S3:一、只要有可能,主要立法和次级立法必须以与公约权利相一致的方式得以审议和生效。 S4:二、如果法院充分相信该条法律与一项公约权利不一致,法院可对此发布一份不一致性宣告
14	芬兰 2000	S23:可以通过法律或在法律以特殊原因授权并事先限定适用范围的基础上颁布内阁法令,对基本权利作出临时性例外规定。这些临时性例外规定应是在芬兰面对武装进攻时或在其他对芬兰构成严重法定紧急情形下所必要的,并符合芬兰承诺的国际人权义务。临时性例外规定的依据由法律另行规定
15	挪威 1814	S110之三:国家机构有责任尊重和保障人权。执行有关国际公约的具体规定由法律确定
16	斯洛伐克 1992	S7:五、关于人权与基本自由的国际条约,不要求由一部法律实施的国际条约,直接赋予自然人或法人权利与义务的国际条约,以及以法律规定的方式批准并公布的国际条约,具有优先于法律的效力

二、亚洲国家(10)

序号	国家	关于国际人权法的规定
1	阿富汗 2004	引言:我们阿富汗人民遵守《联合国宪章》,尊重《世界人权宣言》。S7:国家必须遵守《联合国宪章》、国际条约、阿富汗所签订的国际协定以及《世界人权宣言》
2	阿塞拜疆 1995	S12:(2)本宪法列举的人和公民的权利与自由,应当依照阿塞拜疆共和国作为当事人一方所签署的国际条约予以适用
3	东帝汶 2002	S23:宪法中包含的基本权利不排除法律规定的其他权利,应当根据《国际人权宣言》对宪法中规定的基本权利进行解释
4	柬埔寨 1993	S31:柬埔寨王国应当承认和尊重《联合国宪章》《世界人权宣言》以及有关人权、妇女权利和儿童权利的条约和公约中所规定的人权
5	黎巴嫩 1926	前言:黎巴嫩具有阿拉伯身份及阿拉伯属性,她是阿拉伯国家联盟的创建成员和正式成员,遵守它的章程。同时,她也是联合国组织的创建会员和正式会员,遵守它的章程和《世界人权宣言》,国家在所有的权利和领域中毫无例外地体现这一原则
6	马尔代夫 2008	S68:在解释与适用本章所载的权利与自由之时,法院或法庭应当推动作为一个开放与民主社会的基础的人类尊严、平等与自由的价值,应当考虑马尔代夫作为缔约方的国际条约
7	蒙古 1992	S16:(14)当认为蒙古国法律和国际公约中规定的权利和自由受到侵犯时,为维护该项权益有权向法院起诉
8	泰国 2007	S82:国家发展与其他国家的关系与合作,坚持平等对待原则,遵守泰国签订的人权条约以及与其他国家、国际组织订立的国际义务
9	亚美尼亚 1995	S3:(2)国家依照国际法原则和准则的规定,保证捍卫人和公民的基本权利与自由。(3)人和公民的基本权利与自由,是具有直接效力的法律。国家应当受人和公民的基本自由的限制
10	也门 1991	S6:国家遵守联合国文件和为了人类权利的国际宣言,遵守阿拉伯联盟的文件和得到普遍承认的国际法

三、非洲国家(31)

序号	国家	关于国际人权法的特别规定
1	埃塞俄比亚 1995	S13:(2)对本章规定的基本权利与自由的解释应符合《世界人权宣言》《国际人权公约》及埃塞俄比亚批准的国际性文件的原则
2	贝宁 1990	序言:申明我们对民主原则和人权原则的承诺,这些原则确认于1945年《联合国宪章》、1948年《世界人权宣言》以及贝宁于1986年1月20日批准的非洲统一组织的1981年《非洲人权和民族权宪章》,所有这些条款都是本宪法和贝宁法的必不可少的组成部分,具有优于国内法律的效力。 S7:贝宁于1986年1月20日批准的非洲统一组织的1981年《非洲人权和民族权宪章》所宣布和保障的人民的权利和义务是本宪法和贝宁法的不可分割的组成部分。 S40:国家有义务确保本宪法、1948年《世界人权宣言》、1981年《非洲人权和民族权宪章》以及正式批准的国际人权文件的宣传与教育
3	布基纳法索 1991	序言:支持1948年《世界人权宣言》和关于解决经济、政治、社会和文化问题的国际性文件;重申我们庄严的承诺:遵守1981年《非洲人权和民族权宪章》
4	布隆迪 2005	序言:宣布尊重和珍视源于1948年12月10日《世界人权宣言》、1966年12月16日《公民权利和政治权利国际公约》和《经济、社会和文化权利国际公约》1981年6月28日《非洲人权和民族权宪章》的基本权利。 S19:(1)《世界人权宣言》《公民权利和政治权利国际公约》《经济、社会和文化权利国际公约》《非洲人权和民族权宪章》《消除有关女性各种歧视的条约》《有关儿童权利的条约》所宣布和保障的权利和义务是布隆迪共和国宪法不可缺少的组成部分。(2)不得对上述权利进行任何限制或者侵害,但维护整体利益或者保护基本权利的情有可原的情况除外
5	赤道几内亚 1982	序言:坚持社会正义原则,并郑重重申1948年《世界人权宣言》中所定义的人的权利与自由

续表

序号	国家	关于国际人权法的特别规定
6	多哥 1992	序言:坚信国家只能建立在政治多元、民主原则,及1945年《联合国宪章》、1948年《世界人权宣言》、1966年国际协定、1981年非洲统一组织通过的《非洲人权和民族权宪章》中所确定的人权保障之基础上。 S50:《世界人权宣言》和有关人权之国际条约上所宣称的权利和义务,一经多哥批准即属于本宪法必不可少的组成部分
7	佛得角 1992	S17:(3)有关基本权利的宪法和法律规范应根据世界人权宣言进行解释和补充
8	刚果(布) 2002	序言:宣告下列公布和保障的基本原则为本宪法不可缺少的一部分:1945年10月24日《联合国宪章》;1948年12月10日《世界人权宣言》;1981年6月28日《非洲人权和民族权宪章》;一切经正式批准的国际人权文件
9	刚果(金) 2006	序言:重申拥护和忠于《世界人权宣言》《非洲人权和民族权宪章》、联合国有关儿童权利和妇女权利的公约,尤其国家机构以及有关保护和促进人权的国际机构中男女代表平等的目标。 S45:(5)公共权力有义务确保本宪法、《世界人权宣言》《非洲人权和民族权宪章》以及有关人权的经正式批准的所有国际和地区条约的教育和传播
10	吉布提 1992	序言:吉布提人民庄严宣布尊重《世界人权宣言》和《非洲人权和民族权宪章》中规定的民主和人权的原则,这些内容也是本宪法的有机组成部分
11	肯尼亚 2010	S51:(3)国会应当制定法律:(a)规定对被扣留、羁押或者监禁的人提供人道对待;以及(b)考虑到相关的国际人权文件
12	几内亚 2010	序言:遵守《联合国宪章》《世界人权宣言》《国际人权公约》《非洲联盟组织法》《非洲人权和民族权宪章》及其关于《妇女权益的附加议定书》《西非国家经济共同体修订条约》及其《关于民主和善治议定书》所确立的理想和原则,履行公约规定的权利与义务。 S25:国家有义务保障普及并教育《宪法》、1948年《世界人权宣言》、1981年《非洲人权和民族权宪章》及其他经正式批准的关于人权的国际协定

续表

序号	国家	关于国际人权法的特别规定
13	加篷 1991	序言:庄严宣告恪遵源自1789年《人权和公民权宣言》、1948年《世界人权宣言》、1981年《非洲人权和民族权宪章》和1990年《国家自由宪章》的人权和基本自由
14	喀麦隆 1972	序言:保证忠诚于《世界人权宣言》《联合国宪章》《非洲人权和民族权宪章》以及所有相关的并经正式批准的国际公约中所记载的基本自由
15	科摩罗 2001	序言:强调他们对《联合国宪章》《非洲统一组织宪章》《阿拉伯国家联盟条约》《世界人权宣言》《非洲人权和民族权宪章》以及国际条约尤其是关于儿童和妇女权利的国际条约所确认的基本权利原则的承诺
16	科特迪瓦 2000	序言:宣告对1948年《世界人权宣言》及1981年《非洲人权和民族权宪章》所确认的权利与自由之拥护
17	马达 加斯加 2010	序言:确认马达加斯加的地缘政治现状,并尤其通过承认下列文件确认其与各国的协调一致:《国际人权宪章》;关于儿童权利、妇女权利,关于保护环境,关于社会、经济、政治、公民和文化权利的各公约
18	马里 1992	序言:赞同1948年12月10日《世界人权宣言》和1981年6月28日《非洲人权和民族权宪章》
19	毛里 塔尼亚 1991	序言:毛里塔尼亚人民拥有崇高的精神价值和灿烂的文明,同时郑重宣告其信奉伊斯兰教,遵守1948年12月10日的《世界人权宣言》和1981年6月28日《非洲人权和民族权宪章》以及其他签署的国际公约上的规定的民主原则
20	莫桑比克 2004	S43:关于基本权利的宪法原则,应与《世界人权宣言》以及《非洲人权和民族权宪章》的解释和内容相一致
21	南非 1997	S39:在解释权利法案时,法院、法庭(2)应当考虑国际法;并且(3)可以考虑外国法
22	南苏丹 2011	S9:(3)南苏丹共和国批准和加入的国际人权条约、公约和法律文件中所保护的权利和自由应当是本权利法案不可缺少的部分

续表

序号	国家	关于国际人权法的特别规定
23	尼日尔 2010	序言:宣告对多元民主、1948 年《世界人权宣言》、1966 年《公民权利与政治权利国际公约》、1966 年《经济、社会与文化权利国际公约》、1981 年《非洲人权和民族权宪章》中所确立的人权之忠诚。宣告对尼日尔签署和批准的、旨在保障与促进人权的区域及国际法律文件的忠诚
24	塞内加尔 2001	序言:赞同 1789 年《人权和公民权宣言》以及联合国和非洲统一组织通过的国际条约,特别是 1948 年 12 月 10 日通过的《世界人权宣言》、1979 年 12 月 18 日通过的《消除对妇女一切形式歧视公约》、1989 年 11 月 20 日通过的《儿童权利公约》和 1981 年 6 月 28 日通过的《非洲人权和民族权宪章》
25	塞舌尔 1993	S48:本章的解释应当按照符合塞舌尔承担的人权和自由的国际义务的方式进行,并且,法院在解释本章规定时应对下列事项给予公正注意:1. 包含这些义务的国际文件;2. 实施或执行这些文件的机构的报告和观点表达;3. 实施或执行人权和自由公约的国际性和区域性组织的报告、判决或意见;4. 其他民主国家或民族的宪法,以及该国或该民族的法院依照其宪法所作的判决
26	苏丹 2005	S27:(3)所有国际人权条约、公约、协议和苏丹共和国批准的文书中规定的人权和自由都属于本人权法案的组成部分。(4)立法应规范人权法案规定的权利和自由,不得损害和违背这些权利
27	坦桑尼亚 1977	S9:本宪法的目标在于,通过追求社会主义与自力更生政策,促进将联合共和国建设成为一个平等自由和个体享有自由、公正、博爱、和谐的国家,该政策强调适用社会主义原则,同时考虑联合共和国的普遍情况。因此,国家及其机构均有义务要求政策和项目确保下列事项的实现:(f)根据《世界人权宣言》的精神,保护并支持人的尊严
28	乍得 1996	序言:有鉴于此,我们乍得人民重申我们对 1945 年《联合国宪章》、1948 年《世界人权宣言》以及 1981 年《非洲人权和民族权宪章》中确定的人权原则的热爱
29	中非 2004	序言:重新确认对《联合国宪章》、1948 年 12 月 10 日《世界人权宣言》以及 1966 年 12 月 16 日通过的《经济、社会和文化权利国际公约》以及《公民权利和政治权利国际公约》之尊重;重申对 1981 年 6 月 28 日《非洲人权和民族权宪章》之遵守;重申对所有已批准国际条约之遵守,特别是有关禁止对妇女一切形式之歧视国际条约以及保障儿童权利的国际条约

续表

序号	国家	关于国际人权法的特别规定
30	马拉维 1994	S44:(1)本宪法规定的权利和自由不得被设定任何限制,除非这类限制由法律规定,是合理的,得到国际人权标准的认可,是开放和民主社会所必需的
31	圣多美和普林西比 2003	S18:(1)本宪法奉为神圣的权利,不排除国际法法规与规则的适用。(2)关于基本权利的规定,应以符合《世界人权宣言》的方式解释阐明

四、美洲国家(13)

序号	国家	关于国际人权法的规定
1	巴拉圭 1992	S143:在国际关系上,巴拉圭共和国承认国际法的基本原则并遵守下列原则:(4)尊重国际人道法律及保护人权
2	巴西 1988	S5:(78)§2.本宪法规定的权利及其保障,并不排除从政体及从本宪法所秉持的原则或巴西联邦共和国参与的国际条约中所衍生出的其他权利和保障。§3.有关人权的国际条约和公约,如经国会两院分别投票,并由两院议员各3/5以上通过,其效力相当于宪法修正案
3	秘鲁 1993	S205:一旦国内司法机关提供的所有司法途径已被使用或被拒绝,若当事人认为其宪法承认的权利受到损害,可抽依照秘鲁所参加的国际条约所组成的国际法庭或国际机构起诉
4	玻利维亚 2009	S13:(4)条约和公约由多民族组成的议会予以批准,承认人权并禁止对其予以限制,除遇国内秩序的紧急情况。玻利维亚共和国宪法规定的权利和义务应与玻利维亚共和国批准的国际人权条约规定的权利和义务保持一致。 S256:(1)政府已经签订、批准或宣布加入的人权方面的国际条约和文书,如果其中对人权的规定优于本宪法,将按照这些条约执行。(2)对于宪法已经承认的人权,如果按照国际条约更加有利,则按照国际条约解释
5	多米尼加 2010	S74:基本权利的解释和监督,通过本宪法认可,按以下原则运行:(3)多米尼加共和国签署和批准的条约、协定和人权公约具有宪法地位,直接和即时地由法院和其他国家机关应用

续表

序号	国家	关于国际人权法的规定
6	厄瓜多尔 2008	S3:以下为国家首要职责:(1)无歧视地保证真实地享有宪法和国际法中规定的权利,特别是有关居民的教育、健康、食物、社会安全以及供水方面的权利。 S10:个人、聚居区、民族、种族及各种人群是权利的主体,应享有宪法和国际法所规定的权利。 S11:权利的行使应依据以下原则:(3)对本宪法及关于人权的国际法规定的权利及保障,任何行政机关或执法机关的公务员都应在工作时或另有要求时直接或间接执行。 S424:(2)宪法和由国家批准的承认比宪法规定了更充分权利的国际人权条约,凌驾于公共权力机关的任何司法准则或法令之上。 S426:(1)所有人、行政当局和机构均服从于宪法。法官、行政当局和男女公务员直接执行宪法准则和国际人权协议规定的准则,只要后者比宪法规定的准则更加有利,即便其表达得不够清楚。(2)宪法和国际人权协议规定的权利应被立即行使。不得以缺乏法律规定或不了解准则为破坏宪法规定的权利和保障进行辩解,或为否认了解这些权利而辩解。 S428:当法官认为一项司法准则同宪法或规定比宪法规定的更加有利的权利的国际人权协议背道而驰,将中止案件审理并递交最高法院。最高法院在45日内,将会对该准则作出裁决。 S436:宪法法院除行使法律所赋予职能外,还应承担以下职能:(1)是通过裁决或判决对宪法以及厄瓜多尔批准的人权国际条约进行解释的最高权力机构。其决定具有约束力。(5)应当事方的请求,审理并解决违法行为,旨在确保执行一般性法规或行政法令无论其性质或级别为何,以及确保落实无法以普通法律途径执行的国际人权保护组织的判决或报告
7	哥伦比亚 1991	S93:国会批准的关于承认人权以及禁止在紧急状态下对人权进行限制的国际条约和协定,其效力优于国内法。宪法所赋予的权利和义务,应根据哥伦比亚批准的人权方面的国际条约予以解释
8	圭亚那 1980	S154:(1)根据第三款和第六款,按照附件四列出的圭亚那签署的各个国际条约的内容,人人享有国际条约中规定的神圣人权,这些权利适用于所有自然和法律上的人,应该受到行政机关、立法机关、司法所有政府机构的尊重和保护,且以下文中规定的方式执行。(3)在考虑社会发展的社会文化水平的情况下,国家应该在其可利用的资源范围内采取合理的立法和其他措施推动实现第一款规定的权利

续表

序号	国家	关于国际人权法的规定
9	海地 2011	序言:海地人民:为了保障他们根据1804年《独立宣言》和1948年《世界人权宣言》所享有的固有和不可让与的生命权、自由权和追求幸福的权利
10	墨西哥 1917	S1:(1)墨西哥合众国内,人人享有本宪法以及墨西哥作为一方的条约认可的人权,以及对人权的保障。除本宪法规定的情况和条件外,人权的行使不得受限制或中止。(2)涉及人权的规范应根据本宪法和有关该事项的国际条约进行解释,在任何时候均应给予最大可能的保护
11	尼加拉瓜 1987	S46:在本国领土内,所有人都享有国家保护,承认天赋人权,不受限制地尊重、提倡和保护人权,所有人都充分享有世界人权宣言、美洲人权及义务宣言、经济、社会和文化权利国际条约、公民权利和政治权利国际公约和美洲国家组织人权协定中确定的权利
12	危地马拉 1986	S46:在人权方面的一般原则是:危地马拉批准和接受的人权国际条约和协议的地位高于国内法
13	委内瑞拉 1999	S23:委内瑞拉执行和批准的人权条约、协定或公约具有宪法地位,效力优先于国内法。如果条约包含的权利内容比本宪法和共和国的法律更有利于权利的享有和行使,法院和公权力机构应直接适用相关条约的规定

五、大洋洲国家(4)

序号	国家	关于国际人权法的规定
1	巴布亚 新几内亚 1975	S39:(3)为了证明任一法律、事务或其他事项在尊重人类权利和尊严的民主社会是否合理,法院可以参考:(二)《联合国宪章》;(三)《世界人权宣言》和其他宣言,联合国大会关于人权和基本自由的建议或决定;(四)《欧洲保护人权和基本自由公约》及其议定书,其他关于人权和基本自由的国际公约、协议或宣言;(五)国际法院、欧洲人权委员会、欧洲人权法院和其他处理人权和基本自由的国际法院和法庭的判决、报告和意见;(七)其他国家的法律、惯例、司法决定和意见;(八)国际法律学者委员会和其他类似机构的宣言

续表

序号	国家	关于国际人权法的规定
2	马绍尔群岛 1979	S3:(1)在解释和适用本宪法时,法院应参考马绍尔群岛共和国宪法类似的其他国家的法院在相关判决,但是不受此判决的约束;并且,在参照外国法院的判决时,法院应当使其适应共和国的需要,并要从总体上考虑本宪法和共和国不断变化的环境
3	图瓦卢 1978	S15:(5)在对人的权利和尊严给予适当尊重的民主社会中,法院在决定一项法律或行为是否合理正当时,可以考虑:(b)法院合理地认为具有民主制度的其他国家的法律、惯例和司法决定;(c)关于人权的国际公约、宣言、建议和司法决定
4	新西兰权利法案 1990	序言:这是一部—— (b)确认新西兰对《公民权利和政治权利国际公约》承担的义务的法案

参 考 文 献

一、中文文献

(一)著作类

1. [美]路易斯·亨金:《权利的时代》,信春鹰等译,知识出版社1997年版。

2. [瑞典]格德门德尔·阿尔弗雷德松、[挪威]阿斯布佐恩·艾德编:《〈世界人权宣言〉:努力实现的共同标准》,中国人权研究会组织翻译,四川人民出版社1999年版。

3. [奥]曼弗雷德·诺瓦克:《民权公约评注——联合国〈公民权利和政治权利国际公约〉》(上册),毕小青、孙世彦主译,生活、读书、新知三联书店2003年版。

4. [英]边沁:《道德与立法原理导论》,时殷弘译,商务印书馆2000年版。

5. [英]克莱尔·奥维、罗宾·怀特:《欧洲人权法:原则与判例》(第3版),何志鹏、孙璐译,北京大学出版社2006年版。

6. [美]杰克·戈德史密斯、埃里克·波斯纳:《国际法的局限性》,龚宇译,法律出版社2010年版。

7. [美]托马斯·伯根索尔、黛娜·谢尔顿、戴维斯图尔特:《国际人权法精要》(第4版),黎作恒译,法律出版社2010年版。

8. [英]约翰·奥斯丁:《法理学的范围》(中译本第2

版),[英]罗伯特·坎贝尔修订编辑,刘星译,北京大学出版社2013年版。

9.[爱尔兰]奎因、李敏编著:《〈残疾人权利公约〉研究:海外视角(2014)》,陈博、傅志军等译,白荣梅、高媛等校,人民出版社2015年版。

10.[奥]伊丽莎白·史泰纳、陆海娜主编:《欧洲人权法院经典判例节选与分析(第1卷):生命权》,知识产权出版社2016年版。

11.[奥]伊丽莎白·史泰纳、陆海娜主编:《欧洲人权法院经典判例节选与分析(第2卷):家庭与隐私权》,知识产权出版社2016年版。

12.[美]查尔斯·贝兹:《人权的理念》,高景柱译,江苏人民出版社2018年版。

13.国际人权法教程项目组:《国际人权法教程》(第1卷),中国政法大学出版社2002年版。

14.李浩培:《条约法概论》,法律出版社2003年版。

15.朱晓青:《欧洲人权法律保护机制研究》,法律出版社2003年版。

16.廖福特:《国际人权法——议题分析与国内实践》,台北,元照出版有限公司2005年版。

17.刘连泰:《〈国际人权宪章〉与我国宪法的比较研究》,法律出版社2006年版。

18.王西安:《国际条约在中国特别行政区的适用》,广东人民出版社2006年版。

19.柳华文:《论国家在〈经济、社会和文化权利国际公约〉下义务的不对称性》,北京大学出版社2007年版。

20.谷盛开:《国际人权法:美洲区域的理论与实践》,山东人民出版社2007年版。

21.何志鹏:《人权全球化基本理论研究》,科学出版社2008年版。

22.万鄂湘主编:《国际法与国内法关系研究》,北京大学出版社2011年版。

23.孙世彦:《〈公民及政治权利国际公约〉缔约国的义务》,社会科学文献出版社2012年版。

24.孙平华:《〈世界人权宣言〉研究》,北京大学出版社2012年版。

25.《世界各国宪法》编辑委员会编译:《世界各国宪法》(非洲卷、欧洲卷、亚洲卷、美洲大洋洲卷),中国检察出版社 2012 年版。

26. 戴瑞君:《国际人权条约的国内适用研究:全球视野》,社会科学文献出版社 2013 年版。

27. 沈太霞:《人权的守卫者:欧洲人权法院个人申诉制度》,暨南大学出版社 2014 年版。

28. 洪永红:《当代非洲法律》,浙江人民出版社 2014 年版。

29. 曾令良等编著:《国际人权公约的实施及中国的实践》,武汉大学出版社 2015 年版。

30. 韩燕煦:《条约解释的要素与结构》,北京大学出版社 2015 年版。

31. 刘志刚:《人权的立法保障》,复旦大学出版社 2015 年版。

32. 郭曰君:《国际人权救济机制和援助制度研究——以〈经济、社会和文化权利国际公约任择议定书〉为中心》,中国政法大学出版社 2015 年版。

33. 陈拯:《新兴大国建设国际人权规范研究》,上海人民出版社 2017 年版。

34. 陈泽宪主编:《人权领域的国际合作与中国视角》,中国政法大学出版社 2017 年版。

35. 毛俊响:《中国参与人权国际合作的理论与实践》,中南大学出版社 2017 年版。

36. 尹生:《缔约国报告制度发展趋势研究》,中国政法大学出版社 2017 年版。

37. 段小松:《联合国〈儿童权利公约〉研究》,人民出版社 2018 年版。

38. [美]卡尔·威尔曼:《人权的道德维度》,肖君拥译,商务印书馆 2018 年版。

(二)论文类

1. 陈文敏:《香港人权法案生效首年的回顾》,载《法学评论》1992 年第 4 期。

2. [坦桑尼亚]科斯特·R. 马海路:《人权和发展:一种非洲观点》,黄列译,载《环球法律评论》1992 年第 3 期。

3. 袁继成、李明强:《以〈基本法〉为核心的法律体系是香港长期繁荣稳定的保证——兼评〈香港人权法案条例〉》,载《江汉大学学报》1997 年第 4 期。

4. 白桂梅:《〈世界人权宣言〉在国际人权法上的地位和作用》,载《中外法学》1998 年第 6 期。

5. 赵建文:《国际人权法的基石》,载《法学研究》1999 年第 2 期。

6. 张利民:《评司法考试导向性法学教育——对中国法学教育可持续发展的关注和思考》,载《法制与社会发展》2002 年第 6 期。

7. [美]安玛丽·斯劳特:《司法全球化:论世界范围内法院对话的兴起》,石明磊译,张千帆校,载《南京大学法律评论》2003 年春季卷。

8. 陈立虎、黄涧秋:《国际人权公约与人权保护——国内司法实施的分析》,载《现代国际关系》2003 年第 3 期。

9. 朱朝亮:《浅谈国内法与国际人权法冲突之法律适用及解释法则》(上),载《检协会讯》2004 年第 100 期。

10. 蔡高强、刘健:《论欧盟法在成员国的适用》,载《河北法学》2004 年第 4 期。

11. 赵建文:《论国际法与宪法的效力关系——〈公民权利和政治权利国际公约〉的视角》,载《时代法学》2004 年第 6 期。

12. 谷盛开:《人权国际保护的司法维度——以美洲人权法院的诉讼管辖实践为例》,载《法治论丛》2005 年第 5 期。

13. 杨宇冠:《国际人权法在英国的实施和欧洲人权法院》,载《人权》2006 年第 6 期。

14. 金玄卿:《韩国实施〈公民权利和政治权利国际公约〉简介》,载《环球法律评论》2007 年第 4 期。

15. 张广良、芮松艳:《TRIPs 协议及相关国际公约在我国的适用》,载《知识产权》2007 年第 5 期。

16. 饶戈平:《人权公约不构成香港普选的法律依据》,载《中外法学》2008 年第 3 期。

17. 莫纪宏:《国际人权公约在中国的实施——访中国社会科学院法学

所莫纪宏研究员》,载《人权》2008 年第 1 期。

18. 张晓玲:《论国际人权法在我国法律中的实施》,载《中共中央党校学报》2009 年第 2 期。

19. 戴瑞君:《批准人权公约与切实保障人权不能等同——以美国法院对一项国际人权公约的适用为例证》,载《法学》2009 年第 2 期。

20. 伯阳、范颖颖:《〈欧洲人权公约〉对德国基本法的影响》,载《中德法学论坛》2009 年第 7 辑。

21. 王光贤、蔡国芹:《国际公约普选权条款在我国香港的适用问题》,载《法学》2009 年第 10 期。

22. 粟烟涛:《法国在司法审判中直接适用条约的问题和经验》,载《欧洲研究》2010 年第 3 期。

23. 赵秉文:《国际条约在中国法律体系中的地位》,载《法学研究》2010 年第 6 期。

24. 陈弘毅:《公法与国际人权法的互动:香港特别行政区的个案》,载《中外法学》2011 年第 1 期。

25. [德] Jens Meyer-Ladewig and Herbert Petzold:《欧洲人权法院五十年》,王士帆译,载《月旦法学杂志》2011 年第 190 期。

26. 孙世彦:《〈公民权利和政治权利国际公约〉与国内法律制度——一些基本认识》,载《法治研究》2011 年第 6 期。

27. 李健男:《论国际惯例在我国涉外民事关系中的适用——兼评〈涉外民事关系法律适用法〉》,载《太平洋学报》2011 年第 6 期。

28. 何海岚:《〈经济、社会和文化权利国际公约〉实施问题研究》,载《政法论坛》2012 年第 1 期。

29. 李薇薇:《〈公民权利和政治权利国际公约〉适用于香港的法理依据》,载《法学杂志》2012 年第 4 期。

30. 李红海:《统一司法考试与合格法律人才的培养及选拔》,载《中国法学》2012 年第 4 期。

31. 张文贞:《演进中的法:一般性意见作为国际人权公约的权威解释》,载《台湾人权学刊》2012 年第 2 期。

32. 焦传凯:《论欧洲人权机制对欧盟成员国实际拘束力的差异及原因》,上海交通大学国际与公共事务学院 2012 年博士学位论文。

33. 万鄂湘、黄赟琴:《国际人权条约的特点及其解释的特殊性——以迪亚洛案为例》,载《武汉大学学报》(哲学社会科学版)2012 年第 6 期。

34. 李薇薇:《〈公民权利和政治权利国际公约〉在香港的法律地位》,载《法制与社会发展》2013 年第 1 期。

35. 张伟:《国际人权条约与宪法的关系》,载《政法论坛》2013 年第 3 期。

36. 韩燕煦:《论条约解释中的嗣后实践》,载《国际法研究》2014 年第 1 期。

37. 朱慧兰:《论〈欧洲人权公约〉在英国法院适用的启示》,载《武大国际法评论》2014 年第 1 期。

38. 龚刃韧:《比较视野下的中国与人权条约》,载《中国国际法年刊》2014 年第 1 期。

39. 刘晗:《宪法全球化中的逆流:美国司法审查中的外国法问题》,载《清华法学》2014 年第 2 期。

40. 冯寿波:《〈维也纳条约法公约〉第 31.3 条"Subsequent Practice"研究》,载《西南政法大学学报》2014 年第 2 期。

41. 常健:《在第二批国家人权教育与培训基地授牌仪式上的发言》,载《人权》2014 年第 4 期。

42. 曾令良:《联合国人权条约实施机制:现状、问题和加强》,载《江汉论坛》2014 年第 7 期。

43. 李薇薇:《香港法院基本法案件裁判依据的国际化》,载《政法论坛》2015 年第 3 期。

44. 孙安洛:《人权个人申诉机制区域性与全球性的考察——兼对联合国人权机构改革的建议》,载《河南司法警官职业学院学报》2015 年第 4 期。

45. 汪习根:《"二战"后发展权的兴起与实现》,载《人权》2015 年第 4 期。

46. 于亮:《人权条约机构一般性评论和结论性意见的解释作用》,载《武大国际法评论》2016 年第 1 期。

47. 邓华:《人权国际司法保护及其限度——基于对“蒂默诉荷兰”案的反思》,载《南京大学法律评论》2016 年春季卷。

48. 戴瑞君:《认真对待国际法——基于对亚洲各国宪法文本的考察》,载《国际法研究》2016 年第 4 期。

49. 林沛君:《人权公约汇入国内法律体系所面临之课题——以实践儿童权利公约之国际经验为借镜》,载《台湾中正大学法学集刊》2016 年第 52 期。

50. 刘晓:《欧洲人权法院判决效力改革研究》,载《政法学刊》2016 年第 3 期。

51. [意]娜娅拉·波塞那多、范继增:《〈欧洲人权公约〉第 16 号议定书对欧洲人权法体系的影响》,载《人权》2016 年第 3 期。

52. 王志华:《俄罗斯与欧洲人权法院二十年——主权与人权的博弈》,载《中外法学》2016 年第 6 期。

53. 余贺伟:《论联合国人权条约机构对国内法治的促进——基于法治动力理论的分析与考察》,载《武大国际法评论》2017 年第 2 期。

54. 艾明:《论欧洲人权法院判决对内国刑事诉讼制度的影响与改造》,载《比较法研究》2017 年第 2 期。

55. 霍政欣:《论全球治理体系中的国内法院》,载《中国法学》2018 年第 3 期。

56. 徐斌:《以基本法吸纳国际人权公约——国家主权视野下的〈香港特别行政区基本法〉第 39 条立法争议》,载《人权》2018 年第 5 期。

57. 孙世彦:《〈经济、社会、文化权利国际公约任择议定书〉生效五年之观察》,载《国际法研究》2018 年第 6 期。

58. 彭岳:《一致性解释原则在国际贸易行政案件中的适用》,载《法学研究》2019 年第 1 期。

59. 王德志:《论宪法与国际法的互动》,载《中国法学》2019 年第 1 期。

二、英文文献

（一）著作类

1. Theodor Meron, *Human Rights and Humanitarian Norms as Customary Law*, Oxford, Clarendon Press, 1989.

2. Benedetto Conforti and Francesco Francioni eds., *Enforcing International Human Rights in Domestic Courts*, Leiden, Martinus Nijhoff Publishers, 1997.

3. Grant Huscroft and Paul Rishworth, *Litigating Rights: Perspectives from Domestic and International Law*, Oxford and Portland, OR: Hart Publishing, 2002.

4. Basil Markesinis and J Fedtke, *Judicial Recourse to Foreign Law: A New Source of Inspiration?* Abingdon, Routledge, 2006.

5. R. Bratspies ed., *Progress in International Law*, Leiden, Martinus Nijhoff Publishers, 2008.

6. Olivier De Schutter, *International Human Rights Law*, Cambridge, Cambridge University Press, 2010.

7. Dinah Shelton ed., *International Law and Domestic Legal Systems: Incorporation, Transformation, and Persuasion*, Oxford, Oxford University Press, 2011.

8. Henlen Keller and Geir Ulfstein, *UN Human Rights Treaty Bodies: Law and Legitimacy*, Cambridge, Cambridge University Press, 2012.

9. Rainer Arnold ed., *The Universalism of Human Rights*, Berlin, Springer Netherlands, 2013.

10. Johannes Chan SC and C. L. Lim, *Law of the Hong Kong Constitution*, 2nd edition, London, Sweet & Maxwell, 2015.

11. Ton Liefaard and Jaap E. Doek eds., *Litigating the Rights of the Child: The UN Convention on the Rights of the Child in Domestic and International Jurisprudence*, Berlin, Springer Netherlands, 2015.

(二)论文类

1. Eyal Benvenisti, "Judicial Misgivings Regarding the Application of International Law: An Analysis of Attitudes of National Courts", *European Journal of International Law* 4, 1993.

2. Michael Kirby, "The Impact of International Human Rights Norms: A Law Undergoing Evolution", *Western Australian Law Review* 25, 1995.

3. Hurst Hannum, "The Status of The Universal Declaration of Human Rights in National and International Law", *Georgia Journal of International and Comparative Law* 25, 1996.

4. Sloth-Nielsen, "Chicken soup or chainsaws: some implications of the constitutionalisation of children's rights in South Africa", *Acta Juridica* 6, 1996.

5. Harold Hongju Koh, "Why do Nations Obey International Law?" *Yale Law Journal* 106, 1997.

6. Curtis A. Bradley, "The Charming Betsy Canon and Separation of Powers: Rethinking the Interpretive Role of International Law", *Georgetown Law Journal* 86, 1998.

7. Anne-Marie Slaughter, "Judicial Globalization", *Virginia Journal of International Law* 40, 2000.

8. Christopher Harlan, "The Status of the International Covenant on Civil and Political Rights(ICCPR) in the Domestic Law of State Parties: An Initial Global Survey Through UN Human Rights Committee Documents", *Human Rights Quarterly* 22, 2000.

9. Frederick C. Leiner, "The Charming Betsy and the Marshall Court", *American Journal of Legal History* 45, 2001.

10. Reem Bahdi. "Globalization of Judgment: Transjudicialism and the Five Faces of International law in Domestic Courts", *The George Washington International Law Review* 34, 2002.

11. Margaret Thomas, "'Rogue States' within American Borders:

Remedying State Noncompliance with the International Covenant on Civil and Political Rights", *California Law Review* 90, 2002.

12. Deirdre Fottrell, "Reinforcing the Human Rights Act-the role of the International Covenant on Civil and Political Rights", *Public Law* 3, 2002.

13. Roger P. Alford, "Misusing International Sources to Interpret the Constitution", *American Society of International Law* 98, 2004.

14. Gerald L. Neuman, "The Use of International Law in Constitutional Interpretation", *American Journal of International Law* 98, 2004.

15. Harold Hongju Koh, "International Law as Part of Our Law", *The American Journal of International Law* 98, 2004.

16. Norman Dorsen, "The Relevance of Foreign Legal Materials in U. S. Constitutional Cases: A Conversation Between Justice Antonin Scalia and Justice Stephen Breyer", *International Journal of Constitutional Law* 3, 2005.

17. Richard A. Posner, "Foreword: A Political Court", *Harvard Law Revew* 119, 2005.

18. Campbell McLachlan, "The Principle of Systemic Integration and Article 31 (3) (c) of the Vienna Convention", *The International and Comparative Law Quarterly* 54, 2005.

19. Kenneth Anderson, "Foreign Law and the U. S. Constitution", *Policy Review* 131, 2005.

20. Osmar J. Benvenuto, "Reevaluating the Debate Surrounding the Supreme Court's Use of Foreign Precedent", *Fordham Law Review* 74, 2006.

21. Mark Tushnet, "When is Knowing Less Better Than Knowing More? Unpacking the Controversy over Supreme Court Reference to Non-U. S. Law", *Minnesoda Law Review* 90, 2006.

22. Ambika Kumar, "Using Courts to Enforce the Free Speech Provisions of the International Covenant on Civil And Political Rights", *Chicago Journal of International Law* 7, 2006.

23. Andrea Lollini, "Legal Argumentation Based on Foreign Law: An

Example from Case Law of the South African Constitutional Court", *Utrecht Law Review* 3,2007.

24. Janella Ragwen, "The Propriety of Independently Referencing International Law", *Loyola of Los Angeles Law Review* 40,2007.

25. Melissa A. Waters, "Creeping Monism: The Judicial Trend Toward Interpretive Incorporation of Human Rights Treaties", *Columbia Law Review*, 107,2007.

26. Melissa A Waters, "Using Human Rights Treaties to Resolve Ambiguity: The Advent of A Rights-Conscious Charming Betsy Canon", *Victoria University of Wellington Law Review* 38,2007.

27. Cindy G. Buys, "Burying Our Constitution in the Sand? Evaluating the Ostrich Response to the Use of International and Foreign Law in U. S. Constitutional Interpretation", *BYU Journal of Public Law* 21,2007.

28. Filip Spagnoli, "The Globalization of Human Rights Law: Why Do Human Rights Need International Law?", *Texas Wesleyan Law Review* 14,2008.

29. Tai-Heng Cheng, "The Universal Declaration of Human Rights at Sixty: Is It Still Right for the United States?" *Cornell International Law Journal* 41,2008.

30. Conway Blake, "Normative Instruments in International Human Rights Law: Locating the General Comment", *Center for Human Rights and Global Justice Working Paper* 17,2008.

31. Holly Arnould, "Lawrence v. Texas and Roper v. Simmons: Enriching Constitutional Interpretation with International Law", *Saint John's Journal of Legal Commentary* 22,2008.

32. C Flanders, "Toward a Theory of Persuasive Authority", *Oklahoma Law Review* 62,2009.

33. Kerstin Mechlem, "Treaty Bodies and The Interpretation of Human Rights", *Vanderbilt Journal of Transnational Law* 42,2009.

34. Eduardo Andres Bertoni, "The Inter-American Court of Human Rights and the European Court of Human Rights: A Dialogue on Freedom of Expression Standards", *European Human Rights Law Review* 3, 2009.

35. Kathleen Renée Cronin-Furman, "60 Years of The Universal Declaration of Human Rights: Towards an Individual Responsibility to Protect", *American University International Law Review* 25, 2010.

36. John Tobin, "Seeking to Persuade: A Constructive Approach to Human Rights Treaty Interpretation", *Harvard Human Rights Journal* 23, 2010.

37. Antonios Tzanakopoulos, "Domestic Courts in International Law: The International Judicial Function of National Courts", *Loyola of Los Angeles International and Comparative Law Review* 34, 2011.

38. Rex D. Glensy, "The Use of International Law in U. S. Constitutional Adjudication", *Emory International Law Review* 25, 2011.

39. Jason Chandler, "Foreign Law-A Friend of The Court: An Argument For Prudent Use of International Law in Domestic, Human Rights Related Constitutional Decisions", *Suffolk Transnational Law Review* 34, 2011.

40. Birgit Peters, "Germany's Dialogue with Strasbourg: Extrapolating the Bundesverfassungsgericht's Relationship with the European Court of Human Rights in the Preventive Detention Decision", *German Law Journal* 13, 2012.

41. Michael Ramsden, "Using the ICESCR in Hong Kong courts", *Hong Kong Law Journal*, 42, 2012.

42. Brent Michael, "International Law in Constitutional Interpretation: A Theoretical Perspective", *Public Law Review* 23, 2012.

43. Fatma E. Marouf, "The Role of Foreign Authorities in U. S. Asylum Adjudication", *New York University Journal of International Law and Politics* 45, 2013.

44. Jean-Paul Costa, "The relationship between the European Court of

Human Rights and the national courts", *European Human Rights Law Review* 3, 2013.

45. Helmut Philpp Aust, Alejandro Rodiles and Peter Staubach, "Unity or Uniformity? Domestic Courts and Treaty Interpretation", *Leiden Journal of International Law* 27, 2014.

46. Erik Voeten, "Domestic Implementation of European Court of Human Rights Judgments: Legal Infrastructure and Government Effectiveness Matter: A Reply to Dia Anagnostou and Alina Mungiu-Pippidi", *European Journal of International Law* 25, 2014.

47. Eirik Bjorge, "The Vienna rules on treaty interpretation before domestic courts", *Law Quarterly Review* 131, 2015.

48. Christos Giannopoulos, "Considerations on Protocol N°16: Can the New Advisory Competence of the European Court of Human Rights Breathe New Life into the European Convention on Human Rights?", *German Law Journal* 16, 2015.

49. Robert Spano, "The European Court of Human Rights and National Courts: A Constructive Conversation or A Dialogue of Disrespect?", *Nordic Journal of Human Rights* 33, 2015.

50. Osnat Grady Schwartz, "International Law and National Courts: Between Mutual Empowerment and Mutual Weakening", *Cardozo Journal of International and Comparative Law* 23, 2015.

51. Jacob Dolinger, "The Failure of The Universal Declaration of Human Rights", *University of Miami Inter-American Law Review* 47, 2016.

52. Machiko Kanetake, "UN human rights treaty monitoring bodies before domestic courts", *International and Comparative Law Quarterly* 67, 2018.

图书在版编目(CIP)数据

解释性适用：国际人权法国内适用的新趋势研究／张雪莲著. -- 北京：法律出版社，2019
(东南大学法学学术文库)
ISBN 978 - 7 - 5197 - 3722 - 1

Ⅰ. ①解… Ⅱ. ①张… Ⅲ. ①人权－国际法－法律适用－研究 Ⅳ. ①D998.2
中国版本图书馆 CIP 数据核字(2019)第 175789 号

东南大学法学学术文库	**解释性适用** ——国际人权法国内适用的新趋势研究 **JIESHIXING SHIYONG** —GUOJI RENQUANFA GUONEI SHIYONG DE XIN QUSHI YANJIU	张雪莲 著	策划编辑 黄琳佳 责任编辑 黄琳佳 装帧设计 鲍龙卉

出版 法律出版社
总发行 中国法律图书有限公司
经销 新华书店
印刷 三河市龙大印装有限公司
责任校对 王晓萍
责任印制 陶 松

编辑统筹 学术·对外出版分社
开本 710 毫米×1000 毫米 1/16
印张 17
字数 233 千
版本 2019 年 10 月第 1 版
印次 2019 年 10 月第 1 次印刷

法律出版社／北京市丰台区莲花池西里 7 号(100073)
网址／www.lawpress.com.cn
投稿邮箱／info@lawpress.com.cn
举报维权邮箱／jbwq@lawpress.com.cn
销售热线／400 - 660 - 8393
咨询电话／010 - 63939796

中国法律图书有限公司／北京市丰台区莲花池西里 7 号(100073)
全国各地中法图分、子公司销售电话：
统一销售客服／400 - 660 - 8393/6393
第一法律书店／010 - 83938432/8433 西安分公司／029 - 85330678 重庆分公司／023 - 67453036
上海分公司／021 - 62071639/1636 深圳分公司／0755 - 83072995

书号：ISBN 978 - 7 - 5197 - 3722 - 1 **定价**：58.00 元